法藏知津

九 編

杜潔祥 主編

第43冊

《四分律刪繁補闕行事鈔》集釋
（第九冊）

王建光 著

花木蘭文化事業有限公司

國家圖書館出版品預行編目資料

《四分律刪繁補闕行事鈔》集釋（第九冊）／王建光 著 -- 初
版 -- 新北市：花木蘭文化事業有限公司，2023〔民 112〕
目 4+230 面；19×26 公分
（法藏知津九編 第 43 冊）
ISBN 978-626-344-514-7（精裝）
1.CST：四分律 2.CST：律宗 3.CST：注釋
011.08   112010540

ISBN-978-626-344-514-7

9 786263 445147

法藏知津九編
第四三冊   ISBN：978-626-344-514-7

《四分律刪繁補闕行事鈔》集釋（第九冊）

編　　者　王建光
主　　編　杜潔祥
副總編輯　楊嘉樂
編輯主任　許郁翎
編　　輯　張雅淋、潘玟靜　美術編輯　陳逸婷
出　　版　花木蘭文化事業有限公司
發 行 人　高小娟
聯絡地址　235 新北市中和區中安街七二號十三樓
　　　　　電話：02-2923-1455／傳真：02-2923-1452
網　　址　http://www.huamulan.tw 信箱 service@huamulans.com
印　　刷　普羅文化出版廣告事業
初　　版　2023 年 9 月
定　　價　九編 52 冊（精裝）新台幣 120,000 元　　版權所有·請勿翻印

《四分律刪繁補闕行事鈔》集釋
（第九冊）

王建光　著

目次

卷中之四

唐京兆崇義寺沙門釋道宣撰述

持犯方軌〔一〕篇第十五

以前隨相，約事乃分〔二〕，至於統明，未可精識，故甄別之〔三〕。若取由途，理在前列，恐初學未了〔四〕也。

律宗其唯持犯〔五〕，持犯之相實深〔六〕。非夫積學洞微、窮幽盡理者，則斯義難見〔七〕也。故歷代相遵，更無異術〔八〕；雖少多分徑，而大旨無違〔九〕。

但後進新學，教網未諳，時過學肆，詎知始末〔一〇〕？若覈持犯，何由可識？然持犯之文，貫通一部〔一一〕，就境彰名，已在隨相〔一二〕。今試約義總論〔一三〕，指其綱要〔一四〕。舉事以顯〔一五〕，令披尋者易矣。

【篇旨】

簡正卷一三：「謂前之一篇，隨比丘二百五十戒別，歷明具闕之相，得稱別義，已知而於名字等。七門總義，全未委練，故於釋相別義、持犯之後，有方軌總義持犯篇來。」（七七八頁上）鈔批卷二一：「上來雖明隨相，對事且科。若統明心境綱要，前篇未述，故今更生一篇，廣明心境體相，來攬苞舉，統關教意，故此文來。若准諸家撰作，所列次第，此門並在釋相之前，備明持犯體貌，心境差互犯義。三章五段，豎列橫科，廢立是非，文義苞廣。今之鈔意，為始學人故，先明釋相，且列犯緣，辨相開通，令人易解。於次後方列此篇辨相。辨相持犯，鏡乎心境者也。」（八五〇頁下）

【校釋】

〔一〕持犯方軌　資持卷中四上：「持謂執持，犯即侵犯，並從本受，而建斯名。篇

列七門，遍該法界，是開解之龜鏡，實立行之楷模。解行所憑，故云『方軌』。」
（三三一頁中）鈔批卷二一：「持謂止、作二持，犯謂止、作兩犯。礪云：依
教執御，名之為持，違禁起非，故名為犯。又云：隨教修行曰持，違行興非曰
犯。方者，法也。軌者，則也。此中具辨二持兩犯方法、軌則，故云然也。又
言，持犯者，然統明律藏，不出『持』『犯』二字。如前二部戒本，廣明止持，
略明作持。後有二十犍度，廣明作持，略明止持。若違前戒本，則名作犯，違
後犍度，則名止犯。從此彰名，故曰也。」（八五〇頁下）簡正卷一三：「順本
受體名持。持有二種，即止、作也。以此二持為善因，後感有為、無為之樂
果。此二持有名字體狀等，如下具明。（云云。）違禁起非名犯，犯有二種，
即止、作也。以此二犯為惡因，後感三途之苦果。此二犯亦有名字體狀等，如
下具弁。（云云。）亦有釋云：萬惡皆斷，眾善咸修，名止、作二持；諸惡並
為，萬善皆止，名止、作二犯也。方軌者，方謂方法，（七七八頁上）軌謂軌
則。此之一篇，具解持犯。總是一切戒上方法、軌則義也。」（七七八頁下）
【案】本篇文分為二：初，「律宗」下；次，「就中」下。

〔二〕以前隨相，約事乃分　鈔批卷二一：「謂隨相中，是限約於事相，明持明犯，
故言約事乃分，此結前篇也。」（八五一頁上）資持卷中四上：「注分二段。初
敘此篇來意，上二句指前篇。約事分者，顯示別相故。」（三三一頁中）簡正
卷一三：「注文辨來意，分二：初，總別以辨意來；二、『若取』下，對前後以
辨來意。或依素記，分二：初，理齊重文難，事義總別答；二、『若取』下，
前後相違難，逗機隨事答。初難曰：如隨相篇及方軌篇，俱約順體成犯，順違
之道理是齊。前後又俱名持犯，其文復重，故云理齊重文也。（已上難竟。）
二、事義總別答。言以前隨相者，牒起前篇也。約事乃分者，謂約五篇婬、盜
等，二百五十條事，以分別辨，別對一一戒上。辨具闕緣，如對婬事分判之
時，即不通於盜、煞餘事，故是約事別論也。」（七七八頁下）扶桑記：「前隨
相，記釋甄別有二義：初，『能簡擇』『所簡擇』相對；次，『別事』『總義』相
對，乃甄別之為二篇也。」（二五六頁上）

〔三〕至於統明，未可精識，故甄別之　鈔批卷二一：「生後也。上既約事分別，若
統明心境，上則未且（【案】『且』疑『具』。）。今文來意，廣明心境，欲使精
識，故別立此門，乃秤甄也。言甄者，明也、簡也，謂今別簡持犯，以為一
門。對此『甄』字，便說一事者，昔郭朴常讀書，每有一人常來言論，有異恒
倫。因問：『君從何來？姓字何等？』答曰：『姓舒，名甄仲。』言訖而去，朴

時思之良久，乃悟。言其『舒』字，『舍』邊作『予』。『予』，我也。謂我舍也。
『甄』字，『西』下作『土』，邊又著『瓦』。『仲』字，『人』邊著『中』，應是
『我舍西瓦下土中人』也。便握（【案】『握』疑『掘』。）地，果得一虫，長
五六尺，即曲蟮精也。後絕不復來也。」（八五一頁上）資持卷中四上：「『至』
下三句，生起此篇。言統明者，示總義故。是則二篇，皆宗戒本，但前是別
釋，此據總論耳。故甄別者，正顯篇意。『甄』即是『簡』，即前隨相是『所
簡』，此篇七章為『能簡』。或可據論持犯，理合同篇。今望總義，別在後明，
故云『甄別』。」（三三一頁中）簡正卷一三：「生此篇意也。『至於』二字，連
帶之義，從彼及此緣，由通也、總也。謂若通約心境之義，對一切戒總相而
明。如將『名字』一門，總收諸戒四行名字等。前篇並未委知，精練識達，故
向此篇甄別之也。『甄』者，說也文（【案】『也』字疑剩。）云：察也。謂察
前篇是對事別論，此篇約義總說。又，甄者，簡也，簡擇前事，別後義總。諸
記中，對此立三別：一、總別別；二、事義別，此段收；第三、難易別。今云
上之二別，即此段收。第三難易別，合在後科攝也。」（七七九頁上）

〔四〕**若取由途，理在前列，恐初學未了**　鈔批卷二一：「立謂：若取由來，古人講
者途轍，理合在釋相前，明持犯也。今為新學者未曉，故宜在後。又，本作斯
鈔，非擬講說也。」（八五一頁上）資持卷中四上：「『若』下，次辨前後。『由
途』謂相因次第。常途著撰，先總後別，如戒、業疏，並前列總義，後釋別
文。今此反之，故特點示。意在新學，取解易耳。」（三三一頁中）

〔五〕**律宗其唯持犯**　簡正卷一三：「『律宗』至『寔深』者，文有兩意：初，舉宗之
行；次，師難相深。言律其唯持犯者，謂能詮之教是律，所詮淨戒謂之宗。
順戒起行，莫越二持，違戒造非，莫過兩犯。故下文云：方便正念，護本所
受，稱之曰持作；而有違惡本所受，名之曰犯。此但舉律宗，顯持犯行，非謂
將持犯為宗也。其『唯持犯』者，實云：惟，由重也。『心』傍作『住』，如
『伏』。『惟』之字，亦表於重。今此『律宗』，重於持犯。『宗』云獨也，字從
『口』作。今從『心』者，恐寫者錯，謂六十卷律文雖多，獨明二持，獨明二
犯。故前文云：詮教之文，文雖浩博，攝其大趣，止明持犯。玄云：專也。順
戒善心，專在二持。違戒不善，心專居兩犯。如斯持犯，是宗家之行。律能詮
之，故云『律宗』，其唯持犯。（今依此解。）」（七七九頁下）鈔批卷二一：「詮
評重輕，故稱為律。宗，由主也。古來師立斯律宗，諸見不同：或用教行為
宗，或用止善為宗，或將持犯為宗，戒疏以三輪為宗（原注：插入『為宗』二

字。）。看今文意，正將持犯為宗，謂如涅槃明常住，即取常住為宗；法華明一乘，（八五一頁上）即用一乘為宗。此律既明持犯，何得非持犯為宗？謂此一律藏，文雖浩博，統其大意，不出持犯。謂二戒本是止持、作犯，二十犍度是作持、止犯故。其持犯二字，該羅義書（原注：『書』疑『盡』。下同。），何得非宗？非但此律持犯為宗，五部之律，一毗尼藏，皆明持犯也。」（八五一頁下）資持卷中四上：「上二字示『能詮』之廣，下四字明『所詮』所歸。言『其唯』者，此有二釋：謂依體起行，行有順違，遂分持犯，機緣非一，制等塵沙，攝為能詮，號毗尼藏。考其本制，非別所明，此通約教本釋也。又，四分一律，初列僧尼戒本，是止持，翻成作犯；後二十犍度等，是作持，違則止犯。且據大約為言。若論相兼，（三三一頁中）則一部始終，四行皆備。此別就部文釋也。」（三三一頁下）

〔六〕**持犯之相實深** 鈔批卷二一：「謂此舉此教門廣博，理趣幽深，自非積功，何容示曉？故涅槃云：善達一字，名為律師。字義該羅，故曰也。此謂能詮之教相難識也。」（八五一頁下）資持卷中四上：「下句正歎。由是總義，故曰寔深。總是詮相之大綱，義乃文外之通理。對前別事，二並非深。」（三三一頁下）簡正卷一三：「相謂相狀，寔由實也，深者遠也。謂此七門，總義論通。一部律文，既浩博難治，此相寔為深遠。昔人未見，今獨委知，意欲生起下文古人不見之相。七門之內，通有相深，今且略述。只如『名字門』中，作犯行內。（七七九頁下）古來但云：出家僧尼不收下三眾。取（【案】『取』疑『所』。）以然者，古云：下三眾律雖結吉，無是剩長。今師不然，戒戒下文，皆是實罪，招機義一，何得無愆？故下文云『出家五眾』等。引（【案】『引』疑『此』。）是持犯『名字之相』寔深。又如『體狀門』中，古來能持犯，以三業為體，全不說心。今師持能犯，先須約心，後約三業而為助伴。又如取持犯中，約制、聽二教下事法，古師止持、作犯二行，准（原注：『准』疑『唯』。下同。）局惡事。明白心中，不可學作為不學，不通於法。作持、止犯二行，即通事法。明白之心，准是取學。今師云：一切心境，皆是可學，何簡事法善之與惡？若學知後，迷忘心生，聖開無犯，即不可學。此是持犯『體狀之相』寔深。又如第三『成就門』中，古師立『端拱』，止時不通久遠。若於善事法上端拱，不作卻成止犯。今師立無惡來惡，以辨止持，方通久因，此是『成就之相』寔深。又如『通塞門』中，四門分別，於後二門，古師唯通三行，不通止犯。今師約事上明之，二門俱通四行，豈非『通塞之相』寔深？又如『漸頓門』中，

古師將不學、無知，二罪頓結。今師云不學之罪，先結無知之罪，待緣境不了之時方結。又，古云二罪並是吉羅，無（原注：『無』上一有『更』字。）輕重。（七八〇頁上）今師云：不學是吉；無知有二，疑則得吉，不識得提。又，古云：不學許懺悔，有斷義故；無故（【案】『故』疑剩。）知不開懺，無斷義也。今師二罪，皆有斷義，並許懺悔，此是寔深。優劣中。古今（原注：「今」下一有「不異又」三字。）七雜料簡（【案】指本篇後文『七、料簡』。）中，別開五段。只如第一歷位中，古師對四行上，若止持作犯，通立二『九句』；作持止犯，但立可學一『九句』。又先止持對制，止上婬盜等惡事。上唯立不可學，明白心中，緣而不了，並開無罪。若於犯法，唯是可學，緣而不了，便制十二罪。若於制作衣鉢善事，上唯立可學，不通不可學，並是持犯相淺。今師於四行位上，不論善惡事法，並立『二九』可學：『一九』結不學人，『二』十四不學無知，學人開成三十六持行。若先已曾明緣，於後忘迷，非學能知，便立不可學。開迷放罪，豈非寔深！又如『方便趣果門』中，古來不說後心方便，今師前後通收，亦成深義。又『具緣門』中，古立五緣，該收諸戒不盡。今師通立七緣，用收俱盡，此並相深。又如『境想門』中，古立四門，不論輕重門，今立五門，方顯深相。又『定互多少門』（【案】本篇後文『七、料簡』中和一節。）中，古約輕重相對，唯立定五。若於犯不犯門，但云『或四』、『或五』二門，共立三位。（七八〇頁下）今師，二門各立三位，豈不寔深！謂七門之相，深奧難明，自古已來不見，故云故云（【案】次『故云』疑剩。）持犯之相寔深也。」（七八一頁上）

〔七〕非夫積學洞微、窮幽盡理者，則斯義難見　資持卷中四上：「『非』下三句，明難解。初二句簡人，上句簡學功。蓋有積學至困而不能洞微者，非學也。下句簡解能。蓋有窮幽從僻，而不能盡理者，非解也。或可兩句，四義釋之：初約學久，次約解明，三是功深，四謂理正。『則』下，顯難。反明是此人者，始可與論持犯則易見也。」（三三一頁下）簡正卷一二：「言『非夫』等者，上既明其相深，非造次而能委，故須約人釋成難見。問：『既云持犯相深，未委何人能見鈔文？』答云：『非夫積學洞徹窮幽盡理者，即斯義難見也。』非，由不也。夫者，語助。今借此『夫』字，以訓『於是』。意道：不是積學洞徹（原注：『徹』鈔作『微』。）幽盡理之人，即持犯寔深難見。聽習曰深，名為積學。達詞旨之精妙，謂之洞徹。極事法之根原，謂之窮幽。心境無不體會，謂之盡理。教文非一，事相千途，制犯制持，成作成止。若非如上等人，實當難見。

慈云：欲了此相，必具三緣：一、須聰明，二、須好師，三、須積學。如世，水若積，使能負於龍舟；風若積，便能昇於玄鳳；學若積，便能辨於深義。如鈔主聽首疏經二十遍，便能洞徹、契盡幽玄之理，對上古人不見。」（七八二頁上）鈔批卷二一：「積者，積年習學研覈，方達其幽邃之理也。應師云：幽者，深遠貌也。洞者，通也。遠窮者，書（【案】『書』疑『盡』。次同。）也。謂久習學之人，方能違（原注：『違』疑『遠』。）書其分理也。故歷代相遵等者，自覺明已後，逮乎茲日，諸師相承遵行，持犯執見，雖稍有差殊，然大意終歸一道。或言：自古撰集是同，大義無異，故言無異術。術者，道也，亦云法也。說文云：邑中道曰術；術，通也。」（八五一頁下）

〔八〕**故歷代相遵，更無異術**　鈔科卷中四：「『故』下，敘古無異。」（八八頁下）資持卷中四上：「初二句示古，以其難故，無敢改作。歷代者，通指諸師鈔疏，如序所列。遵，猶循也。術，音遂，路也。」（三三一頁下）簡正卷一二：「『故』至『遵』者，文有二意：初，引古。承習無異，不見深相；……歷謂綿歷。代謂世代。遵謂遵承。（七八一頁上）術者，異術。謂此七門持犯，並是奇特之異術，自古諸家歷代相承，並同一見，更無奇特之異術也。且論一家無異術者，如首疏於『體狀止持門』中云：制門中，事有二：一者不可學事，如似人非人想；二者可學，如似衣鉢體量等是。聽門中，事准可學，房舍尺量，長衣廣狹等是。（已上疏文。）謂如律中境想，迷忘心中，人非人想。今明白心中，不可學作。若學人作非人想，煞即成作犯。今止不學，即是止持。餘惡事例，說對衣鉢。善事上，即須學知，唯明可學。及聽門中，房舍、長衣等，善事唯明可學。作持門中，既是進修，亦唯可學，飜作持成止犯。止犯門中，亦唯可學，是則不可學，唯局止持作犯。制門中有如此之義，自古相遵，咸同一見，故云歷代等。（云云。）問：『如首疏，持犯具立八門，剩有寬狹先後門；相疏，五門，名字體狀，成就通塞漸頓、先後次第、增徵優劣。此豈非古來布置門戶、多少不同？又，於句法之中，亦有多別，如道覆律師疏對初篇明作犯一『九句』，第二篇對房上立作作（【案】次『作』疑剩。）持一『九句』。若止犯，並在九十中明。先辨止持一九，次明止犯一八，便成『三九』『一八』。又，願律師疏（七八一頁下）約可學事、不可學事，就此總明止持、作犯，對可學、不可學各有持犯，便是四分九句，作持、止犯，唯是可學。作持一九，止犯一八，即成『五九』『一八』句。又，首律師疏立『六九』『一八』，如上更於止犯，立『一九』，即『六九』『一八』句也。此是古來句法安設不同。既

門戶向法，或多或少不同，何故前言歷代相遵，更無異術？」可引鈔答云：『雖少多分遙（【案】『遙』疑『徑』。），而大旨無違。」（七八二頁上）

〔九〕**雖少多分徑，而大旨無違**　簡正卷一三：「『雖』下，答通外難故者，躡上難見之詞，生下不見之意。……上句牒其難詞，下句通其難意。雖者，縱奪意也。徑者，小道也。約其句法，多小以釋，似分巡路。大疏八門，釋持犯相，疏五門是多少。又，句法或『三九』『一八』，乃至『六九』『一八』。又，『多小』（【案】『小』疑『少』。）約此門戶，句法多少，似分巡路，故云雖少多分巡。原其大意，曾取未違，皆將惡事，為不可學。唯在止持作犯，制門不通，聽教及作持止犯，二行善事法等。又，但於『名字門』中云：出家僧尼，不收下之三眾等大旨，無違則顯。今師四行之下，制聽事法，明白心中皆可學，迷忘心皆不可學，全異古也。」（七八二頁上）鈔批卷二一：「<u>立</u>云：諸師或用婬、盜等事為不可學。今則用心境迷忘是不可學，事則皆是可學。雖復與昔少異，大意無失，不出持犯相也。巡者，小道也。謂古師相望，（八五一頁下）立義雖分途異巡，大意還同。」（八五二頁上）資持卷中四上：「『雖』下二句，遮妨。上句是縱，以諸師所述，非無小異，故云分徑。舊云首疏立八門（未見本疏。），<u>勵師</u>（【案】『勵』疑『礪』）立五門，（一、釋名，二、體狀，三、漸頓，四、先後，五、優劣，曾見彼文。）下句是奪，謂取其大概，比校皆同，故曰『無違』。古記於此浪述古異，且彼文皆亡，何由究實？抑使後學，轉加迷暗。況是所斥，縱述徒為，故今例削。」（三三一頁下）

〔一〇〕**但後進新學，教網未諳，時過學肆，詎知始末**　資持卷中四上：「初四句，敘學淺。上二句約創學未久，下二句約泛學無功。『教網』通指三藏，詮相非一，如網目焉。諳，悉也。詎，豈也。始末不能盡究也。」（三三一頁下）簡正卷一三：「謂上古德相承，由未曉其深義。況今新學，時詣法筵，研覈根源，實為不易，故此嗟其不識也。（七八二頁上）『但』者，專也，偏局之詞。乍入法進修，名為『後進』。初始尋師，名為『新學』。教網未諳者，教謂能詮之教。下所詮持犯四行，謂之網目。如俗取魚之具，亦名網也。能於江湖之內施張，漉於眾魚，以置於岸。今言教網，能於四瀑流內施張，漉人天置涅槃岸。今此新學，朷參玄寂，於此教文網目，何得語之？……今借此『市』而改為『肆』，由同店肆，陳列貨物，任情買之。今講學肆上亦然。廣申義理，幽奇詞旨。精妙學者，任情選擇，取捨隨壞。在此學肆研窮，積功累德，動經星祀。由上難知，況新學時復一過，誠難曉了。詎者，何也。始，由初也。末者，終也。律

序為始，盡處為末。亦有約抄文說亦通，意道：律文始末，上自不知，若研竅七門，總義何由可識也？」（七八二頁下）鈔批卷二一：「肆者，陳也、列也。謂陳貨賄於市，隨人兩擇肆也。學肆亦爾。聽講之時，恣人採擇，故曰學肆。即如俗中亦云漢時張揩吐氣為五星（【案】『星』疑『里』。）霧，居於華岳之北，人來授（【案】『授』疑『受』。）學既多，世號『花陰之市』。故書云：七貴駢填，若赴華陰之市。今言學肆。肆即市之異名。謂一夏之中，或一生之中，未過三兩度聽陰之市，今言律豈識持犯輕重終始，故曰時過學肆也？此句對上積學洞微之人，乃知持犯始末之相。有云：二持順受體曰始，二犯違受體曰末。」（八五二頁上）【案】時過學肆，即偶爾聽律二三壇之義。

〔一一〕**然持犯之文，貫通一部** 鈔科卷中四：「『然』下，示今文大體。」（八八頁下）資持卷中四上：「初通指一鈔。一往以判上下兩卷為作持，中卷為止持。」（三三一頁下）鈔批卷二一：「謂一部律藏，唯明二持、兩犯。前則戒本稱止持，後則犍度號作持。反則曰二犯，可知。」（八五二頁上）簡正卷一三：「謂上片（【案】『片』疑『斥』。）新學時過，未諳教網，始末何知？則不能研竅持犯深義，顯今洞閑律相，故有『貫通』之言。事境精明，指在前篇已述。文相既能洞曉，總義於（七八二頁下）是深通，故先指事相之文，後乃舉其總義然是也。一部者，一部律藏也。二部戒本，廣明上（【案】『上』疑『止』。）持，略明作犯；犍度已下，廣明作持，略明止犯。貫通一部律文。或約鈔釋前後二十八篇，廣明作持，略明作止、犯，釋相及尼眾別行。引（【案】『引』疑『此』。）之二篇，廣明止持，略明作犯，斯則持犯之文，貫通一部鈔也。或有不許約鈔文解，理亦無妨。」（七八三頁上）【案】鈔批、簡正約律藏釋此句，鈔科、資持約事鈔釋此句。

〔一二〕**就境彰名，已在隨相** 簡正卷一三：「謂就婬、盜、煞，二百五十事境，彰於具闕。戒相之名，已在釋相篇說竟。」（七八三頁上）鈔批卷二一：「若對前婬、盜等境，顯其犯名者，前隨戒中，已具論訖。」（八五二頁上）

〔一三〕**今試約義總論** 資持卷中四上：「『今』下，正敘此篇，以示文意。對翻隨相，三種不同，『約義』翻前約事也，『總論』翻前別相也。」（三三一頁下）簡正卷一三：「『今』指此篇。試，由用也。『約義』簡不，『約事』總論，顯不、別論。」（七八三頁上）鈔批卷二一：「此正生起今文。謂『約義』論量，便識持犯綱紀之意。始舉領則使毛端提綱者，能令目整。今此一篇，可謂五篇之綱領也。」（八五二頁上）

〔一四〕**指其綱要** 簡正卷一三：「謂此篇七門，是一部律文二百五十戒之綱要。且如律文所明，雖廣二百五十，戒境絕多，然不出善惡事法。若於惡事法，止而不作成『止持』，若造作之成『作犯』。若於善事法，順教進修成『作持』，止作而不作成『止犯』。今但以持犯之名，往一律文收，無有不盡，故知『持』『犯』名字，是律文及戒境之綱要。餘門例解。」（七八三頁上）資持卷中四上：「綱要，翻前網目也。」（三三一頁下）

〔一五〕**舉事以顯** 資持卷中四上：「『舉』下，明以別顯總。使前後相照，如下諸門舉戒配釋者是。」（三三一頁下）簡正卷一三：「謂此七門，皆舉善惡二事以顯：只如『名字門』，止持名字，舉初篇惡事，以顯『作持』名字；舉善法，以顯『作犯』名字。舉惡法為宗，以顯『止犯』名字；舉不脩（七八三頁上）善法為宗，以顯下六門皆爾。問：『前言約義以明，今此又舉事顯，豈非相違鈔文？』答云：『今（【案】『今』疑『令』。）披尋者易矣！謂二持二犯，相狀難知。若不舉事顯之，終難悟解。今舉事為宗，以顯遂得，四行歷然。後學之徒，手披目闕，即異見也。』（上來篇序總意已竟。）」（七八三頁下）鈔批卷二一：「如下文舉婬、盜、殺、妄，或舉房舍尺量、長衣大小，皆名舉事也。亦如境想中四句、五句，皆舉殺、舉盜以明也。」（八五二頁上）

就中，諸門分別〔一〕：

初，知持、犯名字〔二〕，二、解體狀〔三〕，三、明成就〔四〕，四、明通塞〔五〕，五、明漸頓〔六〕，六、明優劣〔七〕，七、雜料簡。

【校釋】

〔一〕**就中，諸門分別** 簡正卷一三：「前六字是總舉。『初知』已下是別列。不云『七門』便云『諸門』者，謂七門雖殊，皆共明持犯一事。又，『諸』者，不一之義，亦含於七門，亦有約『諸小科』，不一。如『通塞』自有『四門優劣』，十（【案】『十』疑『七』。）門『雜料簡』（【案】『簡』後疑脫『有』字。）五門等。又，有說云：首疏八門，未能標數，慮違古意。已上二解，俱非正也。」（七八三頁下）資持卷中四上：「列章有七。立名有義，義必有體，體通能所，行有成處。境事非一，通塞有殊，起心不常，斬（【案】『斬』疑『漸』。）頓乃異。上五局制，六通化制。制有緩急，業分輕（三三一頁下）重，故須歷辨，以明優劣。上六相生，各專一義。然律宗持犯，義非一途，故立第七，統收多位。七門大義，括盡始終，心境兩明，行相無昧。於茲深達，則一切戒律明如指掌，學者幸留意焉。」（三三二頁上）扶桑記：「體通：謂體通能所持

犯,能即是心,所即是境。心境相對,乃生止作持犯四。於此四行,談其成遂之位,(二五六頁下)故第三明成就也。」(二五七頁上)

〔二〕知持、犯名字 簡正卷一三:「謂夫欲解義,先須識名。名字既知,須論體狀。體既委三性四心,何性何心成就?既知,有何通塞?一行通於四行,名之為通;一行唯通一行,曰塞。既知通塞,漸頓須明。一念中,但作一行即『漸』;一念中,能成眾多行曰『頓』。漸、頓既識優劣,須知二犯二持,十門優劣。已上六門解釋,通約根本四行以論四行。上有不學無知,枝條止犯,方便具緣之義,其理幽(七八三頁下)棄,境總雜相也。文更多精妙,六門之後,故有第七門來。此略相生,廣在下說。第二,牒釋中,言初知二種持犯名字者,更略廣前來意。(云云。)二種『持犯』者,『持』二種,即止、作也;『犯』二種亦爾。『名字』者,『名』以召體,『字』以彰德。如,云『止持』者是名,『方便正念』下釋義,又是彰德。『作持』者是名,『惡既已離』下釋義,復是彰德。二犯准知,故云『二種持犯名字』也。」(七八四頁上)資持卷中四上:「『名』即是『字』,連綿為語,無勞強分。(業疏破者,彼明問遮,『名』『字』須別,然非今意。)。『持』『犯』兩名,並望受體違順為名,尋文可見。」(三三二頁上)

〔三〕解體狀 鈔批卷二一:「即兩種『持犯』用何為體狀。下具釋之用心為體狀。」(八五二頁下)

〔四〕明成就 鈔批卷二一:「謂『持犯』四行之業,業成在何分齊之心中。下釋云:結成,局在行心。」(八五二頁下)

〔五〕明通塞 鈔批卷二一:「二種持犯,總有四行。若相兼相有,故說為『通』。四各相無,故稱為『塞』。」(八五二頁下)

〔六〕明漸頓 鈔批卷二一:「兩種持犯之行,或復漸成,或有頓就。」(八五二頁下)

〔七〕明優劣 鈔批卷二一:「通據『受隨』及二『持犯』,各有勝負,故曰優劣。」(八五二頁下)

初,明二種持犯名字者

先解「二持」〔一〕

言「止持」者〔二〕:方便正念〔三〕,護本所受,禁防身口〔四〕,不造諸惡,目之曰「止」。止而無違,戒體光潔,順本所受〔五〕,稱之曰「持」。「持」由「止」成,號「止持戒」〔六〕。如初篇之類〔七〕。二明作持。惡

既已離〔八〕，事須修善，必以策勤三業〔九〕，修習戒行〔一〇〕，有善起護〔一一〕，名之為「作」。「持」如前解〔一二〕。所以先後〔一三〕者。論云：「戒相止，行相作〔一四〕。」又云：「惡止善行，義之次第〔一五〕。」

次釋「二犯」

言初犯〔一六〕者。出家五眾〔一七〕，內具三毒，我倒在懷〔一八〕，鼓動身口，違理造境〔一九〕，名之為「作」；作而有違，汙本所受，名之曰「犯」。「犯」由「作」成，故曰「作犯」。此對作惡法為宗〔二〇〕。惡既作矣，必不修善，是故第二即明「止犯」〔二一〕。言「止犯」者，良以癡心怠慢〔二二〕，行違本受〔二三〕，於諸勝業，厭不修學，故名為「止」。止而有違，反彼受願，故名為「犯」〔二四〕。此對不修善法為宗〔二五〕。

【校釋】

〔一〕先解「二持」　簡正卷一三：「四中之內，所以先解二持者，戒疏云：刱發情殷，故二持居先；久參事慢，故二犯在後。亦可持順受故先，犯惡忞受故後也。釋文有四。」（七八四頁上）鈔批卷二一：「『初明二種持犯』下，此釋初門持犯名字之義。先解二持者，所以先明二持、次明兩犯者，謂持順受體，故宜先明，犯違受體，故在後述。又，就二持，先明止持、次明作持者，謂由先止惡，離於婬、殺，持行成故，方堪秉御，故先明止持，次作持也。下文明犯，則先明作犯、次辨止犯，以對上二持故也。謂反卻止持名作犯，反卻作持名止犯故也。」（八五二頁下）

〔二〕言止持者　簡正卷一三：「此皆依首疏也。」（七八四頁上）

〔三〕方便正念　資持卷中四上：「方便者，起對治也。正念者，離邪染也。」（三三二頁上）簡正卷一三：「方便者，梵云『漚和俱舍羅』，此曰『善權方便』，新云『加行』，謂起加行離惡之心，正念簡邪念也。或依明了論，取念、智、捨三，釋上義亦得。正念者，憶所受體，明記為性。正智者，分別前境，惡則須離，善則須修。正捨者，於其怨親，心皆平等。但念於戒故，於非境悉皆捨也。今總以此三，護本受體。此總對治。若別說者，對煞修慈悲觀，對盜修少欲觀。此修觀理是作持，此即止中之作，望離身口過不為（七八四頁上）邊成止也。」（七八四頁下）

〔四〕身口　資持卷中四上：「身口者，且據七支，必通三業。」（三三二頁上）

〔五〕順本所受　鈔批卷二一：「以其受時，立誓要期，斷一切惡故。今不作惡，是順本所受。」（八五二頁下）

〔六〕「持」由「止」成，號「止持戒」　簡正卷一三：「止持者，若約能持心，止即持，持業釋。若約所對境，即止之持，依主釋，即『止』。今加『戒』字，通有財也。」（七八四頁下）

〔七〕如初篇之類　資持卷中四上：「『如』下，舉事。言『之類』者，二篇已下，但是離非，悉歸止攝。」（三三二頁上）簡正卷一三：「舉事以顯也。若首疏云：此盖對離惡法為宗。鈔文便云『初篇』者，亦惡法。類者，種類。類下諸篇惡事法，並是止持之境。如漏失、麤語、歎身、媒嫁，是婬戒之類；二房等戒，是盜戒家類；煞畜、打搏、惡性等，是煞戒家類；小妄及與不恭敬人說法，是大妄語家種類。如是二百五十戒雖多，不離初篇攝盡，故云如初篇之類也。」（七八四頁下）鈔批卷二一：「由初篇四戒，唯是止持。若二篇僧殘，通含止作，故今獨舉初篇也。」（八五二頁下）

〔八〕惡既已離　簡正卷一三：「結前止持，事須修善，生下作持，下自廣解。」（七八四頁下）

〔九〕必以策勤三業　簡正卷一三：「『必以』下，正釋作義。策勤三業者，身、口、意也。」（七八四頁下）

〔一〇〕修習戒行　簡正卷一三：「首疏：修習三藏諸經定、慧等。鈔言戒行者，亦通定慧故。律中：何故增戒學？謂增戒學、增心學、增慧學，是名增戒學。若不學三藏，便成止犯。今望不犯，名為戒行。」（七八四頁下）

〔一一〕有善起護　簡正卷一三：「鴻云：謂於三藏教境，順教修學，即善行心起，護持受體。有釋云：上既策勤三業，修習戒行，刹那刹那隨無作戒，自業之善隨起，即護受體。此解亦得。」（七八四頁下）鈔批卷二一：「謂隨有善法，如持衣、說淨等，要有修心，故名作也。」（八五三頁上）

〔一二〕「持」如前解　資持卷中四上：「『持』下，指略。三節同前，應以前文續之，但改『止』為『作』。應舉事，云衣鉢體量等。」（三三二頁上）簡正卷一三：「如前止持中解。今此理合云：『作而無違，戒體光潔，順本所受，稱之曰持。』亦合云：『持由作成，號作持戒。』亦是有財釋，亦合舉事顯。故戒疏云：如衣食四緣，威儀雜行，作意防義，方成戒淨。此對修善法為宗，文皆略也。」（七八五頁上）鈔批卷二一：「略指同前文也。故前文云：『止而無違』，今應言『作而無違，戒體光潔，順本所受名持』也。」（八五三頁上）

〔一三〕所以先後　簡正卷一三：「若准首疏，自立先後門，今師移來引（【案】『引』疑『此』。）處，只要三五句，便定先後。」（七八五頁上）鈔批卷二一：「將欲

釋其前後之所以，且先自徵。何故先明止持、次作持？又復何故先明二持、後
明二犯？解云：要先離惡是止持，後修善行是作持。持依受體故先明，反持成
犯後說也。」（八五三頁上）資持卷中四上：「謂取理順，修善離惡，作應在
先，今何反之？若準生起，其意已明。恐疑無據，故復引釋。」（三三二頁上）

〔一四〕戒相止，行相作　簡正卷一三：「謂是百論兩卷，提婆菩薩造，秦羅什譯。所
以名『百論』者，躬云：論有百偈，故彰名也。論云：外曰：『佛說何等善法
相？』此是外道僧佉衛世師問也。內曰：『惡止善行法。』即是佛弟子答也。
佛略說善法有二種，止相（原注：『止相』二字疑剩。）息一切惡，是名止相；
修一切善，是名行相。云何為『止』？若受戒後，從於今日，終不復作，是名
為『止』。何等為『行』？於善法中，信受修習，是名為『行』。外曰：『與說
善行，不應復說惡止。何以故？惡止即是善行。』內曰：『止相息，行相作，
性相違故。是故善行不攝惡止。』鈔躡『戒』為『止』，故云『戒相止，行相
作』。〔證『止』先（【案】『先』後疑脫『作』字。）後也。〕」（七八五頁上）
鈔批卷二一：「言戒相止者，對惡防護，止而不犯，名『止持』。言行相作者，
對善修行，為作持，故曰『行作』也。論自問：『何故止持置前，作持居後？』
論中答意云：『要先有戒，然後起行，戒則止，行則是作，故止前作後也。』
又解云：止持離麤過為勝，故先明之；作持離輕過為劣，故後辨也。高云：止
持根本故先明，作持是枝條故後說也。礪問云：『何故持中先止後作，犯內先
作後止？』答：『修行之來，若不離過，無由作善，是故先止，離過為宗。次
明於作，修善為義故。百論云『戒相止（【案】『止』礪疏作『立』。），行相作』，
（八五三頁上）先止後作，義之次第故也。亦可止持自行須先明，作持外作故
次後說。亦如律中，戒本文前，犍度次後也。二犯之中，先作後止者，一望二
持，相翻對故，亦可作犯過麤，理宜先禁，止犯過微，應須後說。欲使僧尼麤
細俱離，尅定道高也。」（八五三頁下）資持卷中四上：「『論』下，釋即百論
也。彼因外道與內眾論義。外曰：『佛說何等法相？』內曰：『惡止善行法。』
外曰：『已說善行，不應復說惡止，以惡止即善行故。』內曰：『止相息，行相
作，性相違故。』」（三三二頁上）【案】百論卷一，一六九頁，論中作「止相
息，行相作」。

〔一五〕惡止善行，義之次第　鈔批卷二一：「此亦百論文也。謂先止惡已，方乃修行
善行也。」（八五三頁下）簡正卷一三：「又論云，外曰：『善行應在初，謂善
法有妙果，行者欲得妙果，故先止惡，應先說善行，（七八五頁上）後說惡止。』

內曰：『次第法故。先除麤垢，後染善法。若行者不先止惡，不能修善。』故抄略云：『惡止，善行，義之次第。』（亦證『止』先、『作』後義也。）若准論第一節文，但是立二法所以，未定先後。第二節文，方定先後。今抄引來，總為證先後也。」（七八五頁下）

〔一六〕初犯　簡正卷一三：「問：『一等釋名，二持中，『止』先『作』後；二犯中，『作』先『止』後，豈不相違？』寶曰：『相飜說故，亦無別理。』」（七八五頁下）

〔一七〕出家五眾　資持卷中四上：「『出』下釋義。初釋作義。言五眾者，能犯人也。皆發塵沙，通有犯故。」（三三二頁上）簡正卷一二：「出三界家，人（原注：『人』疑『入』。）無為宅。約近而說，言出於俗舍，入其僧坊也。（淨名居士等也。）五眾者，僧二、尼三也。並約有戒體者為言。居（【案】『居』疑『若』。）准首疏，但云『僧尼』，不收下三眾。古人云：下三眾無罪，作犯中不收戒戒（原注：『戒』字疑剩。）。雖結吉羅，元是剩長。今不同之，通皆有犯。可引沙彌篇敘古之文，以為良證。玄曰：古師言僧尼者，據總以論，今師五眾，據位以說。」（七八五頁下）

〔一八〕內具三毒，我倒在懷　資持卷中四上：「『內』下二句，起業本也。」（三三二頁上）簡正卷一二：「內具三毒者，內心具足有貪、嗔、痴。所以名毒者，能害法身慧命、損諸善根，故稱『毒』也。『我倒』等者，諸蘊本無我，橫起我心，不順真理，故名『倒』也。唯識論云：薩遮耶（原注：『遮』疑『迦』。）見而為上首，此土（【案】『土』疑『云』。）『我見』，順我即喜，違我即嗔等。不思（七八五頁下）對治修行，恣起三毒，鼓激運口四身三，造諸不善，名之為『作』，諸惡望污體邊名犯也。」（七八六頁上）鈔批卷二一：「我倒在懷者，古人云：『我』有三種：一者，如來『八自在我』，即涅槃經『常、樂、我、淨』，此謂佛真我也。二者，世流布我，即諸佛、菩薩、羅漢之人，隨世俗說，即涅槃云：『諸佛隨俗，亦說有我。』三者，凡夫妄想顛倒之我，如止外道等，計如微塵，或如麻米，或如拇指，或周遍等，今言『我倒』，即其義也。西方外道，計我如是。然此世人，佛法未來，亦執有人神。」（八五三頁下）

〔一九〕鼓動身口，違理造境　資持卷中四上：「『鼓』下，所造業也。」（三三二頁上）鈔批卷二一：「立謂：內有貪等，三毒煩惱，能鼓激身口，違真如之理觀，造趣婬盜等境，故名『作』也。」（八五四頁上）扶桑記：「會正：違背戒律之理，造趣惡境之中。」（二五七頁上）

〔二〇〕**此對作惡法為宗** 資持卷中四上：「『此』下，指宗。惡法即婬、盜等，合云惡事，法語頗通。即善生云是十惡法是也。（有人以五邪、七非釋之，誤矣。）問：『所以結宗者？』答：『止作兩犯，心境不同，但恐相濫，故須別判。』問：『前二持中，何不結者？』（三三二頁上）答：『今鈔略耳，疏則具之。彼止持云：此對不作惡法為宗，作持云：此對修習善法為宗是也。』」（三三二頁中）簡正卷一二：「既造不善，必成於犯，故用作惡法為宗。亦有作善法，而成作犯，如不乞法造房，及作七非羯磨。若望房舍及羯磨，本是善法，今約不如法作邊成惡，據多少宗途而說，故曰『為宗』。」（七八六頁上）鈔批卷二一：「此結文也。明其作惡，必名作犯，故用惡法，為作犯宗也。」（八五四頁上）

〔二一〕**惡既作矣，必不修善，是故第二即明「止犯」** 鈔科卷中四：「『惡』下，止犯。」（八八頁中）簡正卷一三：「二、止犯，文三：初，結前生後後（原注：『後』字疑剩。）；二、『言止』下，釋名；三、『此』下，結歸宗本。」（七八六頁上）

〔二二〕**癡心怠慢** 簡正卷一三：「於勝善事，理合進修，今怠墮、懈慢不為，豈非痴也？言此『痴』者，據多分說，不言貪嗔。或有貪嗔，卻成作持，如折（【案】『折』疑『祈』。）求善法，是貪心。或被人擊發，起嗔便學，卻成作持，故不舉此二也。」（七八六頁上）

〔二三〕**行違本受** 簡正卷一三：「受時要期立願，今不如願進修，違受體也。勝業者，三藏能詮，詮於義理，實為殊勝。依此習學修行，能斷惑證真，名為勝業。今於此不肯習學也。」（七八六頁上）鈔批卷二一：「本受戒時，擬學萬行。今既怠不肯修學，則是行違本受也。」（八五四頁上）

〔二四〕**止而有違，反彼受願，故名為「犯」** 簡正卷一三：「受時願云『法門無邊誓願學』等。今得戒後，隨行之中，止不修學，違反心願也。抄闕結文。今准戒疏云：犯由止成，故曰『止犯』。」（七八六頁上）鈔批卷二一：「謂初受時，願學一切法。今既於不學，是反受願。」（八五四頁上）

〔二五〕**此對不修善法為宗** 資持卷中四上：「『此』下結宗。」（三三二頁中）簡正卷一三：「亦准前釋，且對不修善法為言，或有於善境上成止犯，（七八六頁上）如對煞、盜等境，止不修觀行，望前煞、盜境為惡。今但取止修觀邊，即不修善法也。」（七八六頁下）鈔批卷二一：「如止不持衣說淨，讀誦經教，是為止犯。將此不修，即是止犯之宗。礪云：『二持』就功能得名，『二犯』就過受稱。」（八五四頁上）

二、明體狀〔一〕

餘義廢之〔二〕，直論正解〔三〕。出體有二：一、就能持〔四〕，二、就所持。

言「能持」者，用心為體，身口是具〔五〕。故論云〔六〕：是三種業〔七〕，皆但是心。又，律云：備具三種業，當審觀其意等〔八〕。如後更解〔九〕。

二就「所持〔一〇〕」者

持犯二種，竝對「二教」以明〔一一〕。

「制教」有二〔一二〕：一、制作，作則無愆，不順有罪〔一三〕；二、制止，作則有過，止則無違〔一四〕。言「聽教」者，作與不作，一切無罪〔一五〕。何故須二〔一六〕者？若唯「制」無「開」，中下施分，進道莫由〔一七〕；若唯「開」無「制」，上行慢求，息於自勵〔一八〕。故須「二教」，攝生義足〔一九〕。

今分「二教」，攝法分齊〔二〇〕。止持、作犯，唯對「二教」中「事」以明〔二一〕；作持、止犯，通對「二教」「法」「事」兩種〔二二〕。所以前不通「法」〔二三〕者，「法」唯進修方知〔二四〕，「事」但離過自攝〔二五〕，故得明也。

就前止持，對「二教」中〔二六〕。制門中，「事」有二〔二七〕：一者，「可學」：制「止」，如婬通三境、盜分四主等〔二八〕；二者制「作」，如衣鉢體量等〔二九〕。二者，「不可學事〔三〇〕」：由心迷倒〔三一〕，隨境未了等是〔三二〕，廢昔義〔三三〕也。昔以「事」不可學〔三四〕。今以心想迷忘不可學，一切心、境，皆是可學〔三五〕；但迷非學了，故佛一切開〔三六〕也。就聽門者，事通上二〔三七〕：言可學者，如房舍尺量、長衣大小是〔三八〕也；「不可學」者，事同前述〔三九〕，但由迷忘，於教無違〔四〇〕，前後想轉，故結不定〔四一〕。

次作持〔四二〕。對制門中「法」「事」〔四三〕者：「法」謂教行也，教謂律藏，行謂對治〔四四〕；「事」唯「可學」〔四五〕，衣鉢體量等是〔四六〕。就聽門中，亦對「法」「事」〔四七〕：「法」謂處分、說淨等〔四八〕。「事」唯「可學」，長衣、房舍等〔四九〕。所以不通「不可學」者，由心迷忘，非學能了〔五〇〕。廣如後述〔五一〕。此謂順教而作無違故，皆名作持〔五二〕也。

三明作犯，以翻止持〔五三〕。但不依戒相，造行成辦，悉名「作犯」〔五四〕。

四明止犯，以翻作持〔五五〕。所對「法」「事」，懈怠不學〔五六〕，並
是。

【校釋】

〔一〕明體狀　鈔批卷二一：「立云：二種持犯，約心為體，身口是狀。且如持衣、
說淨，跪對、執衣，口陳詞句是狀。然雖外假身口，及論問業，必約內心。如
律中皆問『汝以何心，欲用心為體？』」（八五四頁下）簡正卷一三：「上明持
犯『四行』名字也。知我於體狀，全未委練，且名以召體，故次辨也。……體
謂體性，狀謂相狀。此門廣顯『二持』『兩犯』體性相狀，故曰『二明體狀』。
一、玄曰：『所持』，境約制聽二教為體，『四行』依行有所表彰為狀；『能持』
以心為體，『四行』依制聽二教而行，有所表彰為狀。（此釋不然。本出四行家
體狀，豈得還將四行為伏，故不可也。）宗云：『能持』以心為體，身口為狀；
『所持』以二教為體，教下事法，有所表彰為狀。（此解為上。）」（七八六頁
下）扶桑記引持犯體章：「增輝云：能持犯以心為體，身口是狀也。所持犯以
制聽二教為體，事法是狀也。是則體狀各別，名義乖矣。準之今斥彼也。」（二
五七頁上）

〔二〕餘義廢之　資持卷中四上：「初句刪古。疏引云：有人立十善為『止持體』，十
惡為『作犯體』，行檀、禮誦、頭陀、四弘等為『作持體』，違此名『止犯體』。
不明化行，於理頗疏，委如彼破。」（三三二頁中）簡正卷一三：「諸古師例將
三業為持犯體，此義不正，今擬除之。能癈之文，具在首疏，此不敘錄。戒疏
之內，廣明昔義。疏云，如昔解云，雖（原注：『雖』疑『離』。）身三部，離
口四邊，意地不起三不善根，（名止持體。）屈身禮拜，行檀（【案】『檀』疑
『善』。）放生，讚歎三寶，讀誦經教，意修三善，對治三毒，名修諸觀。乃
至離染淨行，慈悲四弘等，名『作持體』。性起十不善，名『作犯體』。止不布
施修慈，乃至觀行，名『止犯體』。修不存之，以非制教之所要也。故疏云：
若不布施名犯者，（七八六頁下）出在何律，何聚所收？如律文云：佛不制者，
不應制也。何以得知不布施不犯？如智論第十云：昔迦葉佛時，有兄弟二人
出家造業，各於施戒，互不修行。後釋迦佛出世時，弟為白象，以不持戒。兄
獲羅漢，乞食不得，以不布施，如何而言不施犯罪？又且律中，但約身口至於
意他（原注：『他』疑『地』。），未聞戒訓，如何而言不修『四弘』便成犯也？
又若犯者，何曾見懺不布施罪？故智論云：不行十二頭陀、四無量心，不名犯
戒，但於戒闕莊嚴耳。（已上疏文。）故知口（【案】『口』疑『古』。）義違於

律論，欲明今義，故先癈之。」（七八七頁上）鈔批卷二一：「有人解云：古人將『事』為不可學，南山將心境迷忘為不可學，癈其古義故曰也。今詳。此解非理。此門欲明體狀，何須言可學、不可學等？然可學、不可學，乃是持犯家一分別義，何關立體事也？深云：廣明體狀、非色非心之法。今更不明，故言癈之。立云：不用昔解，故曰餘義癈之。戒疏云：如昔云者，（即空律即解也。）離身三邪，離口四過，意地不犯三不善根，名『止持體』。屈申禮拜，行檀放生，讚歎三寶，讀誦經教，意三修善，對治三毒，各『修諸觀』；乃至離染淨行，慈悲『四弘』等，名『作持體』。起十不善，名『作犯體』。止不禮拜、布施修慈，乃至觀行名『止犯』（【案】『犯』後疑脫『體』字。）。有人問云：『止不行施，禮拜讀誦，悉為犯者，出在何律？何聚所收？』如律文云：佛不制者，不制也。何以得知不施非犯者？如智論中，兄弟二人出家造業，（八五四頁下）各於施戒，年（原注：『年』疑『互』。）不修行，弟為白象；以不持戒，兄獲羅漢，乞食不得，由不行施。如何而言不施犯罪？又且律中，但約身口，至於意地，未聞戒訓。如何而言不修『四弘』便是犯也？又，若犯者，何曾見悔不施等罪！故智論云：不行十二頭陀、四無量心，不名犯戒，於戒不莊嚴，故知昔立違於律、論。若論自行，止可違理，若不修慈，何成道業？毒蛇未出，義不安眠，如救頭燃。名有慚者，故言癈之。」（八五五頁上）

〔三〕**直論正解**　資持卷中四上：「『直』下，釋今。直論者，不敘他義故。正解者，『能』『所』二體，並依本宗制教而立。疏云：今更依教，立『持犯體』，能、所分別是也。文中能、所，例略『犯』字，義須具之。」（三三二頁中）簡正卷一三：「謂上既癈除昔義，今依正而明，故曰直論也。」（七八七頁上）鈔批卷二一：「今時但在正解，故言直論等也。私弟雖行檀而墮畜生，明知行檀非持戒也。兄不布施，乞食不得。既證羅漢，明知不施非破戒也，如何古人判不行檀是『止犯體』？義則敗也。復判行檀、誦經，為作持行。若使行檀是作持，其弟何故墮於白象？」（八五五頁上）

〔四〕**能持**　簡正卷一三：「今但云『持』，理含於犯。如下出『所持』持（原注：『持』字疑剩。）中云：持犯二種，並對二教以明，故知存略也。」（七八七頁上）鈔批卷二一：「謂約行，人能持戒，心能犯戒，心以為體也。」（八五五頁上）

〔五〕**用心為體，身口是具**　鈔科卷中四：「『言』下，別陳相狀（二）。初，能持犯體。」（八八頁上）簡正卷一三：「正出『能持體』也。約行者，能持戒心，無

心不能成業，以無貪等三善行心為『能持體』，貪等三不善行心為『能犯體』。然持犯業，要假心成，以心為本，鼓動身口，方能成業。若但起心，不動身口，不成持犯，以無心故。故知，身口為造善惡之具，要假心助成故。戒疏云：身口乃是造善惡業具，非『善體』。(七八七頁上)玄云：此約能持犯，行心為持犯。四行造作，成業之體，不類單心，故知還是色心為體。今且偏舉成業之本，故約也。」(七八七頁下)鈔批卷二一：「持犯業體，要由心使，身口但是造善惡之具。縱有身口，而非心使，不能成業。案涅槃經明三業義，呼身口業名為『期業』。謂由先發，故名『意業』。從意業生身口業，疏家解云：因果相應，有同契約，故曰『期業』也。謂心業前發，與身口業為期，(八五五頁上)所以身口業後來，應前心業也。」(八五五頁下)資持卷中四上：「『用』下，出體。上句正示。疏云：若不思慮，不成持犯，故以『意』『思』為『能持犯體』。下句簡非，以身口色但是成業之緣，非正業本。疏云：身口是具，不名為業。故下引據，初即成論推業之本，彼又續云：離心無思，無身口業。」(三三二頁中)

〔六〕論云　簡正卷一三：「成實論云：是三種業，皆但是心，離心無思、無身口業。謂證三業，皆用心為體。且身口不能自發，皆因於心，先了前境，後起思心，動身造作前事，方能成業。口業亦爾，依心起故，體不離心。故知，三業不能自成，要由心起。即如論云：無心煞人，不成身業，無心妄語，不成口業等。言離心無思破多宗，彼計心王起時，別有心所思同時而起。今云『心王』『心所』，前後而起，離心之外，別更無『思』也。無身口業者，破外道也。彼計身口二業，不假於心，但從對起。佛教所說，一切由心。故俱舍云『世諸妙境非真欲』等，即斯義也。」(七八七頁下)

〔七〕三種業　鈔批卷二一：「身、口、意也。身是造善惡具，業不自成，必由意地，能成身口之本也。」(八五五頁下)

〔八〕備具三種業，當審觀其意等　鈔批卷二一：「此是四分律勸信序偈，略引一句也。彼云：『夫欲造善法，備具三種業，當審觀其意，如羅云經說。』賓言：羅云經說，鶖子與羅云分衛，時有輕薄者，(謂有婆羅門相輕薄。)興毒意，取沙土著鶖子鉢中，擊其羅云。頭破，出血污面。鶖鷺子告羅云言：『當起慈心。』羅云臨水洗血，而自說曰：『余痛斯須，那(原注：『那』字原本不明。【案】羅云經此處是『奈』。)彼長苦。如彼廣說。」(八五五頁下)資持卷中四上：「次，引本律。彼序偈云造善具三業。今以備具普之，以通持犯。故意

業是主，身口由成，故偏審之，以明成不。而言『等』者，如律結犯，並問何心。諸不犯中，例開忘誤。……問：『論云三業皆但是心，此即心王，那得上定意思為體？』答：『心王意思，體用分耳。論推三業之本，故就體論。此定成業之能，故從用說。』『若爾，何不如論，從本明者？』答：『體通四陰，用局行心，捨通從局，論業彌顯。又復，心未必是思，思必是心。體不兼用，用必得體。今云：意思則體用齊收，義無乖異。』問：『受中作戒，色心為體。今此能持，即是隨作，何但取心而不兼色？』又問：『唯心造業，何異大乘？』又問：『既簡身口，（三三二頁中）何以後成就門，復通三業？』此恐文繁，如別所顯。」（三三二頁中）扶桑記釋「答心王意思」：「凡王所一異之論，先於大乘，瑜伽、唯識別體義。楞伽及中、百論王所無別體義。次小乘中，毗曇宗王所體異義。今以成實為宗，故但體用不異也。……體不，云身未兼手足，如蛇、魚等；云手足必兼身，離身無手足故，如人、天等。」（二五七頁下）【案】羅云忍辱經，一卷，西晉沙門法炬譯，七六九頁。

〔九〕**如後更解**　資持卷中四上：「『如後』，即第三門。」（三三二頁中）簡正卷一三：「玄曰：如下『優劣門』中，約心三時辨輕重；及『方便趣果』中，約動身口思，成業處說。」（七八八頁上）鈔批卷二一：「勝云：上雖論心是其業本，如下『優劣門』，單心三時辨輕重，如善生等。故知業起，假心為本，若論聲聞成業，要假身口，獨意不成也。若單成者，限大乘。下文書有此料簡，故言『如後』，意恐指下引母論，犯必關心成業，故知必由於心也。」（八五五頁下）

〔一○〕**所持**　簡正卷一三：「上約能持，以心為體。小乘所制，單心未犯，要須對境，方結於業。未審約境依何順違，故須所持，以辨體相也。」（七八八頁上）鈔批卷二一：「謂約制、聽二教，以明體也。上既『能持』之心，此下『所持』之意，謂對前事。事是所持也。且將持犯，於制聽二教中以明之也。」（八五五頁下）

〔一一〕**持犯二種，竝對「二教」以明**　簡正卷一三：「持犯二種，謂止、作也。二教者，制、聽也。若不約教，四行難明。依教護持，以心為能，以教為所也。亦有問云：『所持犯境，一切並是，何但二教耶？』答：『對境雖多，不越二教，攝之皆盡。心順二教成持，違二教成犯也。且略說大教，廣在下文。』」（七八八頁上）資持卷中四上：「古師出體，化、行不分，今局律宗，專依行教。律藏雖廣，行相極繁，制聽二門，攝無不盡。以對機不等，立教有殊，若不兩分，

體狀交雜。先標二教，其意在茲，故云『以明』也。（舊記以此為立體，誤矣。）」
（三三二頁下）

〔一二〕「制教」有二　鈔科卷中四：「『制』下，明立教之意。」（八八頁中～下）鈔
批卷二一：「宣云：如諸性戒，體與理違，縱佛不制，（八五五頁下）世俗常
禁，教由制興，故曰制教。（此解與應下『制止』義，不應『制作』也。）」（八
五六頁上）

〔一三〕制作，作則無愆，不順有罪　簡正卷一三：「明制作也。故戒疏云：禁諸出家，
有善斯習，名為『制作』。謂三衣鉢、三藏教文、善事、善法，並令修習。文
中亦含二持犯。一制作衣鉢等，須順教作，作則無愆，（七七八頁上）名『作
持』。若止不作，名『止犯』。」（七八八頁下）鈔批卷二一：「即說、恣等也。
又如三衣一鉢，是佛所制，不順有罪。」（八五六頁上）資持卷中四上：「初
文，約罪有無，顯示二教名義分齊，足為明準。」（三三二頁下）

〔一四〕制止，作則有過，止則無違　簡正卷一三：「如婬、盜等惡，制令不作。今順
教止，成『止持』，違教作，成『作犯』，與前不別。故戒疏云：禁諸出家，有
惡皆斷，名『制止』也。」（七八八頁下）

〔一五〕作與不作，一切無罪　資持卷中四上：「不作無罪者，此望上行不稟為言，中、
下稟用，須依制法，違即有罪。若論聽教，亦有止作。文中不出，如後明之。」
（三三二頁下）簡正卷一三：「此與制門有殊，前『制止』事，作則有違。『制
作』，止便成犯。今此聽門，作與不作，俱無過。若作，則約中、下根者，順
於聽門；不作，即約上根者說。故一往而言，一切無罪。若局對中下二根，就
聽門中，不無其過。且如百一、衣服，理須受持，長衣、房舍，又須順教。若
如法衣，方堪說淨。如法房方可乞法。〔及（原注：『及』疑『是』。）聽作也。〕
若犯過依（原注：『依』疑『衣』）財，及妨難、過量，如乞不成。（是聽止也。）
故戒疏云：於此事法亦聽作，必有房財，理須加法，故聽作也；若有妨難，犯
過衣財，不合加法，故聽止也。（已上疏文。）已上如法房財，聽加法，是『作
持』，止不加法，成『止犯』。有過房財不加法，是止持；若違教作，成作犯。
玄記中，更有別解，非要不敘。（云云。）」（七八八頁下）鈔批卷二一：「言聽
教者，宣云：如諸遮戒，體是煩重，事亂妨道，理因難開。然是薄機，假資得
立，故制隨緣，任情通許，不可仰故，名聽教。言作與不作，一切無罪者，二
房、眾具、百一、長財，與（【案】『與』前疑脫『作』字。）不作，聖皆任可，
故名為『聽』。如能上行不畜，最善。中下根人，用亦無罪，而不違教，故曰

一切無罪。故地持云『有罪行者制，無罪行者聽』，文成證也。有又解云：若是有罪之行，如婬、盜等，佛則不許作。若是無罪之行，如開『畜長衣』等，佛則開許其行，故曰『有罪行者制』等也。」（八五六頁上）

〔一六〕何故須二　簡正卷一三：「辨相須意。文三：徵、釋、結。言『何』至『者』，謂前辨所持體是教，教有制體。故今徵云『何用於二』也。」（七七八頁下）鈔批卷二一：「釋立二教所以，假有此問生起也。汝既聽教中作與不作，俱無罪者，何用聽教為也。」（八五六頁上）

〔一七〕若唯「制」無「開」，中下施分，進道莫由　資持卷中四上：「『若』下，釋通。初釋須聽。」（三三二頁下）簡正卷一三：「中下絕（【案】『絕』疑『施』。）分者，辨須聽教，如上行人，但（七八八頁下）乞食、糞掃衣、樹下坐，可以資身長道。今令中下根人，同於上士，不食僧食，不著檀越施衣、不住房舍者，而力劣不堪，無由入道，令彼望涯而退。如天須菩提，久受天樂，七寶房院住經一宿，便證道果。若令樹下、塚間，無由一宿證果，須聽教也。」（七八九頁上）

〔一八〕若唯「開」無「制」，上行慢求，息於自勵　簡正卷一三：「上行慢求者，辨須制教也。若唯立聽，便令上士須同中、下，則教不稱機，卻加怠慢，不勤求通（原注：『通』疑『道』。）。如胎衣、迦葉等類，故須制教接之。」（七八九頁上）資持卷中四上：「『若』下，次明須制。以中、下不堪專制，上智不樂常開。偏立一端，皆容退道，失於機器，豈曰知時？然文對三根，一往分異。須知，制本通於中下，聽亦時開上根。」（三三二頁下）

〔一九〕故須「二教」，攝生義足　資持卷中四上：「『故』下雙結。『生』即是機，通目三類。」（三三二頁下）簡正卷一三：「須二教意，先須制教，收上根人。次立聽門，攝於中下，是則通來皆盡。不同五邪，唯制攝生之義不周也。」（七八九頁上）鈔批卷二一：「制教被上根，聽教開中下。制聽二教，被三根之機，義無不盡，故曰義足也。」（八五六頁上）

〔二〇〕今分「二教」，攝法分齊　鈔科卷中四：「『今』下，正出所持犯體。初，總分四行明分齊。」（八八頁中）簡正卷一三：「第二，合辨二種，相攝分齊。文二：初，總標；二、約位釋。初言，今分二教攝法分齊者，宗云：首疏無此標，此是今約順古總標也。大意謂：約四行分齊，二教中事法，向四行中幾行攝事，兼攝法幾行，但事不收法，望法不遍邊，得名分齊。若事遍四行，不云攝事分齊。」（七八九頁上）鈔批卷二一：「謂制、聽二教中，有事有法。何教中無法

—2016—

有事？今將『二教』對『四行』。何中有事法？若唯今文，（八五六頁上）古立義止持、作犯，但收得事，如四重等。止則是持，作則是犯，無法可收。若作持、止犯，則攝二教中法事，如說、恣等。作則是持，止則是犯，故說、恣等，有法有事，是故作持通攝二教中法事也。所以知是古師立義者，戒疏云：如昔解云：二教攝法，各有分齊，止持作犯，唯對二教事相以明等。問：『如上立義，止持唯事，不通法者？』『如五邪、七非，並非正法。若作有違，義須止約。』『此法與事，殺、盜不殊，有何義故，不在止攝？』『如昔解止，但對事明者，於義有乖。今不同彼，無論事、法，聖制止作，則通持犯，不以分體相無別。故知四行之中，皆有事法。今文中雖不廣破，然於彼雜料簡中，第一歷位分別門，作犯中明事。白竟後，即云對法類知，可解。則是明止持犯還有法也。又復下文，諸九句，皆此事法上坐（原注：『坐』疑『生』。）也。』」（八五六頁下）資持卷中四上：「古記科前文為『正明體狀』。『今分』已下，為『四行』攝法。今應問曰：『出體既竟，那忽於後而明攝法？若謂攝法，不關體者，何以不列餘六門中？而不知前文，且敘二教，『今分』已下，方出體狀。一迷於此，歷代虛爭，請以理求，勿事冰執。出體中，初文欲分『四行』，歷明體狀，故先總示，各攝分齊。初二句標示。言攝法者，『法』之一字，即所持體，通目事法。止持中事，豈不名法？如戒本云：四夷法等，須知事法，名有通別，隨文用舍，不可專隅。通則事亦名法，即今所標攝法者是；法亦名事，如作羯磨，俱名行事。別則事專境事，法唯制法，如下止、作二門，別配可見。」（三三二頁下）【案】「今分」下分二：初，「今分」下；二、「就前」下。

〔二一〕止持、作犯，唯對「二教」中「事」以明　資持卷中四上：「『止』下，分對通塞。」（三三二頁下）簡正卷一三：「正依古，明分齊。言止持、作犯，唯對二教中事以明者，此將止持、作犯二行，對二教中以事辨。唯者，獨也。但事無法，且將止持，對二教辨：先將止持對制止惡事上辨者，（七八九頁上）應云：止持中，制教中制止事，如婬三、盜四等，順教離過成止持。（一重。）二、制作事，如衣鉢體量，對此順教，如法造作，離非法邊，成止持也，應云：止持中，制教中制作事，衣鉢體量是順教，離過是止持。（二重。）次將止持入聽教中，對非法房衣辨，應云：止持中，聽教中聽作事，長衣房舍順教，離過邊成止持。（三重。）次將作犯番上，亦得三重，如前廣述。（成六重事也。）故云止持、作犯，唯對二教中事以明也。」（七八九頁下）鈔批卷二一：「此是古義，如前廣述也。『二教』即制、聽二教也。如婬、盜等，是制教家止持作

犯事也。怨逼三時無染，則是聽教中止持、作犯事也。樂則作犯，不染是止持。既是佛開，故曰聽教。又如造房是聽教，止不過量是止持，過量房成曰作犯。（八五六頁下）此是聽教家止持作犯事也。（上皆自出，意未詳。）」（八五七頁上）

〔二二〕作持、止犯，通對「二教」「法」「事」兩種　簡正卷一三：「前之二行，便云唯得事。今此二行，即言通通（原注：『通』字疑剩。）於法。先將作持，對制教辨，應云：作持中，制教中制作事，明白心中，成可學順教作故，成『作持』，如衣鉢、體量是。（一重。）次對制作法，應云：作持中，制教中制作法，順教作之，成『作持』，如羯磨并三藏等法是。（二重。）次對聽教事者，應云：作持中，聽教中聽作事，學順教作成，成作持，即長衣、房舍是。（三重。）次對聽門法，應云：作持中，聽教中聽作法，順教邊成作持，即處分說淨法是。（四重。）作持對聽門，既收四重事法，次將止犯，番之亦成四重（云云。）廣敘都計八也，故云作持、止犯，通對『二教』『法』『事』兩種也。（止持、作犯二行，六重事無法。作持、止犯二行，通收事法八重。『四行』都計一十四重事法，而為分齊。）（七八九頁下）已上明古師持犯分齊已竟。」（七九〇頁上）鈔批卷二一：「謂『作持』與『止犯』者，聽教家作持、止犯，亦有法、有事，如造房是；制教家作持、止犯，亦有法、有事也，如三衣一鉢是。配事可知。謂制、聽兩教，各有法、有事。」（八五七頁上）

〔二三〕所以前不通「法」　資持卷中四上：「『所』下，點前局事。初句徵問。」（三三二頁下）簡正卷一二：「次，徵釋攝不攝之所由。文二：先徵，後釋。言所以前不通法者，謂止持、作犯二行，在作持止犯之前。今更牒來，辨不通法之所以，故作斯徵也。」（七九〇頁上）鈔批卷二一：「此卻釋前句也。故前云止持、作（【案】『作』後疑脫『持』字。），唯對『二教』事以明等文也。謂制門中，如安居、自恣是法，婬、盜等四是事。今若將止持、作犯往收，但攝其婬、盜等事。若作持止犯，則得安居之事及法。謂說恣中，有法有事也。又，聽教中，畜長是事，說淨是法。此上皆是古師立義也。」（八五七頁上）

〔二四〕「法」唯進修方知　資持卷中四上：「『法』下，釋通。上句明不通法，反明婬、盜等事非進修故。言方知者，謂作門善法為之。（三三二頁下）乃知顯下止門，惡事不待為故，止可自攝而已。」（三三三頁上）簡正卷一三：「古師意道：夫言『法』者，皆是進修習學之法，故在作持位中。止持既非進修，因何有法？若如此，須簡此法，出還他作持、止犯行中收，作即持、止便犯。『若爾，法

既簡卻，事何不除？」答云：『事但離過自攝，故得明也。古人云：婬、盜、煞等惡事，及非法衣鉢、房舍，既是惡事，不要進修，但離過不作，便得止成持；作，成犯。』」（七九〇頁上）

〔二五〕「事」但離過自攝　資持卷中四上：「下二句明局事。故得明者，謂『止持門』止得明事耳。若準戒疏，指為古義，後自立云：五邪七非，俱非正法，義同殺、盜，則明止、作二門，俱通事法。古來章記便引疏文續之，例云『順古』。且今鈔撮要，意在易明，豈得一向橫引古語？或有不取，文自標云『餘義廢之』『廢昔義』等，但知傳謬，未詳所以。今為略舉，餘隅反之。以初撰鈔，猶同昔見，故多循舊，時有改作。疏在後製，垂暮重修，研窮盡理，始加刊削。故今判釋，未可便以鈔、疏交參，翻使披尋，轉迷文意。故須且作今義釋之，不同之處，文外自點。須至學疏，好自披括，乃至句法，意亦同此。」（三三三頁上）簡正卷一三：「此二行中，自然攝得，故云事但離自攝也。故得明也者，結前。謂約離過邊，故得將事向止持、作犯中明。若學婬、盜事，令了知。又屬教行法，自是作持，止不學知，又成止犯也。（思之。）已上鈔文所釋，並是成立古人之義，未為妙也，攝境不盡，總義不成。只如隨相一篇，名別持犯，由有媒、嬚、二謗等惡法，今稱總義，豈無惡法耶？若不通之，五耶（【案】『耶』疑『邪』。下同。）七非，向何位攝？故戒疏云：如上立義，止持唯事不通法者，如五耶七非，並非正法。若作有違，義須止約。（七九〇頁上）此法與事，煞、盜不殊，有何等故，不在止攝？如昔解止，但對事法，於義有乖。今不同彼。無論事法，聖制止作，則通持犯，下以位分，體狀無別。（已上疏文。）若准此言，四行之中，無論事法，聖制止作，並通持犯。故知古來前二行中，不收惡法，殊乖道理。既已知非，今依戒疏，加五耶七非之法。先將止持，對制門制止法，應曰：止持中，制教中制止法，五邪法是。（一重。）次制作，應曰：止持中，制教中制作法，離七非是。（二重。）次對聽門者，應曰：止持中，聽教中，聽作法，房衣法上離七非是。（三重。）已上三法，明白心中成可學，順教離過成止持。止持既三番成，作犯亦三，便成六。將此六重法，添向古人前二行中不通法處。今既通法，即事、法合論，成十二重，麤（原注：『麁』疑『兼』。）於後二行，八重事法，成二十重。此二十重，明白可學。若知後迷妄互生，成不可學，翻之亦二十重，豈非四十重？全變為今師事法分齊也！問：『古人四行，兩行有法、兩行無法，望不通邊，可說分齊。今師既法該四行，事遍四行，何故亦得稱為分齊耶？』鏡水表闍梨解云：今師

難事法遍四行，望不相通邊，亦名分齊。如止持事法，非作持事法，（七九○頁下）如是例餘准知。問：『古來既於止持、作犯二行不通法，今師加之，鈔文何不便添，還順古局事者何？』答：『有兩說。一、玄云：抄為接新學。若於止持中通法者，恐濫餘善法，皆闕進修，且順古未立，戒疏持犯之內，四行俱通。二解，依宗記（【案】『依』疑『飾』。）云：為留古師之病，彰持犯相淺。二解各有理，任情取捨。』問：『此門何故但云分齊，未名出體耶？』鏡水闍梨云：『此文但是三略：未分二教是一略；未分四行是二略；未分所學、不可學，是三略。但名事法分齊，未得出體。至下文三廣之中，方始出體。諸記中對此云辨體者，恐違文旨。又，但喚四十句事法之境為體狀者，良不可也。有智人者，請深思之。又，玄記中對此廣敘發正破戒疏，恐繁不錄。」（七九一頁上）

〔二六〕**就前止持，對「二教」中**　鈔科卷中四：「『就』下，別對四行明體狀。」（八八頁上）簡正卷一三：「就前者，牒前略辨分齊中，且抽『止持』一行來，此出體狀，對於二教事法為境，明白心成可學止持體，迷妄心成不可學止持體。問：『此門何故便廣出體？』答：『具三廣故，理合出體。抄文已分二教是一廣，又分四行是二廣，已分可學不可學是三廣。即及（原注：『及』疑『反』。）顯前文是三略，故未合也。」（七九一頁上）鈔批卷二一：「深云：要須捉取『止』字，至下文勿迷，謂今於制門事上明止持也。」（八五七頁上）【案】「就前」下分四：兩持、兩犯。

〔二七〕**制門中，「事」有二**　簡正卷一三：「謂既抽前止、持一行，對二教事法境上出體，今且先對制教明之。只於制門，便分二別：一者可學事，二不可學事。」（七九一頁下）

〔二八〕**制「止」，如婬通三境、盜分四主等**　鈔科卷中四：「初，制門止作事；二、『就』下，聽門止作事。」（八八頁下）資持卷中四上：「舉婬、盜者，正示體狀也。『三境』即三趣，皆重，故云『通』也。『四主』更加三寶，犯相各異，故云『分』也。文中且舉初篇二戒。自餘篇聚，所禁一切惡事，並屬此門。（疏中更加制『止』法，如五邪七非，體乖聖教，不得行故。）」（三三三頁上）簡正卷一三：「正出止持，制『止』『可學體』。欲釋此文，先辨今、古兩意。自古諸德，於止持門中，先明『不可學』，次明『可學』，故首疏云：一者『不可學事』，如似人、非人二想；二者『可學事』，如似衣鉢、體量等是。（已上疏文。）謂古師意道：非盜等是惡事，不可明白心學，將人作非人想煞、有主物

作無主想盜耶,一向『不可學』,無其『可學』。若於衣鉢善事,理須進修,一向『學作』,無『不可學』。今師不論善惡,先須學知,名為『可學』。若後對境,迷妄心生,聖不制犯,名『不可學』,故迴可學在前,不可學向後,約義又別。古今大意如此。問:『此可學、不可學,與歷位中可學、不可學何異?』答:『名雖同,義全異。此約四行根本,彼約枝條也。可知。』次銷抄文。言可學制止者,受戒已後須學,名為『可學』。不許造作,名為制『止』。婬通三境者,一、人,二、非人,三、畜生。理實六趣,皆是犯境。今唯言『三』者,羯磨疏云:約律明緣,但說為三,以人、畜兩趣,形現易知。天、修、鬼、獄,幽通難識,故合四為一,莫不分得。(七九一頁下)五通(原注:『通』疑『道』。)異於人類,總號『非人』。盜分『四主』者,一、三寶物,二、人,三、非人,四、畜生。問:『婬何故云通,盜乃云分?』答:『非難有三,境齊犯夷,故名通。盜約四主,罪有昇降,故云分也。』『等』者,等取一切制『止』事,或可等取五邪法亦得。若論體體(原注:『體』字疑剩。)狀,約能持善行心,對婬、盜等事境,制止不作,離之邊,順制止教,為『止持體』。於前境上,有所表彰,名為相狀。(應云:止持中,制教中制止事,非三盜四,是一重也。)對因辨雙持犯,謂婬、盜等事。若約心用說,並有雙持犯。若望順教,禁約邊成止持,對門對治,成『作持』。若約教以論,婬盜惡事,止而不作,順教成止,作而有違,成『作犯』。引(【案】『引』疑『此』。)但成單持隻。今此出體,正約單持犯體也。抄文至此,理合出法,應言可學制止法,如五邪等是。今未述,為接初機,恐濫善法,不進修故。或可為顯古來持犯相淺故。鈔文雖然,今准戒疏,對此明之。故疏云:二者『可學制止法』,如五邪七非,體乖聖教,明了共相,不得依行,故曰止也。(已上疏文。)今正出體者,此五邪法,受戒已後,理合知要分邪正。如四依佛制,即可依行,五邪非制,不可依用。起善行心,而制止之。以心順教,成其(七九二頁上)止持法上體。於其法上,有所表彰,名為相狀。(應曰:止持中,制教中制止法,如五邪之法是。并前二重。)(七九二頁下)鈔批卷二一:「言婬通三境者,人、非人、畜生,正道也。有人云:三處行婬曰『三境』。此非正解。故心疏云:可學制止者,婬通三趣等。然舉三趣,則攝六道,以非人一趣,含天、修、鬼、獄四也。羯磨疏云:約律明趣,但說為三,謂人、非、畜也。以人、畜兩趣,形現易知。天、鬼、獄、修,幽通難識,故合天、修、鬼、獄四道為一趣也。莫不分得五通,異於人類,故號『非人』。(八五七頁上)余曾問諸講士,便答余云:『不

讀觀音，人、非人等者。」可解。言非人者，此謂『疑神』，經中，八部緊那羅也，形如人焉，但頂生角。作此解者，知四分主者：三寶物為一，主人物二，非人物三，畜物四也。」（八五七頁上）【案】「緊那羅」義即非人。佛本行經卷一一，七〇三頁。

〔二九〕制「作」，如衣鉢體量等　鈔批卷二一：「樹皮生疏衣體，非等佛量，即『量非』也。石、木、銅、泥鉢，躰非三斗已上、斗半已下，是『鉢量非』。止非法邊，名為『止持』。下文出者，約如法作邊成作持，故文互出二不同。問：『此既明其止持之門，如何明其制作？如衣鉢等，豈非作持行也？謂要因造作故是止持，何故今於止持中，明云是止持行耶？』答：『此衣鉢等，雖是作持，今取止不過量而作，還成止持。故戒疏云：且如三衣，教遣備具，不敢輕侮，名為止持。又云：若過量作犯，反此作犯，豈非止持？又云：若不依行，則是作犯。今依教作，便成止持。」（八五七頁下）簡正卷一三：「理實應言『二』者，『可學』制『作』，如三衣鉢等。謂此三衣鉢是恒沙諸佛標誌，一切外道所無。受戒之後，必須備具受持，終於四捨，不許離宿。此佛親制作之，故云制『作』也。衣鉢體量者，衣鉢（原注：『鉢』疑『體』。）即熟絁、布、絹蜜緻所成，若薄縠輕清，即非體也。衣量者，廣三肘、長五肘為量，或與佛等量即非。更合約色，鈔文略也。青、黑、木蘭，是如法色，五方正色即非也。鉢體，即泥、鐵二種，銅、石、梜紵，即非體也。鉢量者，上者三斗，下者斗半，若過若減，俱非量也。鉢色，孔雀咽色已外即非也。『等』者，等取餘制作物，如坐具、漉水等。纔受具已，便須作師學知，名為『可學』。若擬造作，先且止非，以心順制止教邊，成『止持體』。於前境上，有所表彰，名為相狀。（應曰：止持中，制教中制作事，如衣鉢體量等，成三重也。）消鈔竟。問：『此三衣鉢，順教而作，便是作持，何故名止？』答：『夫止持有二：一者同體，二者別體。如擬作衣鉢，先止過非，即是別體止持。自向非法衣鉢止成，與作體別。後將布絹等物為之，成作持。不敢違悔，復是（七九二頁下）止持。即二持同向三衣等鉢上成就，故名同體止持。』問：『今此辨體，為約同體、為約別體？』答：『若論同體，戒戒並具，如對婬、盜、煞，作觀亦然。今此論體，唯約別體，離過非邊。若造作邊，是作持攝，不合取同體止持。（思之。）』次辨法。鈔文至此，准理合云『二』者，『可學』制『作』法，即律藏教行，及三羯磨、離七非是。夫欲作法，須離七非。七非，如羯磨篇說，謂受戒後，便須學知。於此法上，須離七非，以心順教之邊，是『止持法體』。於前法上，

有所表彰，名為相狀。（應云：止持中，制教中制作法，羯磨離七非，是成四重。）『等』者，等取一切制作法。」（七九三頁上）資持卷中四上：「次，制作中。衣鉢等者，即體狀也。衣鉢答須三如，文中略色，且舉體量。（疏加製作法，如三羯磨等。）問：『此即作持門事，那在止問（【案】『問』疑『門』。）明之？』答：『為示雙持義故。疏明雙持雙犯，則有二種：初，約心用。一切諸戒，皆雙持犯，以凡持一戒，必起對治，禁惡名止，起治名作。兩犯亦爾，凡所造惡，必無治故。（此可持奉用心，非正簡判。）二、據教行。即諸戒中，或有教制奉行之者，若制、若聽，或事、或法，且如三衣，教遣須具依教而作為作持，望無違犯是止持。餘皆類說。自餘婬、盜等無制法者，並是單持隻犯耳。（簡判諸戒，正用此義。）如上雙持，止持屬此門，作持歸後攝。是則，止持具（三三三頁上）有二種：一、對惡事明止，正是本位；二、對善事明止，兼收後門。應知，衣鉢等事，前後俱明，約行須別，不可相濫。餘廣如疏。』」
（三三三頁中）

〔三〇〕**不可學事** 簡正卷一三：「出迷妄不可學止持體也。謂此不可學，亦是前來可學事法。前約明白，具已委知。今於解處對境，卻生迷妄，聖開無犯，名不可學也。」（七九三頁上）

〔三一〕**由心迷倒** 簡正卷一三：「迷者，本迷。『倒』謂轉想等。」（七九三頁上）資持卷中四上：「不可學中。初示今義。律境想中本迷，轉想疑心，皆開本罪。今云：迷倒總上三種，謂此迷心，臨事忽起，無由防護，故云『不可』。（有云『心迷，學不可得』者，非。）」（三三三頁中）

〔三二〕**隨境未了等是** 簡正卷一三：「謂隨制止婬、盜、煞等境不了，又隨制作衣、鉢事境不了是者，即成止，是『不可學』也。若辨止持不可學事，迷妄體狀者，鏡水表闍梨云：難則轉想，或本迷，隨前所對事境不了。然且不進趣造作前婬、盜、煞等，望不違制止之教，（七九三頁上）名為『止持』。但約迷妄不了邊是『不可學體』。於前事上有所表彰，名為相狀。故戒疏云：不可學事者，由心迷倒，隨境不了，於煞、盜境，疑慮不分，望非犯位，故是『止持』，而心不了，是『不可學』。（已上疏文。）若依宗記，即約造趣前境，或盜、或煞，但為迷心，望無違教之罪，翻成『止持』，廣說如彼。今且略述大意，此解亦未違鈔。請思之。此依鈔約事辨迷竟。次約法上辨迷體者，鈔文理合標云『二不可學法』，由心迷妄，隨境不了等。但順古故不言之。今前文既敘戒疏，闍添（原注：『添』疑『黎』。）今亦須辨於迷妄。鏡水闍梨云：具如五邪、七非

之法，本是止境，由心迷故，謂是四依等法，便是邪正不分。然且不作調達盡形等五法，亦不作七非之法，望不造作，名曰『止持』。以心迷故，是『不可學』。亦約迷心未違教是迷體。於前境上，有所表彰，名為相狀。故戒疏云：二者不可學法，如『四依』、『五邪』、『七非』三法，是非相濫，望思不了，雖未依行，故名『止持』。非學所知，是『不可學』。（已上疏文。）或依宗記，但約隨前境不了，然且造作前惡法法（【案】次『法』疑剩。），理合成犯。今為妄迷，聖開無罪，翻犯成『止持』。（七九三頁下）此解亦未違理。」（七九三頁下）資持卷中四上：「疏云：於殺、盜境，疑慮不分，望非犯位，故是止持。而心不了，是不可學。（若對法者，四依、五邪、七非、三法，是非相濫，忘思不了也。）」（三三三頁中）

〔三三〕**廢昔義**　資持卷中四上：「『廢』下，刪古。」（三三三頁中）簡正卷一三：「文二：初，標所癈之義；二、注文，應辨古今。言癈昔義者，謂今師依律境想，以心迷倒，非學能了，為不可學者。癈昔諸師惡事明白心不可學、作為不可學義也。」（七九四頁上）

〔三四〕**昔以「事」不可學**　資持卷中四上：「注簡有二：初，出古意。昔以事者，彼於止持，通立可學、不可學。『制作門』事是可學，『制止門』事是不可學。以唯離過，非進修故，作持唯是可學，無不可學。」（三三三頁中）鈔批卷二一：「古人意云：取止持、作犯家，如婬、盜等事是住法故。出家僧尼，所不應學，以須學故，聖不制學，故不得識，故曰『不可學』也。賓云：古師意言婬、盜等事不可故，名『不可學』，其中縱有不識疑等，豈容有犯？犯是止持、作犯家所對之事，（八五七頁下）皆是非法事耳。若作持、止犯，則事與法俱是可學。以作持中，是事如法故，即衣鉢體量等，出家僧尼應須學也。古師亦不一向云事是不可學，故知有可學、有事不可學。礪同此解。賓敘礪意云：言可學者，如造房、衣，身手量度等，及發口言，誦戒、羯磨等，斯事皆須身口學作，名曰『可學』。言不可學者，不可身作婬、盜、殺等，及不口言妄、謗、綺等。斯並不可身口學作，名『不可學』（諸師意與此全異，即鈔是。）是制門，（制離殺等。）可學之通於制聽（制誦戒等，聽作房等；）不可學中，唯是『止持』（如人、非人想，殺及盜等。）『可學』之中，自有二別。若是制門，唯是『作持』，（如說、恣、誦戒、羯磨及受食等。）以犯反持，皆唯（原注：『唯』疑『准』。）上說。明記此言，則下文古師義自顯。若更繁解，翻令雜亂。」（八五八頁上）簡正卷一三：「問：『既癈昔義立今，未審同異何別？』注文釋，通

云『昔以事不可學』，此是彰大師（【案】『師』後疑脫『意』字。），後至大疏，於上止持制教中云，制門中有二：一者不可學事，如似人非人想；二者可學事，如似衣鉢量等。（已上疏文。）謂境想第三句，迷人非人想時，律開無罪。今若令人學，人作非人想煞，此則有罪，便成作犯故。今不得學作此事為不可學故，將惡事不可學，作於止持中，類上境想立不可學。彼由迷人作非人想煞，緣而不了。上無根本之慼，今於惡事明白心中，緣之不了，如彼迷人作非人想，義勢相似，望無不學無知故。於止持中立惡事為不可學，但使不犯，於教無違，名止持也。今詳此意，即是將律文境想迷妄無根本，例於明白不習學無枝條。自古皆然，恐不可也，故云昔以事不可學。」（七九四頁上）

〔三五〕今以心想迷忘不可學，一切心、境，皆是可學　資持卷中四上：「『今』下，顯今所立。初示異。古約事分，通塞乃別，今約心迷，統該篇聚。『一』下，申理。上二句示可學。言一切者，總指諸戒。皆可學者，並須明練，守護無違也。」（三三三頁中）簡正卷一三：「正立今義也。心迷是本，迷妄是轉想，約想疑為『不可學』。一切心境等者，重廣今師之義。一切心者，初起方便心，次起根本心，後起隨喜心、無貪等三善心。貪等三不善心也，制止制作境，聽止聽作境，情非情境，空諦有諦境，滅理涅槃境，文字卷軸境，虛空識等境。如是心境，無問善惡，皆須學知，故云皆是『可學』。」（七九四頁上）扶桑記釋「古約事分」：「會正：注謂願、首等師用殺盜等惡事，為不可學；今下，大師約迷心說也。資覽：古師意以進修為學，故止持門以制止事為不可學，以制作事為可學。作門，善事有進修義故，為可學。今師不爾，但以學知為學義也。」（二六〇頁上）

〔三六〕但迷非學了，故佛一切開　資持卷中四上：「『但』下，明不可學。此依律文境想以立，唯除破僧婬、酒，（酒有義斷。）餘戒並開想疑，故云佛一切開也。此謂素並明達，臨境忽忘，不同愚教，一向無知。」（三三三頁中）簡正卷一三：「今若於前所解事法，迷妄忽生，迷人謂是非、畜、杭（【案】『杭』疑『杌』。）木等造作事。律文境想，根本尚開，今對此事緣而不了之時，不學無知，例皆不結，故云一切開。故戒疏云：不可學迷，非學能了。乃至四果，由有事迷，何況下凡而能通辨，故於事法無問止作，皆有迷心，而非罪攝。又問：『如此生迷，與愚教者復有何異？』答：『愚教之徒，生來不學，故隨所壞，並結無知。今此不爾。素並明練，忽生迷妄，非學所知，故於教相無罪可結。』（已上疏文。）已上消文竟。更問：『古人以惡事為不可學者，為約不可學作名不

可學,為約人、非人想迷名不可學?若言不可學作者,即應聽門,過量不處,分房亦不可作;制作三衣上非色過量衣上,亦不可作,即聽門作持中,亦有不可學。(七九四頁下)若以迷心為不可學,是則聽門處分等上亦有迷心,何得無不可學?』又問:『古人善事,如何唯可學?』彼答云:『一即堪進修,二堪緣教,生解惡事,又此唯不可學。』『若爾,制作非法三衣鉢,及聽門非法房衣等,亦不堪進修,應通不可學。婬、盜、惡事,若不緣教生解,如何得知婬三、盜四犯等,即惡事卻成可學?以此而論,進退皆妨故。』新章破云:『但以四義虧於正教,遂使學之者滯理妄思,尋之者迷文守句。今南山隨於事法,不論善惡,皆須學知,悉成可學;惡事不作,即成止持。迷妄心生,緣前善惡事法不了之時,名不可學。是名遍四行,通二教,兼事法及善惡,皆有可學、不可學,斯為谿(原注:『谿』字未詳。【案】『谿』疑『豁』。)達之義也。上來將止持行入制門中,通收事法,都有四重:一、制止婬盜事,二、制止五邪法,三、制作衣鉢事,四、制作羯磨法。翻為迷妄亦四,都成八重。體狀竟。』(七九五頁上)

〔三七〕**就聽門者,事通上二** 鈔批卷二一:「謂通可學、不可學為二也。」(八五八頁上)資持卷中四上:「事本是作持,由通『止』『作』,故分二門。謂房、衣如法,名『聽作』;房有妨難,衣曾犯過,不合加法,故名『聽止』。」(三三三頁中)簡正卷一三:「聽門文二:初總舉,次釋。言就聽門中,事通上二者,玄云:還如前來制門中可學事,及不可學事無別。」(七九五頁上)

〔三八〕**如房舍尺量、長衣大小是** 資持卷中四上:「『言』下,別釋。初釋『可學』。(準疏有法,即處分、說淨等。)」(三三三頁中)簡正卷一三:「房舍尺量者,謂造無主房,須准教文,長佛十二搩手、內廣七搩手,即二丈四、一丈四。(七九五頁上)並約姬尺,須乞處分。長衣大小者,謂長一尺六寸、廣八寸已上等,應量長衣,是大;若尺六八寸已下等,不應量衣,是小。並須說淨。如此房衣,理須學知,名為『可學』。若欲造作,須上(原注:『上』疑『止』。)過非,以善行心,合聽作教,是『止持體』。於前事上,有所表彰,名為相狀。(應曰:止持中,聽教中聽作事,長衣、房舍等,是一重也。)此中有白二法說淨法,抄文理合標之。但謂順古不通,故不須列。應言:二者可學,聽作法,白二說淨法,謂須明練,是可學義,作此法時,須離七非,以心合教,是止持體。於前法上,有所表彰,名為相狀。(應云:止持中,聽教中聽作法,處分、說淨離七非,是二重。)戒疏云:二明止持對聽門中事法者,謂房舍尺

量，長衣廣狹，指授白二，加法說淨。如此事法，亦聽作聽止，必有房財，理須加法故聽作。若有妨難，犯過衣財，不合加法，故聽止也。（已上疏文。）」（七九五頁下）鈔批卷二一：「此還是止，不過量而作，曰『止持』。若過量作房，豈非『作犯』？反此作犯，依教而作，故曰『止持』。此乃雙持犯義，偏約一邊明之。然此聽中，亦同制『止』及制『作』。疏云：必有房財，理須加法，故聽『作』也。若有妨難，犯過衣財，不合加法，故聽『止』也，（八五八頁上）是『止持』也。一如前制門中明之，此聽門中，略不出耳。」（八五八頁下）

〔三九〕「不可學」者，事同前述　簡正卷一三：「法寶云：同前制門明不可學義無別。命（【案】『命』疑『今』。）對房財大小，先已學知，後忽迷心，緣而不了，如婬、盜事上起迷不殊，故指同前述。故戒疏云：不可學事法者，謂房財大小，迷妄互生，作法是非，昏昧雜起，望未違教，名為『止持』。迷非可學，故制不犯。（已上疏文。）玄記中，（七九五頁下）指同可學中，謂前是明白心學止過非，今忽迷妄，即『不可學』。約其事體，不異於前，故指同前述。（恐不及前。）」（七九六頁上）鈔批卷二一：「同上迷忘，是不可學。故疏云：謂衣（原注：『衣』本文作『房財』。）大小，迷忘互生，作法是非，昏昧雜起，望未違教，名為『止持』。迷非可學，故不制犯。」（八五八頁下）

〔四〇〕但由迷忘，於教無違　資持卷中四上：「『但』下，略示。謂房量過減，長財大小，迷忘互生，但不違教，故名『止持』。迷非可學，故不制犯。（法謂作法，是非昏迷雜起也。）上二句始終迷如作房衣過量，一向謂為如量等。」（三三三頁中）簡正卷一三：「文中二：初，依轉想本迷，立『不可學』；二、潛通難（【案】『難』前疑脫『伏』字。）。言『但』至『違』者，此段古來解者蓋多，既不為正，並不敘錄，但存正義。玄云：迷謂本迷，妄謂轉想。後心不憶前心事名妄，如造過量房，前後俱迷，不犯。若前後知過量，至臨時轉想，謂不過量，但得前心蘭。若前作不過量想，臨造成時，知是過量者，得後心殘。本迷不轉，據教始終無罪，想轉之時忘，亦不結。故知。迷忘非學能了，正是不可學義。今以此義，為不可學。於佛開教，即是無違。此之一段，轉想本迷，一時雙釋。（上指抄竟。）問：『未審立此一段，本意如何？』答：『謂恐上以迷心為不可學，義未立故。引律境想，證迷非罪，是不可學。如戒疏作持門中，亦有此意。故疏云：前心欲作過量不處分之房，後心轉想，謂是應量處分之房。（已上疏文。）既前後轉想，即結不定，如此不定之罪，並非迷心，結前

方便耳。今抄止持聽教出者，以房舍事一，聽教亦同，約離過邊，是此門攝。於此聽門，房舍既立，得不可學。至下作持門中，有不（七九六頁上）可學，其義善成，潛破古人，於此聽門作持門，不立不可學過也。二、潛通伏難。先伏難云：『若本迷不轉，始終無罪，於教無違理，當不可學義。今忽前後轉想之時，還蘭殘之罪便成，於教有違。何皆俱云無違難竟？』抄答云：『前後想轉，故結不定。謂前心境相當，後轉心不當境，但結前蘭，後心無罪。若前心不當境，後轉心境相當，但得根本僧殘，無方便罪。此約前後心當境時，結罪重輕，故有不定。』『然於前後心，不當境時，且不結罪，亦是於教無違，豈非不可學義？（正通外難已竟。）故戒疏云：若不結犯，何故律文結偷蘭耶？』答：『望非偷蘭。但結想心方便耳。如前心欲作過量不處之房，後心轉想，謂是處分應量之房。相差前因，不至後果，故結偷蘭，可不解也。（已上疏文。）准此以明不可學義，與昔全（原注：『全』下疑脫『同』字），但約迷心，不結罪處，得為不可學也。』已上聽門，事法兩重：一者房舍事，二者白二說淨法。翻為迷忘，亦二，都四重。若兼制門，八重。通計十二重體狀，並止持也。」（七九六頁下）

〔四一〕**前後想轉，故結不定**　資持卷中四上：「下二句，明轉想。如前心欲作過量，後轉謂如量。前心蘭，後心無犯，故云不定。今望後心，為不可學。」（三三三頁中）鈔批卷二一：「且如當時，不乞法造房，前後心迷，謂言已乞者，則始終不結其罪。乃至房成，中間想心，常迷不轉，則並無犯；若轉想，則有前方便蘭，故曰不定。亦如欲殺人，臨至境所，轉作非畜想殺，但得前心蘭，望非畜邊，得後心吉。若本欲殺非畜，轉想作人想殺，結本非畜方便吉，望後人邊得蘭，故云不定。」（八五八頁下）

〔四二〕**作持**　簡正卷一三：「次謂次第。惡既已離，事須修善，名之為作也。持如前解。問：『前來分齊門中，止持後（七九六頁下）明作犯，今此出體，止持後便明作持者何？』答：『寶云：兩犯無別體，翻持而成，但廣出二持後，略翻成犯，制作家取便，更無別理。今或恐依名（【案】『名』疑『各』。）自門中，次第出體，合如是也。謂下順古，依今雙釋，作持名體。』（此下兩科，與舊科異。知之）。」（七九七頁上）【案】本節明『作持可學事』。「作持」文分為二：初，「對制」下；次，「所以」下。初又分二：初，「對制」下；二、「就聽」。

〔四三〕**對制門中「法」「事」**　鈔科卷中四：「初，順古局示可學。」（八九頁下）鈔批卷二一：「此下，明作持行成。制聽二教，明『法』與『事』也。文中還約

衣鉢躰量作之。」（八五八頁下）簡正卷一三：「法、事者，雙牒事、法兩種也。謂作持入制、聽二教，通收事（【案】『事』前疑脫『法』字。），故先標起。」（七九七頁上）

〔四四〕**「法」謂教行也，教謂律藏，行謂對治**　簡正卷一三：「言『法』等者，未審是何等法。若准昔疏（【案】『昔』疑『首』。），法謂教行，教謂三藏，行謂三學。今抄改云『教謂律藏』。行是何行？抄之釋曰『行謂對治』。所以與大首（【案】『首』疑『疏』。）不同者，玄云：鈔據初學，五夏已前，漸次而明，且偏舉律。大疏通彰新舊二學，故該三藏，亦可但舉律自攝餘二藏也。行謂對治者，即能詮教下，所詮淨戒三種對治，即眾、自、共，三也。如義（原注：『義』字原本不明。【案】『義』疑『眾』。）羯磨、結說等，離非就如，即眾行對治；修諸觀行等，自行對治；對首持衣，諸淨加藥，即共行對治。故序中云：此三明行，無行不收也。謂上能詮所詮、教行之法，從受戒後制令學知是可學義。以無貪等三心，對茲法上，進趣造修，順制作教，以心合教，是作持躰。於前法上，有所表彰，名為相狀。（應曰：作持中，制教中制作法，律藏教行法，是一重也。）」（七九七頁上）資持卷中四上：「『法』下，別釋。前釋法中。初句總示，下二句轉釋。言律藏者，復分二類：（三三三頁中）一者，總收制作三種羯磨，眾法如受、結、說、恣、治、諫、懺、擯等。（處分、杖囊等在『聽門』。）對首即安居、依止、持衣、加藥之類。（衣、藥、說淨等屬『聽門』。）心念，如六念責心等。二者，總收眾共兩行，除羯磨外，律諸犍度所制行法，如師資、僧網、衣鉢、行護之類，通有制、聽，具如上下兩卷。行謂對治者，如衣、食、房、藥，隨時起觀，行住坐臥，常爾一心之類。」（三三三頁下）鈔批卷二一：「教謂律藏者，明其律教，詮量持犯，以教於人，故名為教。此教是作持家所學。若其不學，即是止犯。行謂對治者，謂作持之時，以心起對治防非，起心依教，作一切善，皆是『作持』躰狀也。若不起治心，即是止犯。上釋制教義竟。」（八五八頁下）

〔四五〕**「事」唯「可學」**　資持卷中四上：「明事中，與前止持、制作無異。但取造修，是今本位。（準此，亦有制作、制止，但『止』在前門，故此不分耳。）」（三三三頁下）簡正卷一三：「問：『前法中，何不言法唯可學？』答：『准古，法是進修之法，本無不可學，不須簡別。事通善惡，惡事則有不可學，唯是止持。今此作持，唯是善事，故唯可學，所以簡之。今若於立不可學，恐新學致迷，不知何事何法為不可學，故此未立。又，前注文已立，於此不言，可知。

故且言唯也。』問：『前止持中，便分制止、制作。今作持中，何但論制作，不論制止？』答：『前據離過邊，名止持。若惡事上離過，名制止。今善事上離過，依教奉行邊總名為作持，故不分制止也。次消文。」（七九七頁下）鈔批卷二一：「亦是古師義。謂作持中，（八五八頁下）約事唯是可學，無不可學。謂於事上不開迷，故曰事唯可學。事謂房舍尺量，長衣廣狹是其事也。不可學者，且造如（【案】『造如』疑倒。）房，進趣修造，必假心想明了，方能修造。若心迷忘，豈能作房？故於作持，不開『不可學』也。今解不然，亦開不可學也。故下作持九句中，云不可學法，迷亦有九句，故知亦開迷也。又戒疏云：如昔所解作持門中，法事但明可學不可學者，非此所明，以非進修，聖不制學，不同止持通不可學。以唯離過，故得明也。〔謂上（【案】『上』疑『止』。）持中，由聖制止，忽爾心迷，而作無罪，開不可學。今此作持，如說、恣等，進趣是作。若迷心，終無作理，故無不可學也。〕今解不然。不可學迷，非學能了。乃至三果，猶有事迷，何況下凡，而能通辨！故於事法，無問止、作二法，皆有迷忘，而非罪攝。何以明之？律，長財開忘不染，房舍指授亦開想疑。既不結正，明知有迷，故不結犯。今鈔所引，正是昔義，未可依承。故下文難云：『後緣法中，亦有想轉等，還是故也？』即答：『待後作持中法，九句上為說即是。法亦有迷，既指作持中為說，明知作持定通不可學。後作持中，即云不可學法迷亦有九句，故知通不可學。何得於今而言事唯可學也！』」（八五九頁上）

〔四六〕**衣鉢體量等是** 簡正卷一三：「衣謂熟絁、布、絹、十種衣；體量即五肘；鉢體謂泥、鐵；量，三斗、斗半也；『等』者，等取坐具、針筒、漉帒，及一切制作之物。受戒之物（原注：『受』等四字疑剩。）受戒之後，明白心中，制令學作，是可學義。以能持心，順所持教，成作持體。於前事上，有所表彰，名為相狀。（應曰：作持中，制教中制作事衣鉢體量，是二重。）」（七九七頁下）

〔四七〕**就聽門中，亦對「法」「事」** 簡正卷一三：「言亦對法、事者，謂將作入聽門，對法事兩種。亦與前『制門』不別也。」（七九七頁下）

〔四八〕**「法」謂處分、說淨等** 簡正卷一三：「上既云亦對法事，未審是何等法、復是何事？抄自釋云：法謂處分、說淨，事唯可學，長衣、房舍是。所言『處分』者，乞、白二法，（七九七頁下）指授此房地也。又畜如法長衣，十日內說淨也。『等』即等取一切，聽作如乞離衣枝（原注：『枝』疑『宿』。）羯磨及迦

絺那衣羯磨等。於此法上，理合進修學作，名為作持，以心順教，為其體也。此於法上，有所表彰，名為相狀。（應云：作持中，聽教中聽作法，白二說淨法，一重。）」（七九八頁上）

〔四九〕「事」唯「可學」，長衣、房舍等　簡正卷一三：「此改（原注：『改』疑『段』。）亦順古也。古云：如法房、衣善事上，明白心中唯是進修之境，必須學知。若也不學，便成止犯。是以但立『可學』，無『不可學』。今抄文順古者，謂此長衣、房舍，明白心中必須明練。且言『可學』等者，等取聽門中一切善事，如兩（原注：『兩』一作『雨』。）衣、覆瘡衣等，受後俱學，名為『可學』。以心順聽作教，為作持體。於前事上，有所表彰，名為相狀。（應曰：作持中，聽教中聽作事，長不房舍，是二重也。）」（七九八頁上）

〔五○〕所以不通「不可學」者，由心迷忘，非學能了　鈔科卷中四：「『所』下，示今難。通不可學。」（八九頁下）簡正卷一三：「第二，難古立今。文二：初，正難古，不通『不可學』之所以；二、今師立，別立『不可學』，指後廣陳。（此二小科，與舊科亦異。若依舊者，即乖義異。思之。）言所以不通不可學者，謂今師擬立迷忘心為『不可學』，故先徵古。於作持中，制作聽作之內，但一向云事唯可學、無不可學者何耶？故云『所以不通不可學者』。鈔文雖有徵古之詞，而隱古師答語，戒疏方（七九八頁上）明。今響（原注：『響』疑『稽』。次同。）彼文作古人答也。故彼云：作持門中，事法可學無不學者，非此所明，以非進修，聖不制學，不同止持，通不可學，以唯離過，故得明也。（已上疏文。）准古意者，唯約惡事，不可進修，為不可學，今此作持，既是進修故可學。已上響戒疏答意。若欲作今師義者，可借上徵古之詞，抽卻『不』字，但云所以今師通不可學者，意道：自古作持門內，但有可學，在不可學，其理未圓。且今師於作持門中，通不可學，約何義故？便引抄答，由心迷忘，非學能了，廣如後述，今師新立。故戒疏云：今解不然。不可迷非學能了，乃至四果，由有事迷。況於下凡而能通辨，故於事法，無問止作，皆有忘迷，而非罪攝，可以明之。如律，長財開忘不染，房舍指授亦開想疑。既不結正，明知不犯。（已上疏文。）今准此文，則顯抄文是今師答語，須於此作持立不可學。謂律房戒開想疑，長衣忘說淨，皆不結犯，即是開迷，豈非不可學？古人如何於此不立耶？」（七九八頁下）鈔批卷二一：「此則釋其不開不可學之意也。此中，古師義云：夫言作持，必造趣營為，作其前事。若心迷忘，何能作事？如持衣說淨，必假了心，是故不開『不可學』也。此古師意：止持則通可學、不可

學，作持唯是可學，不通不可學，故出其所以。言法唯進修方知，事但離過自攝。既曰進修，故不開迷事，但離過故開迷也。」（八五九頁下）資持卷中四上：「次難通中。已前一向依古，唯明可學，彼以惡事，為不可學。作門事法俱善，故不可立。今約迷心為不可學，無問善惡，一切皆通。欲顯古今不同，故於文後徵破。即如疏云：若依此明，與昔持犯通塞，全異是也。〔（【案】『舌』疑『古』。）塞今通。〕初，牒前徵起。『由』下，直以今義難破。謂長衣開忘，房開想疑。既同迷忘，亦合齊立，何得不通耶？」（三三三頁下）

〔五一〕**廣如後述** 資持卷中四上：「指『雜料簡』句法中。若準戒疏，徵文之下，先出古解，云：非此所明，以非進修，聖不制學。（此示不可學義。）不同止持，通『不可學』。事唯離過，故得明也。今此略其古解，直示今義耳。」（三三三頁下）鈔批卷二一：「立謂：如後配位九句，作持門中說。還有不可學法迷，亦有九句。今指此文，兼破古解，悉（原注：『悉』鈔作『皆』。）名作者，止持之戒，理須奉遵，不敬聖言，故名作犯。」（八五九頁下）簡正卷一三：「如下歷位分別中，止持不可學九句料簡三不識事中，但事是可學，以想疑忘生。雖緣不了，聖不制犯，引其境想，成立今師不（七九八頁下）可學義。准古，於九句：上半（【案】『上半』即每句的上半句。）事生，迷即放罪，下半（【案】『下半』即每句的下半句。）犯法，上有疑不識，即結十二罪。今師難云：『若爾，後緣法中，亦有想轉，又引房戒境想難之，如不處分、處分想及疑，亦不犯罪，今何結下半十二罪耶？』答曰：『此據止持中約事為言，必如所引，對法有二九句，後作持中，更為辨也。至下作持門中，今師對法上，但可學一九句。後云不可學法迷，亦有九句，如前段後九句說之。於止犯中，對事立二九，意欲翻止成作，作持對事，亦有二九，是則作持門中，對事對法，皆有可學九。今指在後明，故云廣如後述。』」（七九九頁上）

〔五二〕**此謂順教而作無違故，皆名作持** 資持卷中四上：「『此』下，點示行宗，恐謂迷忘，非作持故。」（三三三頁下）簡正卷一三：「首疏云：於此二中，（制聽為二。）但令順教造作無違，皆名作持。（已上疏文。）此唯結可學耳。今師於此，既立不可學，今借此文，兼結不可學。應先難曰：『迷心緣過量不處分房，作如量處分想，造非法房成，合是作犯。今何得在此作持門耶？』可引抄答，『此謂』等也。謂不可學迷，非學能了，聖不制犯，即名順教無違，亦得名作持也。又此作持，若明白起善，心順二教，以心合教為體，如前分雪（【案】『雪』疑『齊』。）。若迷亦約迷心不違教，結不（七九九頁上）犯邊，以為迷

體。（思之。）已上明白成可學四重，迷忘翻前亦四，都成八重體狀。」（七九九頁下）扶桑記：「如迷犯捨墮衣，作如想而加受說；或迷有妨難處想指授等也。」（二六一頁上）

〔五三〕明作犯，以翻止持　簡正卷一三：「謂前制、聽二教，豈非三重事！對前事境不作，順制止教，成於止持，今此約違教造作，成作犯，可以翻之。」（七九九頁下）資持卷中四上：「後明兩犯，並翻二持。以無別體狀，但望順違，兩分持犯。前作犯，云但不依戒；後止犯，云所對法事，即略指其體。至於制聽止作，可不可學，並同前耳。昔人有立制、聽二教為體，今謂二教乃是攝法總科，所攝事法乃是其體，故知非也。又有章門，以四行無作為體，謂與受體不別。今謂受隨前後，發業不同，云何持犯與受不別？況兩犯無作，體是不善，豈同受體？是亦不然！（三三三頁下）又有人立萬境為體。今謂境乃持犯之緣，非是其體。又諸戒列緣，境專一種，若唯立境不攝諸緣，則成局故。又婬、觸、麤、媒、說法、同宿、行坐、乘船，止一女境。若唯立境，則迷諸相。又如一女六十三戒，若唯立境，不顯多戒。『若爾，母論云犯必託境，豈非誠據？』答：『論云託境，豈非犯緣？至論所犯，須云犯戒，豈得犯境！』問：『如上三家，為有何失？』答：『前已略示，更為明之。舉要為言，都違祖訓。且文中自云：制聽二教以明，顯是約教明體，那云二教即是體耶？又體狀一門，未見一言談及無作及與萬境，那得於外，各自強立？又諸章記，並科前段，明二教文以為立體。今分已下，正明體處，自論四行，止用此求，有何關涉。自餘謬妄，何足論之。』問：『今此所立，指何為體？』答：『一教大宗，豈容擅立！況在文昭顯，何假別求。一準鈔文，如前委釋，恐有未悟，更略提示如文。前出二教名義，（戒疏科云：先明二教之意。）後分二教，各顯事法。事法即體，豈復疑乎！』問：『事法是何等欲識事法？』『且對釋相，即是戒本。一切諸戒，若通今鈔，即是三卷、三行；一切制法，若通祖教，即是一宗大小部文所詮行相；若通所宗，即是本律始終止作之法；若通諸部，即五百、十八、五部、二部大毘尼藏；若通佛制，則三千、八萬乃至無量；若通諸境，則三世十方，數等塵沙，量同法界；若望佛佛（【案】次『佛』疑『剩』。）道，同三乘齊，奉前聖後賢，相承不絕，即是戒法。若望領納在懷，即為業體，略舉數端，粗識事法，宜須研究，方見資深。況是一宗之宏綱，萬行之根本。苟迷斯旨，餘復可言，縱欲攝修，直恐投（三三四頁上）心無所。雖云講習，終為枉費時功。聖意極詳，凡情罔測，棄文考體，何殊緣本述（【案】『本述』疑『木求』。）

魚？強立異端，豈異為蛇添足？幸負反隅之識，勿封是昔之迷。搜括古今，決擇可否，則吾祖之道，何患於喪乎。』（三三四頁中）

〔五四〕但不依戒相，造行成辦，悉名「作犯」　簡正卷一三：「謂前制門中，事有二種：制止婬三、盜四，制止非法衣鉢。今起三毒，行心違教，造作成辦，名為作犯體。於事上有所表彰，名為相狀。應曰：作犯中，制教中制止事作犯，婬三、盜四是。（一重。）作犯中，制教中制作事作犯，非法衣鉢體量是。（二重。）前止持中，有惡法，鈔未明之。前既引戒疏加之，今亦翻犯。應云：作犯中，制教中制止法作犯，五邪法是。（成三。）作犯中，制教中制作法作犯，羯磨七非是。（成四。）次，就聽門翻者。前止持中云：一者可學事，如房舍尺量、長衣大小。今乃起不善心，違教造行成辦。以不善心，違於聽教是體，於前境上有所表彰，名為相狀。應云：作犯中，聽教中聽作事作犯，長衣舍房是。（一重。）此聽門中，亦有法前既未論，蓋是順古，此亦（七九九頁下）闕番，應云：作犯中聽教中聽作法，處分說淨七非是。（二重。）兼前制門中四，成六重。明白體狀，番成迷忘，亦得六重，成不可學體，都十二重也。（已上消文竟）。上雖辨於明白作犯，今次辨迷忘作犯，以何為體？一解，依宗記云：謂約前聽門房上以說，謂本是過量房，初亦作過量想，房成之時，卻轉作如量想，以心迷故，不結僧殘，但有前心過量想時偷蘭。今取此罪，為迷忘作犯體。今難云：『心前偷蘭，是明白罪，何得將為迷忘體？恐不可也。』有救此義者云：『雖是明白，然因迷心故有，謂後心轉想作如量想，不犯根本罪，致有前蘭。若不因迷，還結根本，遂成明白作犯，可不如然？今言難此，扶立理，亦不可重難。』『若爾，轉想有罪，任許此釋，本迷無犯，又復如何？』『若轉想有體，本迷無體者，即成不定之過，不成解矣。』（思之。）二解，依鏡水闍梨云：此不可學作犯，但有名無體，然必須造作前事，名為作犯。既是迷心，聖不制罪，是不可學。故下鈔云：又必由造作前事，通名作犯攝也。」（八〇〇頁上）

〔五五〕明止犯，以翻作持　簡正卷一三：「謂上制門，『所學』事法二種，作即成『作持』。今此亦對前事法，但懈怠不學，翻成止犯。就聽門中亦爾。如前抄云：亦對法事，法謂處分說淨，事准（【案】『准』疑『唯』。）可學，長衣、房舍，明白心中，對前事法，作成持作。今懈怠上而不學，翻成止犯。今將此止犯，向二教中，依抄文可學事法，通收四重。四重應曰：一者，『可學』制作法止犯，謂不學教行法是，（一重；）『可學』制作事止犯，衣鉢體量是，（二重；）

聽門中，『可學』制作法止犯，處分、說淨法是，（三重；）『可學』聽作事止
犯，長衣房舍是，（四重。）已上明白事法四重，翻為迷忘亦四，成八重也。
其迷忘止犯，但有名義無體。知之。成作犯亦十二，成二十四。作持八重，翻
止犯亦八，成十六。通前二十四，成四十重體狀，此且『方軌』。若達之類，
通法界矣。已上第二門竟。」（八○○頁下）

〔五六〕**懈怠不學**　鈔批卷二一：「此謂不學戒律也。」（八五九頁下）

三、明成就處所〔一〕

先約心辨「止持」，有二〔二〕：

一、無惡來汙，明「止持」〔三〕。行前三心，得有「止持」〔四〕。謂識、
想、受等〔五〕。此三非業〔六〕，流入行心，方成別因〔七〕，故分二〔八〕也。由本有
戒體，光潔無違，名持〔九〕。受體是「記」，三心「無記」〔一○〕也。

二、對治行明「止持」「作持」。必「行心」成就，前三則無〔一一〕；
「善性」便有，「惡」「無記」無〔一二〕。止、作二犯，行心成就〔一三〕；
前就「持」中，無貪等三為「行」；今就「犯」中，貪、瞋等三為「行」〔一四〕。前三
亦無，即識、想、受三心。局不善性〔一五〕。若前後心有別，持犯所以可知
〔一六〕也。

後，三業明成就〔一七〕。「身二持〔一八〕」者：離殺等過，名「身止持」；
受食食等，名「身作持」。「口二持〔一九〕」者：離口四過，名止；知淨語
等，名作。身口各二犯，反上應知〔二○〕。單意業中，不成持犯〔二一〕。
若動身口思，亦成持犯〔二二〕。後更說之〔二三〕。

【校釋】

〔一〕**明成就處所**　簡正卷一三：「名體既知，未審四行何性心中成就，故次明之。
　　　成就者，俱舍云：得獲謂成就。謂獲得法體在身，總名成就。若別論者，法體
　　　初至生相，名獲名得，流至現在，名為『成就』。成就時，不名『獲得』，已成
　　　就故；（八○○頁下）獲得時，不名『成就』，未成就故。此則『得獲』與『成
　　　就』別也。今但論得法在身，名為『成就』。」（八○一頁上）鈔批卷二一：「謂
　　　持犯四行，結成分齊，在何心中成也。謂在第四行心中成，故知行心，是持犯
　　　成就分齊之處所也。就此一門，有其三段：初，且單就行前三心，明止持行；
　　　二、約對治行心，明止作二持，成就處所；後就三業，明四行成就處所也。雖
　　　有三段，唯是兩。初二，約心以明；後一，兼身口以辨。」（八五九頁下）

〔二〕**先約心辨「止持」，有二**　資持卷中四上：「約心中。初二句標示，謂分『四

心』以明『二止』。三心中『止』，此科所明。行心中『止』，則如後述。統論四行，唯止、持通二。自餘三行，並局行心。」（三三四頁中）簡正卷一三：「玄云：謂五蘊成身，四蘊心、一蘊是（原注：『是』疑『身』。【案】『是』疑『色』。）也。今除色，單約四蘊心辨也。言止持有二者，謂唯辨止持一行，自有二種：一、約識、受、想三，無惡來污，有止持；二、約行心對治，得有止持。餘之三行，唯在行心，無二別故。今先辨止持也。」（八〇一頁上）鈔批卷二一：「約心辨中，止持有二別，作持唯一種。以行前三心，無作持義故。止持有二者，一是對治明止持，今即是初一，是無惡來污（八五九頁下）名止持者。何故無記中，得是止持？由本受得戒體在心，無惡相污雜，雖入無記，未違受體，不廢得名止持行也，亦曰端拱止持。礪問：『云何行前三心，既是無記，何以成業耶？』答：『行前三心中，有本受體，光潔無違，說以為持，非修行持。』首疏問：『所以止持，行前三得有，然其止犯前三，何以則無？』問意云：『止』名是同，何獨『止持』無『止』也？答：『戒是受得屬己，以此三心，擬本所受，無惡來違，說之為持。惡本不先受，得屬己故，不得以行前三心，擬本受之，惡無善來污，說為犯也。』高云：意明受本擬持，受時已屬己，止犯非所明期，非先屬己。濟云：此門既云無惡來污者，下第二門即是有惡來污，而明其持，故言對治行，明止持、作持也。」（八六〇頁上）

〔三〕無惡來汙，明「止持」　資持卷中四上：「初立義。此中但明一種，望後約行，故標『一』耳。」（三三四頁中）簡正卷一三：「古云『端拱止持』，從受戒後端拱，不為善惡邊，成止持也。今破云：若端拱，不修諸善，成『端拱止犯』，即不通餘行。今云無惡來污者，從受戒後至四捨來，於其中間，不起惡心，望戒無污染邊，得名止持，不局初受也。」（八〇一頁上）

〔四〕行前三心，得有「止持」　簡正卷一三：「謂受得戒體在心，無惡相污，雖入無記，未違受體，得名『持』也。」（八〇一頁上）鈔批卷二一：「謂色、受、想。因對『三色』，即有『三想』。以因『三想』，即有『三受』。謂見好色即樂想、惡色作苦想、以不好不惡色作不苦不樂想。因此『三想』，故有『三受』，領納違順，名之曰『受』。謂對樂想即樂受、苦想苦受、不苦不樂想即捨受。因此『三受』，故有『三毒』，謂樂受生貪、苦受生嗔、不苦不樂受生痴。以因三毒，成於三行也。（八六〇頁上）今謂若心在前三無記，心中得名止持。由本受是記心發戒，無作之體常在。今雖入無記，由不作惡，無違本體，得名『止持』。濟云：識者，了別為義，謂卒爾見色，識能分別也；想者，搆獲為

義，謂心量度也；受者，領納為義，謂既量度，則領其好惡也；行者，造作為義，謂既領善惡已，心即運用成業。故曰：行是記心，前三是無記也。」（八六〇頁下）

〔五〕**謂識、想、受等**　資持卷中四上：「注簡四心，顯示分二所以。識謂了別所緣境，（通指六識。）想謂取所領之相；受謂領納所緣；（上曰善惡未著，故云非業。）行謂造作之心，能取於果。（思心成業，善惡乃異，故云別因。餘如別述。）」（三三四頁中）

〔六〕**此三非業**　簡正卷一三：「識、想、受也。識心創起，但了總相。次起想心了境，即有苦、樂、捨、怨、親等想。次起受心：見怨作苦受，見親作樂受，見中庸人作捨受。此時之心，由是無記，未能成業。」（八〇一頁上）

〔七〕**流入行心，方成別因**　簡正卷一三：「謂至第四『行心』，能生三毒，方能造作。對怨境，起嗔行煞；對好，起貪成婬、盜；對中庸境，起痴，成妄語行。能成二（八〇一頁上）犯也。『二持』，反說。無貪，成不婬行；無嗔，成不煞行；無痴，成不妄語行。至此行心，方能成業也。問：『諸列五陰，色、受、想、行、識，次第皆同，今何識居第一？』答：『約觀行次第，應觀色，如觀不淨等。次受、想、行、識。今此列者，約業以明，故先明識也。又，准成論生起次第，亦識居先。識即心王，餘三心所。百論云：心王了其總相，心所了其別相。如識創起，但緣青等總相；次第境像，即相心；次領納前境，即受心；次貪等煩惱造作，即行心。』問：『識、想、受三，已是行心，如何言入行心？』答：『行有二義：一、遷流解者，一切有為，皆是行，即識等三，亦名行。二、造作解者，能發身口業，能為別因名行，即第四心，偏名行也。』」（八〇一頁下）鈔批卷二一：「五陰之中，一『色』四『心』。心四之中，前三屬無記，縱造善惡，皆不成業。入第四行心，成別因。別因者，謂業因也。若行心中作善，是善業之因。若行心非（原注：『非』疑『作』）惡，是惡業之因。言別因者，勝云：貪、嗔等行，成犯因；無貪等行，成持因，故曰別因。亦可約貪、嗔、痴別，別因為業，故名『別因』也。」（八六〇頁下）

〔八〕**分二**　簡正卷一三：「識、想、受，三為一；『行心』為一也。」（八〇一頁下）鈔批卷二一：「謂解上文也。端拱不動，行前三心，是止持為一也。行心成就，對治不作，此『行心』中，明止持，故為二也。故戒疏云：故分四陰，以為二分，故曰分二也。」（八六〇頁下）

〔九〕**由本有戒體，光潔無違，名持**　資持卷中四上：「『田』（【案】『田』疑『由』。）

下，示立所以。三心非業，本不名持，但望受體，說有持義。」（三三四頁中）
簡正卷一三：「出成『持』之所以也。准大疏，應先難云：『行前三心，（八〇
一頁下）有止持者，為是記業、為無記業？若是記業，三心非行，何得成業？
若是無記，不應名持？』今文云『由本受』等答也。『雖在無記心中，望無犯
邊，戒體清淨，得名持也。』『若爾，行前三心，不修諸善，應成止犯？』答：
『惡既本不受得，無善來改（原注：『改』一作『防』），不名止犯。』」（八〇
一頁下）

〔一〇〕受體是「記」，三心「無記」　資持卷中四上：「『受』下，遮疑。以持是『記』
業，『無記』非持故。〔此由古，謂但不作惡，即名上（【案】『上』疑『止』。）
持。今約四心，分為二別，則無前濫。〕」（三三四頁中）簡正卷一三：「應先
難云：『行前三心是無記，（八〇一頁下）無記三心有止持。止持既在三心中，
止持應當是無記？』（云受體應當是『無記』。）鈔答云：『受體是記等，謂初
受戒，善行心中，成其受體，即是有記。三心非善惡，是無記。今有記止持，
向無記三心中行也。故涅槃經云：其心雖在惡無記中，本所受戒，不名漏失，
猶名持戒。』問：『何名無記？』答：『於善不善義中，不可記苅（【案】『苅』
疑『列』。）。亦可無當果可記，不同善不善，有當來順益、違損，可記也。』
問：『無記有幾種？』答：『有四。故俱舍云：異熟、威儀、工巧、變化。言異
熟者，因果性別名異，果起酬因名熟。如第八識，能招業因，性是善惡所感，
第八唯無記。六識分別者，異屬因熟果。（依主釋也。）若異熟，俱屬果。（持
業釋也。）言威儀者，謂行住坐臥、取捨屈伸，有可軌則，名曰威儀也。言工
巧者，長短方圓等是。言變化者，改轉本質名變，無而欻有曰化也。廣如論
述。問：『今鈔約三心名無記者，於上四無記中，是何無記？』答：『是初異熟
也。以此三是不染污故。』」（八〇二頁上）鈔批卷二一：「謂受時是有記心中
領得此體也。今人不可常有『記』心，故在『無記』三心中，亦能持此戒體也。
此文亦是。佛疑故來，恐人情意謂受體是有『記』，三心前『無記』，（八六〇
頁下）若入三心，戒應是謝。今明不然。即涅槃云：其心雖在惡無記中，本所
受戒，不名漏失。」（八六一頁上）

〔一一〕必「行心」成就，前三則無　資持卷中四上：「前明『二持』。上約『四心』，
揀去『三心』。」（三三四頁中）簡正卷一三：「謂從前『三心』，後至第四剎那
心，能對治防護，名之為『行』。行者，造作義，謂苦樂等三境現行。先起識
心了別，次起想心取像，（八〇二頁上）次起受心領納。（上三無記。）後起行

心造作，方感苦樂等果，故知行心是業，前三非業。此約成宗以辨，前後而起，故有此次第。若依多宗，心王、心所，起必同時，即無此次第。」（八〇二頁下）鈔批卷二一：「謂『行心』能成持犯。若行心既備，前三無記心則謝也。謂此識、受等三心，不得有對治行，止作二持也。」（八六一頁上）【案】本節分二：初，「止持」下；「若前」下。初又分二：前二持，後二犯。

〔一二〕「善性」便有，「惡」「無記」無　資持卷中四上：「下約『三性』揀去『二性』，以『行心』通『三性』故。」（三三四頁中）簡正卷一三：「言善性便有者，三性分別也。三者，數也。性是體性，皆有三也，亦是類義，謂世、出世法，有斯三類，名三性也。今言『善性』者，別名也。善者，順益為義。順於正理，益於自他，故云『善性』。今二持是順正理，功益自他，故唯善也。此之三性，不異四心，但門別耳。」（八〇二頁下）鈔批卷二一：「善性便有者，上約五陰心中弁，今約三性，明持犯也。止、作二持要是善，亦無『惡性』及『無記性』，故言「惡」、「無記」。無此二性中，不得有對治二持，要局善性故。礪云：二持是善，非餘二犯。不善，非餘兩也。」（八六一頁上）

〔一三〕止、作二犯，行心成就　簡正卷一三：「此約不善行心，造作成犯。」（八〇二頁下）資持卷中四上：「『止作』下，次明二犯，亦約『四心』『三性』，以揀行體，在文可分。」（三三四頁中）

〔一四〕前就「持」中，無貪等三為「行」；今就「犯」中，貪、瞋等三為「行」　資持卷中四上：「注分善惡者，以行心語通，恐相濫故。三善同時，而不相離，三惡相別，其性相違。作犯多是貪瞋，止犯率由癡慢。一往大判，非不互兼。」（八〇二頁下）

〔一五〕局不善性　簡正卷一三：「局不善性者，亦三性分別。不善者，是違損義。違於正理，損於自他故，號不善也。今止、作二犯，既違正理，損於自他，故唯局此。」（八〇二頁下）鈔批卷二一：「此則翻上『二持』，明其『二犯』，則無善性及無記性，但有惡性，故言局不善也。謂識等三心，不得有對治，行『止』『作』二持也。」（八六一頁上）

〔一六〕若前後心有別，持犯所以可知　鈔科卷中四：「『若』下，前後不同。」（八九頁中）簡正卷一三：「上約前後心一，持犯亦一。今此約前後心別，持犯亦別。或前起瞋心，欲起行煞，即成作犯行；後起善心止煞，卻成止持。或前對境起無瞋等，心離煞等成持行，後起瞋心行煞成犯行。約事前後生，約心前後異，持犯亦不同，故云有別持犯。前則通約善惡行心以辨，今別約三善三毒，前後

起以明。（八〇二頁下）別持、別犯雖殊，皆是行心，理非難練，故曰可知也。」
（八〇三頁上）鈔批卷二一：「謂善、無記性，若望一心，非是結成犯處。若
就前後相成，則為通有，即如禁閉沙彌，一中具四行是也。又解：上既明行前
三心是無記，不成業因，名為前心；後入行心，名為後心，方能成持成犯，故
曰前後心有別持犯故。礪云：行前三心，是名通持，無記心中成也。若行心
中，則名別持犯也。又礪云：上來持局善性、犯局不善性者，此就一心明也。
（八六一頁上）若前後心及以教人，餘二性中得有作犯等也。戒疏還述此義，
誐則有異，云：若事前後，心則異生，別犯則可知也。」（八六一頁下）資持
卷中四上：「上文各據二行為言，則持犯不同，止作各異。此明四行，間雜同
時。即下『自作教人』、『自業相成』二門之義。前後心者，如初教人及後自作
也。別持犯者，一行之中，兼異行也。」（三三四頁中）

〔一七〕後，三業明成就　鈔科卷中四：「『後』下，約三業明四行。」（八九頁上～中）
鈔批卷二一：「約身口心業，弁成持犯處所也。上雖約心，未論身口，故今廣
明三業，是持犯處也。」（八六一頁下）資持卷中四上：「後約三業，身口中
二：初明二持，次明二犯。」（三三四頁中）鈔批卷二一：「此第三門義，約身、
口、心業，弁成持犯處所也。上雖約心，未論身、口，故今廣明三業，是持犯
處也。」（八六一頁下）

〔一八〕身二持　鈔批卷二一：「礪云：若約成教弁身口二持犯者，離殺、婬、觸等，
是『身止持』。如應來者來，收攝具布薩時，燃燈火，具舍羅，不安坐受食，
及受食食等類，是『身作持』。」（八六一頁下）【案】「身二」下分二：初「身
二」下；二、「單意」下。

〔一九〕口二持　鈔批卷二一：「『離口四過，如妄、罵、嫌、綺等。是口作者，咸悉止
故，是『口止持』。如受持衣鉢、處分、說淨，離衣，六年杖囊，二年六法，
作知淨語，傷地壞生，二入聚落，及順教修習等，是『口作持』。」（八六一頁
下）

〔二〇〕反上應知　資持卷中四上：「『反上』者，行殺、盜等，名身作犯；不受食，名
身止犯。為口四過，名口作犯；不作淨語，名口止犯。並略舉事配，餘者列
說。」（三三四頁中）

〔二一〕單意業中，不成持犯　鈔科卷中四：「『單』下，明單意業。」（八九頁下）鈔
批卷二一：「意至身口，名身口業；（三三四頁中）未至身口，則名單意。此明
諸篇遠方便及惡，覺不攝意，默妄自覆等果頭罪。初判不成，此通兩宗所計。

若彼實宗，定無意業，動色成犯。若約假宗，思心成業，即指瞥爾，名為單意。」（三三四頁下）簡正卷一三：「以未動身口故，下調部文云：時有比丘，念欲解他豕子，及見恒沙水中流船，念欲盜取，不動身手等，皆疑。問佛。佛言：『不犯。要動身口，方結成業，以聲聞不制意地罪故。』善見云：凡人恒緣欲境，聖若制心戒，無有得脫之期。」（八〇三頁上）鈔批卷二一：「前疏云：今此教中不防意地，故曰也。此謂但初念起染心，不擬動身造作。此制大乘，聲聞無犯，故曰不成持犯。聲聞之戒，擬動身口，起心之時，則成犯也。故律中『發心作心念』是也。礪云：意業持犯者，此但成身口，故不順別說。以此而推，故知意地無二持犯。」（八六一頁下）

〔二二〕**若動身口思，亦成持犯**　簡正卷一三：「謂動身口思，欲向彼作如是事，便結遠方便罪也。」（八〇三頁上）鈔批卷二一：「謂起心擬造前事，此思心即犯身遠方便，不同單意業也。故戒疏云：單意業中，不明持犯。故律云：但『意』者，不名犯也。『若爾，不犯，何故律云發心作心念作，皆名犯者？』答：『此謂發心，擬動身口。雖未動相，即名為犯，制聲聞戒，於可制者言之。獨頭、心念，忽起緣作，不名為犯。重緣向念，可得思覺，而不制約，故是犯科。所以文云：心念作等，是其犯也。任情兩取，後解為正義。此是鈔主取後解為正文。又，大乘中，有三種思：一者動發，二密意，三決定也。上來釋第三成就處所義門竟。」（八六二頁上）資持卷中四上：「『若』下，次明通成。籌度所為事，名身口思。雖未動相，即屬身口，不妨上文。若準戒疏，上是初解。後復解云：獨頭、心念，忽起緣非，不名為犯。重緣向念，可得思覺，而不制約，即入犯科。又云：任情兩取，後為正義。（順今宗故。）」（三三四頁下）扶桑記：「行宗：獨頭即瞥爾異名。後念還追前事，故云重緣。向，即前也。」（二六四頁上）

〔二三〕**後更說之**　簡正卷一三：「後『趣果門』約初戒內心婬意，身口未現，名遠方便等。」（八〇三頁上）

　　四、明通塞〔一〕

　　四門分之〔二〕：

　　一、一心門〔三〕。唯就作業以明〔四〕，但塞不通〔五〕。以心無竝慮，境不頓現故〔六〕也。

　　二、將心望境，有通有塞〔七〕。

　　言塞者，持犯不相有〔八〕；言通者，持犯自相通〔九〕。如「止持」中

－2041－

有「作持」，「作持」中有「止持」〔一〇〕。二犯亦爾〔一一〕。

「若為取別〔一二〕？」答：「止中有作，收作成止〔一三〕；作中亦爾〔一四〕。舉宗歷然，豈是通漫〔一五〕！一、止作持心別〔一六〕，二、止作持境別〔一七〕，三、止心對作境〔一八〕，四、作心對止境〔一九〕。若就修行解『止持』者，如止殺、盜，先修慈悲、少欲等行〔二〇〕，以行成故名為『作持』；望境不起名『止持』，即『止』中有『作』也。若就修行解『作持』者，如欲誦戒、羯磨，先止外緣〔二一〕。望離麤過名『止』，後善行成名『作』，即『作』中有『止』也。『作犯』心邊有『止犯』，如人作惡，先不學善〔二二〕，是等類也。『止犯』心中有『作犯』，如人畜衣過日，造房不乞是〔二三〕；若望不學『止犯』，無『作犯』〔二四〕，不即相成，非無後習〔二五〕也。」

三、明自作教人，四句皆通〔二六〕。

如「前心」：令人漉水為己用是「止持」，令人持欲僧中說是「作持」，令人殺生，又不乞處分，遣人造房〔二七〕。作四事已，「後心」作意「離諸罪過」，即「止持」中有「止持」乃至「止犯」〔二八〕。乃至「止犯」心中，亦具二持犯〔二九〕。如前遣人作四相已，後便止，不學善法。

四、前後自業相成，有塞有通〔三〇〕。

塞者易解〔三一〕。通須方便〔三二〕，四四十六〔三三〕，如前無異〔三四〕，託相少別〔三五〕。如前自安漉具〔三六〕，禁閉沙彌〔三七〕，安殺具〔三八〕，閉戶現相不與欲〔三九〕。此四作已，後修「止持」，乃至「止犯」〔四〇〕。

此後二門，竝對事修造，以明止犯〔四一〕。

【校釋】

〔一〕明通塞　簡正卷一三：「上既約心、約性明四行，成業處所已知。然於通塞兩殊，未曾委練，故次明之。釋名者，四者，舉數；明者，顯彰也。一行中，與餘行齊成，名通。若一行中，唯成一行，號塞。」（八〇三頁上）鈔批卷二一：「謂二持兩犯，互得相有，曰通，互相無，曰塞也。……又，此『通塞門』，有四段。前一，則單就心辨，明四行；二、將心望境明四行；後二，則對事明四行。各有通塞，故曰也。」（八六二頁上）

〔二〕四門分之　簡正卷一三：「謂通塞之相，幽隱而難明，非但一二門而能分別，故須四門釋之。第一門，就作業，唯塞不通；第二門，亦通亦塞；第三門，唯通非塞；第四門，亦塞亦通。若持犯通處，無作即多，持犯塞處，無作即而

（原注：『而』疑『無』。）。意欲令人識業多少，（八〇三頁上）離犯成持也。」
（八〇三頁下）資持卷中四上：「四行各立名塞；一行中兼有餘行，或少或多，
皆號為通。初門唯塞，第三唯通，二、四兩兼。又，二中，通者，持犯自通。
三、四中，通持犯互通。」（三三四頁下）

〔三〕**一心門** 簡正卷一三：「謂以一心對一境。今單言心不云境者，恐濫下兩境門
故。」（八〇三頁下）鈔批卷二一：「此明一念中，非前後而起，名為一心。此
就單心，故唯塞也。謂廢境論心，但就心中辨，則不通也。以持心望犯心，善
惡相違。如起心緣，離於殺、盜，不得更緣餘善惡也。即正有止持心時，無有
作持，乃至無有止犯心也。謂心無並緣慮故，（八六二頁上）但塞不通。故疏
云：既是一心作業，以持望犯，善惡相違，持犯當分，各有止作，故使四行，
並不得通。如人起心，離殺、盜等，可得更緣修善等也。」（八六二頁下）

〔四〕**唯就作業以明** 資持卷中四上：「『唯』下，立義。言作業者，此明行心造作，
通該四行，非謂『作持』之『作』。謂起心對境，各局為言，不約前後相兼之
義。『若爾，雙持雙犯，如何明之？』答：『止作緣異，還成不通。』」（三三四
頁下）簡正卷一三：「謂正離煞，一刹那間成業之時，但成『止持』，更不能緣
餘三行，故四行皆爾。」（八〇三頁下）鈔批卷二一：「謂初門單就心辨，盡是
廢境論心，然實作其前事，且約心邊單辨，故曰也。要約作前四行事，今離卻
為兩目，的明心邊也。」（八六二頁下）

〔五〕**但塞不通** 鈔批卷二一：「高云：四行俱塞，故言並塞。謂尅取成止、成作邊，
故塞也。以持望犯，善惡相違，故塞不通。持犯當分，各有止作，故亦不通。
謂持名雖同，止作別故，故不通也。二犯亦爾。」（八六二頁下）

〔六〕**以心無並慮，境不頓現故** 資持卷中四上：「『以』下，釋所以。心並境頓，無
此理故。『若爾，不學有頓犯者，豈非境頓？』如後明之。」（三三四頁下）簡
正卷一三：「一心不兩緣故，正起心緣離煞時，不能緣餘說淨等。境不頓現者，
以止持境，正現在前，不得作持境雙現。此唯約作業一刹那說也。（若對婬、
盜，作觀行等，屬後門收，此門不攝。）」（八〇三頁下）

〔七〕**將心望境，有通有塞** 資持卷中四上：「但由境事，容兼止作，故心隨境，行
有雙具，即前所明雙持犯義。但心用教行，二義相參，在文難曉。」（三三四
頁下）簡正卷一三：「謂約一心望於二境。如起一善行心，通望止作二境。又，
約起一不善行心，通望止作二犯境。此門正約同體雙持犯義。如心望境之時，
時（原注：『時』疑『持』。）犯當分雙成。由通二持成時，無二犯等名塞，故

曰有通有塞。」（八〇三頁下）鈔批卷二一：「將心望境者，有云：約心對境，境有通塞，故言將心望境有通塞也。若直語心，唯塞不通，屬前門也。礪云：一心望兩境門是也。此是雙持犯義。今但言將心望境也，謂於一境，且則有止、作二持，即如戒疏云：雙持犯有二：初約『心用』，（即是下文『若約修行解』者是也。）後約『教行』。（即當此義。）言『心用』者，謂若據『標心』動用邊，對一切諸戒，並具二持。且如婬戒，順教禁防，即止持義。觀獸已前，無思染過。（八六二頁下）縱與境合，三時無樂，名為『作持』。餘可例之。若據『教行』解，即此門雙持犯義也。且如三衣，教遣備具，不敢違逆，為『止持』。如教策修，順行不犯為『作持』。反上『止持』為『作犯』，反上『作持』為『止犯』，故云『二犯亦爾』。礪疏亦有二意：初，言前就制聽二教，明兩持二犯，如處必說淨、受持衣鉢等是也；二、就進趣修習，如學問、誦戒、羯磨等，以明止作二持犯也。（下文云『若就修行解上持』等者，同此後段意也。鈔家前段，同此前段義也。）礪云：『作』中有『止』，收『止』成『作』者，則是『對治離』，則是作家之因，作是是（原注：『是』字疑剩。）『果行離』，則成作家之果，謂由此對治止心，能成其作持行、究竟果也。『止』中有『作』者：『作』則是對治離，乃是止家之因；『止』則果行離，乃是止家之果。謂由此作家之心，成其止家之果也。雖然一境，指心有殊，故曰『豈是通漫』等也。准礪疏意：此中雙持犯義，必不得約殺、盜等作之。以殺、盜等，皆是單持隻犯，義如常先解。」（八六三頁上）

〔八〕持犯不相有　簡正卷一三：「持中無犯，犯中無持。持是善、犯是惡，不相有故。」（八〇三頁下）鈔批卷二一：「謂持不通犯也。持中無有犯，犯中無有持也。若止、作二持，有相成義；持與犯相違，無相成義。高云：以持望犯、善惡相違，故塞也。」（八六三頁上）資持卷中四上：「持犯相望，善惡異故。」（三三四頁下）

〔九〕持犯自相通　簡正卷一三：「即止持中有作持，作持亦通止持。犯，反上說，謂雙持雙犯，當各相通。」（八〇三頁下）鈔批卷二一：「謂持持自相通，犯犯自相通。皆謂『止持』中有『作持』，『犯』中有『止犯』也。」（八六三頁下）資持卷中四上：「持犯各局，止作通故。」（三三四頁下）

〔一〇〕如「止持」中有「作持」，「作持」中有「止持」　資持卷中四上：「推釋中。止作相濫，無所簡故。」（三三四頁下）簡正卷一三：「持犯自相通，如止煞事是『止持』，作於觀行是『作持』。如作如法衣鉢是『作持』，止非體量是『止

持』。」（八〇三頁下）鈔批卷二一：「如『止持』中有『作持』者，勝云：如不過量是『止持』，以其依教，不越分齊，故名『止持』也。驗教量度，知其分約，名為『作持』。此驗教、量度成『止』，故下『止』中有『作』，收『作』成『止』是也。礪云：『止持』中有『作持』者，如止不過量，造房曰『止』，須乞、白二是作。長衣亦爾。止於懈怠之心是『止持』，加法說淨曰『作持』。又云：如作袈裟，應量而作。無有過量作犯之罪，即曰『止持』；加法說淨，復曰『作持』。又，可依教作時，亦曰『作持』。『作持』中有『止持』者，慈云：如三衣一鉢，聖制須具是『作持』，以如教策修，順行不犯，豈非『作持』？不敢違悔，止其非法體量，望無犯故，名為『止持』。收此『止持』，以成『作境』。故下文云『作中亦爾』。故『止』據無違『成持』，『作』據順教成於『持』也。礪云：猶如造房，乞處分法，稱之為『作』。由乞此法，依教造房，而無作房，反卻作犯，即曰『止持』。此則體一，而名是別。又，如說淨是『作持』，由說淨故，無有畜衣、作犯之罪。反卻作犯，即曰『止持』。」（八六三頁下）資持卷中四上：「若約教行，『止』中無『作』，此據心用。義見下科。『作』中有『止』，教行心用，二種皆具。」（三三四頁下）

〔一一〕**二犯亦爾** 簡正卷一三：「反說便是。如不乞法造房是『止犯』，違教成是『作犯』，即『止』中有『作』也。如作非法衣鉢，是『作犯』，止如量邊，是『止犯』，即『作』中有『止』也。」（八〇四頁上）鈔批卷二一：「反持成犯，可以類知，故曰亦爾。如過量造房，出於教禁分齊，名『作犯』，不順教故，名『止犯』也。（八六三頁下）『止犯』中，亦有『作』，不畜三衣是『止犯』，故心違教是『作犯』。礪云：不乞處分造房，稱『止犯』。身業造房，即是其『作』。此則體一而名是別，豈非『止』中有『作』耶？」（八六四頁上）

〔一二〕**若為取別** 鈔批卷二一：「立謂，反徵前言。『既云持持自相通，犯犯自相有者，如何取別耶？』」（八六四頁上）

〔一三〕**止中有作，收作成止** 資持卷中四上：「初，約互收答。」（三三四頁下）簡正卷一三：「言『答』至『漫』者，正辨相收之義。如止煞是止持，有作觀是作持，此則作持為傍因，止持是正宗，收作持傍因，成止持之正定（原注：『定』疑『宗』。），即收作成止也。」（八〇四頁上）鈔批卷二一：「戒疏云：如畜衣，故違不說淨是止犯，越於期限是作犯。又如造房，故違不乞法是作犯，即此違教是止犯。今收此作衣、造房之事，以成不乞等止罪，故曰也。」（八六四頁上）

〔一四〕**作中亦爾** 簡正卷一三:「如作如法衣之時,『作持』有止非體量之『止持』,『止持』為傍因,『作持』是正宗;收『止持』傍因,成『作持』之正宗。即收『止』成『作』,但名『作持』。二犯亦爾,反說可知。」(八〇四頁上) 鈔批卷二一:「謂是收『止』成『作』也。如欲作衣,先止不過量曰『止』,後既作成,收前止心,成其作衣之『作持』行也。礪問言:『一心寧得止中有作,作中有止?』答言:『一心者,尅取成止,或作邊故塞。若望二境門者,取對治為言。止中有作者,作是對治離,止是果行離;作中有止者,止是對治離,作是果行離。」」(八六四頁上)

〔一五〕**舉宗歷然,豈是通漫** 簡正卷一三:「舉宗歷然者,分明之貌也。通漫者,不分之貌也。又,闊水平流曰漫。今不如此,故云『豈是通漫』。」(八〇四頁上) 鈔批卷二一:「如言『止持』中有『作』,『止持』即是其宗。雖中含『作持』,皆為成『止持』之行,故言舉宗也。即此舉宗而明,雖『止』中有『作』,『作』中有『止』,那成通漫,故曰『豈是』等也。」(八六四頁上) 扶桑記:「止持宗對惡境,縱有對治善,收歸離惡;作持宗對善境,縱有止惡,亦歸修善等。」(二六四頁下)

〔一六〕**止作持心別** 簡正卷一三:「四句簡異答者。上雖舉宗收成,未委心境相對有何差別,故作四句分之。言一止作持心別者,如造房,止過量心是『止持心』,後順造是『作持心』。」(八〇四頁上) 鈔批卷二一:「此下四句,正是解上『舉宗歷然』等之言也。(八六四頁上) 云此止心、止境各別,豈是通漫耶?故作四句,明其別異之所以也。要須約一境上解之,勿餘境上作,則不相當也。由此中明雙持犯義,皆約一戒上,則有雙也。故今四句料簡持犯義,只得於一境作之。故礪云:此則體一而名是別,豈得約累境相佋(原注:『佋』疑『召』。)為雙!若更論異境,那稱體一也。舊解云云,良非得意。言止作持心別者,如造三衣,止不過量心,與後加法作持心,豈不別也?處分造房,止作之亦得,謂如造房,擬乞處分法,不擬過量,是止持心。後加教法,依修造,是作持心。二心既別,所指之境,兩亦不同,教(原注:『教』疑『故』。)曰『舉宗歷然』等也。」(八六四頁下) 資持卷中四上:「『一』下,約句以簡。上二句簡二持。初云心別者,『止心』離過,『作心』進修。」(三三四頁下)【案】「止作持」即「止持、作持」。

〔一七〕**止作持境別** 簡正卷一三:「如止不過量造。」(八〇四頁上) 鈔批卷二一:「謂如造三衣,止不過量時,衣境與成,後加法時,衣境別也。有又云:一、止持

心別，止心不擬將生疎絹布作三衣者，名『止持心』；與心擬將絹作三衣，名『作持心』也。二、止作持境別者，生疎之財，緻絹之財，二境別也。又，約造房作之，以所造者『止持境』，由依法造房，無作犯之罪，反此犯，即是止持，故望房為止持境也。『作持境』者，即眾僧及羯磨教法，為作持境也。」（八六四頁下）資持卷中四上：「『止境』是惡，『作境』是善。」（三三四頁下）

〔一八〕**止心對作境** 簡正卷一三：「如，上不過量房是『止持境』，如量房是『作持境』。」（八〇四頁上）鈔批卷二一：「立謂：如欲作三衣，『止心』不擬過量是也。（八六四頁下）應以教造衣，衣是作持之境。由我止心，不過量故。將此止心，對此衣境也。有人云：生疎之絹，不堪作三衣，今『止心』不用，是『止持』。然緻絹堪作，是今所用，名『作持境』，故曰『止心』對『作境』也。深云：『止心』對『作境』者，即收『止』以成『作』也。下文『作心』對『止境』者，收『作』以成其『止』也。景云：如止不學一切法，即『止心』也。由不學故，遍犯諸戒，故言『對作境』也。（未詳。）」（八六五頁上）資持卷中四上：「下二句，別簡兩犯。上句止犯。」（三三四頁下）

〔一九〕**作心對止境** 簡正卷一三：「欲如法造房，是『作持心』，專擬對過量房之『止持境』。或有將止煞事釋，亦得。前二則心境不同，後二則心對境別，謂止作二（八〇四頁上）持，雖然相有，差別歷然。二犯，反說即是。」（八〇四頁下）鈔批卷二一：「景云：謂由先學教，善識持犯，犯境不為，故對『止境』也。立謂：對婬、盜等，此本是止持之境。今起觀行心是作心，對前婬等止境也。（並恐不然。）應是持衣加法之心是『作』也。對前如（原注：『如』疑『加』。）法上，不過量之衣境。有人云：身心將緻絹作三衣，是『作持心』；對生疎絹帛，止心不用，是『止境』也。」（八六五頁上）資持卷中四上：「下句作犯。」（三三四頁下）

〔二〇〕**如止殺、盜，先修慈悲、少欲等行** 鈔科卷中四：「『若』下，約行別答（四）：初，止持；二、作持；三、作犯；四、止犯。」（八九頁下）簡正卷一三：「作二觀是對治離，後望對境，不作煞盜，即『果行離』。先作對治是『作治』，後離煞盜是『止持』，即番『作』成『止』也。」（八〇四頁下）鈔批卷二一：「此明約心用邊。一切諸戒，并具二持犯，謂如婬、盜等。若據進修邊，亦得有雙持義也。進修只是修慈、少欲等，故曰『修行解止持』也。呼此慈心，少欲修行。若如上來雙持中約衣鉢等，但是離約行教而明示，是約進修邊說也。今此下別約修慈、少欲義邊，則婬、盜等，雖是單持隻犯，若約修慈、少欲之邊，

（八六五頁上）亦具二持犯也。礪亦（原注：『亦』下疑脫『如』字。）此。故疏云：斯之四門，並約兩教以說：一、進趣教，此通三學；二、制教，此局毗尼行教，通於理善，故言修行也。如止殺、盜，先修慈悲、少欲等者，謂如為殺，先修慈心，收此修慈之作，方成止殺之義，故曰也。慈悲對治於殺，少欲對治於盜，故云然也。」（八六六頁下）資持卷中四上：「約行中。前明二持，（三三四頁下）即心用雙持，通一切戒。修觀止緣，通約化業，並非制教。（準知心用，止作則通化制教行，止作唯句制教。）慈悲愍物行治殺，少欲知足行治盜，離染淨行治婬，如實語行治妄。」（三三五頁上）【案】此句下明「止持」。

〔二一〕**先止外緣**　簡正卷一三：「望離麤過名『止』，是對治離；善行成時名『作』，即果行離也。先止外緣，玄云：釋誦戒，離麤過。釋羯磨，羯磨五十餘法，簡人但離麤過，便得。若論誦戒，細過吉羅，尚須發露。不論麤細，悉不得說。如無過者，須息外緣，即惡比丘為外緣，知彼十四日來，十三日說等是。（諸家皆依此說，亦得。）或依鏡水闍梨准首疏自釋曰：先止麤緣慘動之心，寂靜方得成就，望離麤過，名『止持』；後業行成，名『作持』。（此解的當。）」（八〇四頁下）

〔二二〕**「作犯」心邊有「止犯」，如人作惡，先不學善**　資持卷中四上：「後明二犯，即約教行雙持。然作犯中，作惡須論犯戒，不學亦據制科。此雖教行，乃約通論。」（三三五頁上）簡正卷一三：「如人作惡是『作犯』，先不學善是『止犯』，即『作』中有『止』也。此言『邊』者，玄云：二犯相有隨舉，中、邊皆得，亦無別理。或有解云：『邊』異『中』也。『止犯』在前，『作犯』在後。此『止心』在『作心』外邊，故云『邊』也。『若爾，前作持中云：先止外緣是止持，後善行成名作持。此止持亦在作持心外邊，何不言之？故不爾也。」後有釋云，謂此『作犯』或有『止犯』，（八〇四頁下）若不學教人造罪，即此『作犯』中定有『止犯』，應云：『作犯』心中有止犯。若學教人造罪，即此『作犯』中定無『止犯』，應云『作犯』心中無『止犯』。故抄文云『等類』也者，謂取學教人造罪無『止犯』。此言『無』者，但無教行止犯，非謂無事止犯。如首疏二犯行，皆有『邊』字。故彼文云：作犯心邊有止犯者，若望不學解『止犯』，『止犯』中不得有『作犯』。若對修行，以明止犯，『止犯』中有『作犯』。如人造房，不乞處分畜衣，過日不說淨，是『止犯』，心邊有『作犯』。（已上疏文。）彼約教行解第四『止犯』，即『無作犯』，故云『邊』。鈔約事上解『止

犯』，定有『作犯』，故云『中』。即明第三作犯，犯成時，於教行『止犯』，有無不定，故言『邊』也。」（八〇五頁上）鈔批卷二一：「『作犯』心邊有『止犯』，如人作惡，先不學善者，此謂若先不學善是『止犯』。由此止故，後則作惡，即名『作犯』也。」（八六五頁下）

〔二三〕「止犯」心中有「作犯」，如人畜衣過日、造房不乞是　資持卷中四上：「後『止犯』中，所舉房長即是別戒。止犯有二：上明事法『止犯』。……上二句明塞。」（三三五頁上）簡正卷一三：「四、止犯，文二：初，准前修行，辨二犯相通；二、『若望』下，許其不學止犯，非無後習。言『止』至『是』者，謂畜長衣，止不說淨，是『止犯』；十一日，經於明相，即惡行成，名『作犯』。即『止』中有『作』，收『作』成『止』也。又如造房，止不從僧乞處分，是『止犯』。後作非法房成，是惡行成，名『作犯』。即『止』中有『作』，收『作』成『止』也。」（八〇五頁上）鈔批卷二一：「景云：畜長衣不說淨，名為『止犯』。由前畜衣，則是其『作犯』。亦可過十日著用，名『作犯』，故曰『止犯』邊有『犯』（【案】『犯』前疑脫『作』字。）。作人如造房，不乞處分，則是『止犯』；由前違教作房，復是『作犯』。立云：本作衣時，若不說淨但念，是『止犯』；由本作時，即擬不說，今止不說，名為『止犯』，望前要心，名為『作犯』。房亦復爾，不乞處分，但是『止犯』；由本要心，不擬乞法，後即作成，則是『作犯』。」（八六五頁下）

〔二四〕若望不學「止犯」，無「作犯」　鈔批卷二一：「謂若就不學問邊，『止犯』之中，則無有『作犯』也。何以知之？如我止不學問，但是『止犯』，望未造過，豈有『作犯』？上所明者，約對事修（八六五頁下）造之中，『止犯』則有『作犯』。」（八六六頁上）簡正卷一三：「此句抄文是首疏義。古人意道，不學教法，以說『止犯』，（八〇五頁上）即此『止犯』中定無『作犯』。且如今日，纔起不學心，此時便結『止犯』。然且未對境造作五篇之罪，故未有『作犯』。既未結犯，即『止犯』中不通作犯，說通義不得，故須簡之。」（八〇五頁下）資持卷中四上：「『若』下，簡不學止犯。……下二句示通。雖不即成，望後可說。各因不學，遂致為非，亦『止』中有『作』也。問：『教行雙持，別就戒本，為有幾戒？』答：『今為括之，『僧殘』有二：（『二房』，制量有處分故；）『三十』有九：（長衣、月望、長缽、長藥、急施，此五有淨法；『二離』、減六年，皆有法開；畜餌（【案】『餌』疑『錢』）寶，說淨付俗。）『九十』有十二：（說麤、教尼羯磨、開背別德衣、開二入聚制、自足勸，有餘食

法、殘宿、不受七日盡形、口法、真實淨、問主僧斷事、與欲。）提舍有二，（尼指令、訶此蘭若，制語知；）眾學有一，（杖囊羯磨開。）總二十六戒，皆二持犯，餘並單持犯耳。（昔記不以心，用教、行二門簡之，極為浮漫。）」（三三五頁上）

〔二五〕**不即相成，非無後習**　簡正卷一三：「今師解也。謂如今日止心不學，但有不學罪，無作犯者。然不無此理，約其久遠，任運習成，亦成通義。今舉事釋。如今止心不學，得止犯罪，後對婬、盜等，造作過非，隨所作結根本罪。此根本亦由昔時止不學，來致對境不識。若先結不學，止犯罪且置而未論。但據對境犯時，有無知罪。若全根本無知犯提，疑則結吉，亦是止犯與作犯。一時習成，豈非通義？故曰『非無後習』。（若欲妄釋，任取諸家。）」（八〇五頁下）鈔批卷二一：「謂今但止而不學，一切聖教，但是『止犯』，既未作惡，無其『作犯』。雖然由心止不學，故迷於教相，後必隨篇聚造罪，故是後習也。此還是釋上止犯心邊，有作犯義也。」（八六六頁上）

〔二六〕**明自作教人，四句皆通**　簡正卷一三：「此段文大意者，謂先教人作四事，然後自身修於四行。隨入何行心中，教人四行，同時業成，說為通義也。必有前後，即非通義。言『四句』者，謂約前後自修四行：一、自修止持；或作持；或作犯；或止犯。此自修四行為『四句』。四句之中，各通教人，四行一時成就，故云『自作教人，四句皆通』。即每句中，有教人四行，四四十六行，兼自作四行，都二十行也。」（八〇五頁下）鈔批卷二一：「此明教人兼自作持犯四行，容有一時結成，故得相名，諡之為通。」（八六六頁上）資持卷中四上：「標云『皆通』者，由是教人，塞義不立，教他為『所通』，自作為『能通』。『所通』通多少，『能通』唯一行。」（三三五頁上）

〔二七〕**令人漉水為己用是「止持」，令人持欲僧中說是「作持」，令人殺生，又不乞處分、遣人造房**　鈔科卷中四：「初，約止持具顯。」（八九頁下）資持卷中四上：「初科，文列四事，據具為言，乃至一事亦名通耳。」（三三五頁上）簡正卷一三：「前心者，謂前方便心也。假如日午之時，自身擬修止持行，行未成前，預為方便。假令四比丘各修一行，先令一比丘與我至日午時漉水防護虫命，是『止持』。理實止持行成，須待正漉水時。今雖未漉，且是止持方便，心由如因中說果也。次令一比丘持欲僧中說，是『作持』也。又令一比丘，與我煞生，或怨境等是『作犯』。又令一比丘為造房，不要乞法，是『止犯』。已上四事，雖未施造，且總是『方便心』也。」（八〇六頁上）鈔批卷二一：「向若不肯漉

渦，飲用虫水，即是『作犯』，今翻作犯，故名『止持』。若一往而言，似若『作持』，今鈔將為『止持』，古師亦有將為『作持』，然實是雙持犯義，事含『止持』。今偏約一邊明，以由漉故，止不傷虫，故曰『止持』。又解：我以『止心』令他作，他作之時成我『止』也。以望不損境邊，以成『止』也。又，不乞處分遣人造房者，此不乞法，是『止犯』行。」（八六六頁上）資持卷中四上：「殺生是作犯。不乞是止犯。」（三三五頁上）【案】「如前」下分二：初，「如前」下，二、「乃至」下。

〔二八〕作四事已，「後心」作意「離諸罪過」，即「止持」中有「止持」乃至「止犯」
資持卷中四上：「『作』下，總示通義。自修止持，前教四事，同時成辨故。一行中，通有多業。」（三三五頁上）鈔批卷二一：「謂作上四行已後，隨人一个行中，其業若成，並時結四業。言離諸罪過者，謂是入止持行也。」（八六六頁上）簡正卷一三：「四比丘既各領意了，故云『作四事』已。此言『已』者，亦是約四：比丘領意訖，非謂作四事竟，時言『已』也。然後於日午時，自修一止持行，故云『後心作意，離諸過罪』也。正修此行成時，前心所教四行，各修一事，並皆動轉。第一比丘，午時正漉水，成止持果行。第二比丘，正說欲，成作持行。第三比丘，煞前境，正命斷，成作犯行。第四比丘，造房不乞法，成止犯行。即能教比丘後心作意『離過』，止持通有所教，四行具足。應曰：止持中有止持、有作持，有作犯、有止犯。鈔存略故，但舉一行例，通餘三句解。」（八〇六頁上）

〔二九〕乃至「止犯」心中，亦具二持犯　鈔科卷中四：「『乃』下，約餘三例通。」（八九頁下）簡正卷一三：「謂此越卻作、持犯兩行，（八〇六頁上）直取『止犯』一行，以論通相，乃至『止犯』心中，亦具二『持犯』。若所教四行方便，如『止持』中不別，故云如前遣人作四相已。然後自身修一止犯行成，故云後便止不學善法也。能教比丘，正止不學善法止犯行成時，前來所教四行，恰與能教止犯心中，一時成就，即止犯中，亦通四行。即止犯中，有止犯等也。」（八〇六頁下）鈔批卷二一：「所以有兩个『乃至』者，上一『乃至』即是結上文，明其止持行中，具有四行始從『止犯』。後一『乃至』，即是生於下也。（八六六頁上）謂：上既『止持』行中具有四行，乃至『作持』『作犯』亦各有四行也。中間有越，故稱『乃至』。」（八六六頁下）資持卷中四上：「次，餘三中『乃至』者，應云：遣人作四事已，自坐誦戒，即『作持』中具四行；或作婬、盜，即『作犯』中具四，作圖示之。」（三三五頁上）

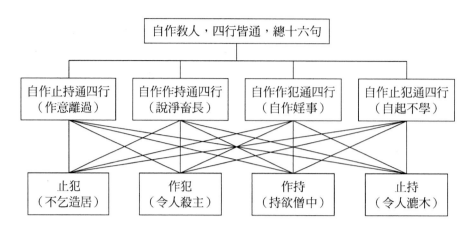

〔三〇〕**前後自業相成，有塞有通**　簡正卷一三：「謂前自作四行方便，怖其後果，後復自心隨入一行。前四方便，後果遂時，與後心自作一行，一時成就，故曰前後自業相成也。約後一行，通其四行曰『通』，但成前一行，為『塞』也。」（八〇六頁下）資持卷中四上：「明相成。總指中，『塞』謂自起方便，後趣正果（三三五頁上）即是自業相成。」（三三五頁中）【案】本節文分為二：一、「塞者」下，明通塞；二者，「如前自」下，示相。

〔三一〕**塞者易解**　簡正卷一三：「只如前自作漉囊，擬後漉水，是止持之因。漉囊既成，後心自執漉水，是『止持果』。此『後心果』行成時，還由『前心因』行而立，斯則前後自業相成。獨有止持一行，更無餘三，即是『塞』義。又，如前心自作煞，具是作犯之因，後執煞生，是作犯果。此果業成，還由前心，因行而立。如是但成一行，不通餘行。此義不難，故云易解。又，此門不類第一門『一心不異緣為塞』，又不同第二門『持中無犯曰塞』，但約前後自業（八〇六頁下）皆是一行說為塞也。思之。」（八〇七頁上）鈔批卷二一：「謂以不得一時成四行，故名塞也。亦如前一心門中云『止持時無犯』等是也。此言唯塞者，獨約一行心中明也。」（八六六頁下）

〔三二〕**通須方便**　簡正卷一三：「謂『前心』中，自修四行之因，方便布置。說於後心中，更別後四行，隨入何心中。前之四行，一時成就，名之為通。『後心』四行，一一行中，皆通『前心』四行，『一行』有四『四行』，可知，故云通須方便等也。」（八〇七頁上）鈔批卷二一：「謂若語通者，須前作諸方便，則後隨入一行中。前業自成，四行齊尅，故得是通義也。」（八六六頁下）

〔三三〕**四四十六**　鈔批卷二一：「謂止、作二持犯，為四行也。上即具此四，故曰四四十六也。」（八六六頁下）

〔三四〕**如前無異**　簡正卷一三：「大同『自作教人門』中也。」（八〇七頁上）資持卷中四上：「『一』中具『四』，故云無異。」（三三五頁中）【案】「如前無異」，參見本門上文「明自作教人，四句皆通」句釋文。

〔三五〕**託相少別**　簡正卷一三：「玄云：謂前門使人作四行方便，此門自修四行方便，與前少別。或依發正云：前門持欲僧中說，是作持方便相，此門禁閉沙彌，明作持方便相。前門令人不乞處分造房，明止犯方便相，此門閉戶現相，明止犯相。四種之相，有二不同，故云詫（【案】『詫』疑『託』。）相少別亦得。」（八〇七頁上）鈔批卷二一：「立謂：前是『自作教人門』，此是『前後自相成門』，故言少別。」（八六六頁下）資持卷中四上：「自業與教人事有不同，故云『相別』。如下可見。」（三三五頁中）

〔三六〕**自安漉具**　簡正卷一三：「次釋通義。……如前之方便心也。謂於朝來自安漉具，是止持方便。（故云：自安漉具等。）」（八〇七頁上）鈔批卷二一：「此是止持，以反卻作犯，故得名也。望不殺虫邊是止持，此謂自安漉具，但是方便，未即漉也。」（八六六頁下）

〔三七〕**禁閉沙彌**　簡正卷一三：「又，自畜養沙彌。若不教誡，恐成止犯。遂禁約之，令誦經等，是作持方便。（故云：禁閉沙彌等。）」（八〇七頁上）鈔批卷二一：「是作持方便也。有人言：如畜沙彌，制令二師教誡。若不誡則得止犯，今既禁閉，令不起惡，是作持也。又解：知有音樂當來，若不禁閉，則往觀犯罪，故今禁閉，為作持也。」（八六六頁下）資持卷中四上：「即作持也。律制教沙彌，常須禁閉在房故。」（三三五頁中）

〔三八〕**安殺具**　簡正卷一三：「又，或見人及畜，常從此過，遂張設煞具，即是作犯方便。（故云：安煞具等。）」（八〇七頁上）鈔批卷二一：「即是作犯，此是殺家方便，未即正殺，待後業自成耳。」（八六六頁下）

〔三九〕**閉戶現相不與欲**　簡正卷一三：「又，決知今日堂頭作諸羯磨，意中不忍，又不與欲，遂閉戶，現於不在之相，即是『止犯方便』。（故云：閉戶等也。）」（八〇七頁上）鈔批卷二一：「是止犯也。謂現不在房之相，故閉戶也。不與僧欲，如上作四事已後，還房隨入，何行心中。若前四業齊成，（八六六頁下）通得四行也。」（八六七頁上）

〔四〇〕**此四作已，後修止持，乃至「止犯」**　簡正卷一三：「正辨通義。謂『前心』作四種方便已，至日午時，怨境到來，『後心』作意修慈悲等，觀離諸過罪，便成『止持』之行。此離煞止持行成時，前之四相一時動轉，謂井頭有人漉

水，合著前方便心，『止持行』成。房內沙彌，正念經等，成『作持』；安煞具處，生命恰斷，成『作犯』。堂頭正作羯磨，閂戶現相，成『止犯行』。此上四行，恰與後心作意，離諸過罪，止持之行，一時成就，即成通義。即『止持』中，有止作二持、止作二犯，四行俱通，鈔文存略也。言『乃』至『止犯』者，謂『前心』布置方便，且說止持一行通四行訖，餘之三行，一一行中，准上止持，一行前心方便，四相辨通不別。更合三度辨通，鈔意省略，但略標後心三行。就三行中，更略『作持』『作犯』，只標『止犯』，略中更略，故云『乃至止犯』。存其少許，以表不無也。」（八〇七頁下）資持卷中四上：「『此』下二句總示。『比四』（【案】『比』疑『此』。）者，是前方便後修止持，前四同就一中通四，餘三同此。『乃』下，指餘三行。類準作之，亦為圖相。」（三三五頁中）

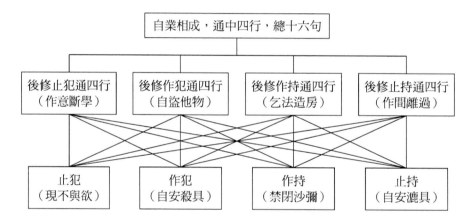

〔四一〕**此後二門，竝對事修造，以明止犯** 資持卷中四上：「前第二門具通兩種『止犯』，後二並約造作，不論不學止犯。問：『如教人事已，自起斷學，何有不得？』答：『能通可說，文點所通耳。』」（三三五頁中）鈔批卷二一：「謂第三、四行中，得成十六行者，此並約造事。事中有止犯，論此止犯，故成十六也。今試論之，謂如上後兩門中，各明四行，其中約造房、不乞處分，及閂戶不欲。約此房欲兩事，不肯作故，是其『止犯』，謂造房事不乞法，對僧所秉事不與欲，是『止犯』，則異由來不學問之『止犯』。若不學止，則無修造事可對也。不得約此止犯，通其四行，則無十六也。上言十六行者，約此造事邊之止犯，故成十六，故對事修造，以明『止犯』。舊解咸刀刀（【案】『刀刀』疑『云云』。），此解為勝，然亦少妨，望前『成就處所門』中，止持有二：一謂『端拱止持』，二謂『對事明止持』。今此門止持，還是約對事，所以不簡出。『何

以止犯有二種？』『即簡云此是對事之止犯，非是不可學端拱之止犯也。』上
來多段不同，總釋篇四『通塞門』義竟。」（八六七頁上）簡正卷一三：「此後
二門者，謂指第三『自作教人門』及第四『前後自業相成門』也。並對事修造
等者，依首疏破古義也。首疏以前諸古德，未曾對事明，唯向法上約不學止犯
說，但有三行，不通『止犯』，故是塞義。古云：且如第三門中無止犯者，（八
〇七頁下）如朝來令一比丘：『汝至辨時，莫學三藏教法。』前人用語起不學
意，此時結止，犯吉羅了；此止犯罪，又屬前所教之人。是故此門，無不學止
犯。又，第四『自業相成門』，無者，如朝來起不學心，要期午時不學法，隨
起心時，又便結止犯，無容待得。日午之時，與餘三行，一齊成就。是故此門
之中，亦不通也。今首疏說其通者，不約不學止犯說，並於事上布置，待得餘
行，一時成就。只如不乞法，遣人造房，及閉戶現相，不與欲，前心方便未
結，直待房成，及堂頭作法時，方結止犯。」（八〇八頁上）

五、明漸頓〔一〕

初，就心通漸頓〔二〕

若作心總斷惡意，名「止持心頓」〔三〕；若一切諸惡竝欲造，名「作
犯心頓」；若諸善並修，名「作持心頓」；若息修者，名「止犯心頓」；若
論心漸，以類可知〔四〕。莫非與受體有違順故，持犯兩分〔五〕。

二、對行說，唯漸非頓〔六〕

以一行中，不得備修餘行，故作持名「漸」〔七〕也；止持漸者，如正
修慈心，不得修餘對治〔八〕也。作犯唯漸，不可頓犯一切戒〔九〕故。且
就男子身〔一〇〕，七心行殺〔一一〕。若以貪心殺者，單犯一戒；六不殺戒、
四十九戒、五十六戒等，全不犯〔一二〕。竝如前說〔一三〕。

三、就止犯別解，四句分之〔一四〕

一「不學」「無知」，相對解漸頓〔一五〕。

「不學」之罪先起〔一六〕；「無知」之罪，緣而不了，後生故漸〔一七〕。
文云：五歲不誦戒、羯磨，方得罪故。

二別解〔一八〕。

「不學」之罪，通有漸頓〔一九〕。如要心「可學」境上作「不學」意
〔二〇〕，於一一法上，頓得「不學」罪〔二一〕。以初受時，皆發得故，今
違願體，頓得多罪〔二二〕。云何為漸？若要心不學羯磨，於餘悉學，望羯
磨邊，犯一止罪，名漸〔二三〕。若論「無知」唯漸者，謂緣不了，方結「無

知」罪;一心不備緣,唯漸〔二四〕。

問:「此不學、無知,二罪是何〔二五〕?」答:「有人言竝是吉羅〔二六〕。今解言:『不學』,吉羅〔二七〕。『無知』,有二〔二八〕:若全根本無知,得重〔二九〕,故律云:重增無知,波逸提;若疑者,得輕〔三〇〕,是吉羅也。」

三分齊者。

就教、對行、從根,三別〔三一〕。

言就教者:學據始終,不學即結〔三二〕;無知之罪,五夏後結〔三三〕。對行〔三四〕者:恐心逸蕩,自恃少解,望齊賢聖〔三五〕,故學通一形,優劣相降〔三六〕。文云〔三七〕:五歲智慧比丘,從十歲智慧比丘受依止;乃至五分法身成立,方離依止〔三八〕。約根〔三九〕者:若利根易悟,始終二罪,以不學故〔四〇〕,有「無知」也。若鈍根難悟,始終不學,無「無知罪」,非力分故〔四一〕。律云:愚癡比丘,盡形依止〔四二〕。

四可懺以不〔四三〕。

二俱可懺〔四四〕。如息意不學,後緣不了,結「無知」〔四五〕;若作心學而未知,不結「無知罪」〔四六〕。已前「不學」「無知」,罪有斷義,皆可懺〔四七〕。

【校釋】

〔一〕**明漸頓** 簡正卷一三:「玄云:上明通塞雖知,然於漸頓之理未練,故次辨也。釋名者。約行一一而成曰漸,就心總辨為頓。問:『漸頓與通塞何別?』答:『漸與塞稍同,頓與通全異。且如一行中,准成一行,更不通餘行為漸,與前門塞必稍同。若頓與通全別者,一行中有餘行,是前門通義。一行之中,但成自己眾多一行,是此門頓義,即四行相望,橫豎不同。通塞,即四行相望,橫論漸頓,即約每行,自相望豎說。亦須細思之。」(八〇八頁下)鈔批卷二一:「此門分三:初,就論心,四行皆有漸頓;第二,對行辨,唯漸非頓;第三,單就止犯明漸,後分四門,細尋可解。言漸頓者,增積分成曰漸,一時總作曰頓。(八六七頁上)礪云:若二作解義,唯漸不頓,論其二止,通含漸頓。」(八六七頁下)

〔二〕**就心通漸頓** 資持卷中四上:「此門不約造作成行,但望起心總別,以明頓漸。正明中。初列四頓。」(三三五頁中)簡正卷一三:「此准約心明。以心力無礙,隨起緣境時有頓也。」(八〇八頁下)鈔批卷二一:「謂約心明,得有漸頓。若約行對境,唯漸不頓。」(八六七頁下)

〔三〕**若作心總斷惡意，名「止持心頓」**　簡正卷一三：「玄云：謂初受時，擬斷諸惡，今若悉斷，是順受體，名『止持心頓』。若作心並造諸惡，則違受體，名『作犯心頓』。」（八〇八頁下）資持卷中四上：「『若』下，次指四漸，但望一境為言。問：『遍通諸境，可名為頓，或緣三五起持犯心為漸為頓？』答：『但一名漸，自二已去，皆名為頓。』」（三三五頁中）

〔四〕**若論心漸，以類可知**　簡正卷一三：「謂止心單離一惡，是『止持心漸』。若准作一善，是『作持心漸』。若欲且作一惡，是『作犯心漸』。若息修一善，『止犯心漸』。鈔云：類可知故，不指事也。」（八〇八頁下）鈔批卷二一：「如止心離殺、不離妄等，是『止持心漸』。若唯安居，不自恣，是『作持心漸』。」（八六七頁下）

〔五〕**莫非與受體有違順故，持犯兩分**　資持卷中四上：「此論持犯，但望起心，與體違順不同。」（三三五頁中）簡正卷一三：「辨持犯兩分也。應先難云：『夫成持犯，要假將心對境方成。今全未對境起心，如何戒持犯耶？』鈔『莫非』下，答也。謂：先有受體，今但約起心，順受體即成持，違受體即成犯也。此中四句分別：一、順中之順，如『作心』總斷惡修善，是『二持心頓』。二、順中之違，如『作心』分斷惡修善，是『二持心漸』。三、違中之順，如起心分作惡止善，是『二犯心漸』。四、違中之違，如起心總作惡止善，是『二犯心頓』。故下文云：以初受時，皆發得故，（八〇八頁下）今違願體頓，得多罪。」（八〇九頁上）鈔批卷二一：「二持，順受體；二犯，是違受體。以受時擬斷諸惡，若今悉斷，是順受體。若作心並造諸惡，則違受體。此亦是結略上文也。謂順受體曰持，違受體曰犯。違順既異，故持犯亦乖，故曰兩分。」（八六七頁下）

〔六〕**對行說，唯漸非頓**　簡正卷一三：「謂對境作業名行，約行不得兩修，故准漸也。」（八〇九頁上）資持卷中四上：「對事造作，應知二持。心約即約通持，望本受體，塵沙事法，發無邊善，兩犯亦爾。若論作犯，對緣正作，自隨前犯。此中止是泛爾起心，可望本受，通犯吉罪。止犯頓漸，如下別解。」（三三五頁中）

〔七〕**以一行中，不得備修餘行，故作持名「漸」**　簡正卷一三：「且如持三衣時，三種作持各成，不可言頓，況於餘也。」（八〇九頁上）資持卷中四上：「事相各別，心不同時，故唯漸也。但明三行，止犯一行，以涉義門，在下別解。二持可解。修慈是作，收作成止，故是止持。」（三三五頁中）【案】本節分二，

明二持、作犯。

〔八〕**止持漸者，如正修慈心，不得修餘對治**　簡正卷一三：「如怨境不煞成止持，非離盜等止持也。」（八〇九頁上）鈔批卷二一：「慈心但可對治於殺；若不淨觀，對治於婬；少欲對治於盜。各有所對，不得一時故也。」（八六七頁下）

〔九〕**作犯唯漸，不可頓犯一切戒**　鈔科卷中四：「『作』下，單明作犯。」（九〇頁下）簡正卷一三：「作犯，文二：初，約義隨明；二、指事曲釋。」（八〇九頁上）

〔一〇〕**且就男子身**　資持卷中四上：「『且』下，舉事以顯。」（三三五頁中）簡正卷一三：「『且』者，未盡之詞。煞通六趣，今未說餘五，但就『人』以論。又於人中，含男、女二別，今唯約男子以說。男子復有眾，乃今准約一个男子身以說，故云『且』也。」（八〇九頁上）鈔批卷二一：「謂三毒互起，三單三雙一合，有七心也。」（八六七頁下）

〔一一〕**七心行殺**　鈔批卷二一：「今單起一貪心行殺，但犯一殺戒。餘六不殺戒，並宛然無損，體恒清淨。」（八六七頁下）資持卷中四上：「初，別舉殺戒。『七心』即三不善，單、複歷之。」（三三五頁下）簡正卷一三：「貪、嗔、痴三單，及貪嗔、痴嗔、痴（【案】『痴』前疑脫『貪』字。）三雙，及三心共聚為一，合成七毒心也。如於一男子境，本有七支，問（【案】『問』疑『開』。）婬支為二，成八。初受戒時，將七毒歷彼，得五十六戒。今起貪心單犯，一不煞戒。」（八〇九頁上）

〔一二〕**六不殺戒、四十九戒、五十六戒等，全不犯**　資持卷中四上：「『四』下，指餘諸戒。男子五十六，女人六十三。七殺在上明之。故男四十九，女五十六也。」（三三五頁下）簡正卷一三：「一不煞戒，更有餘六不煞戒，及餘四十九戒，全不犯。五十六戒者，進南順正說云『約餘男子以論』，意道：一男子上犯由不盡，何況諸無量無邊未犯男子？一男既有五十六戒，即無量無邊五十六戒。並不犯等者，等取女境，本有七支，開婬為三，成九。以七毒心歷之，成六十三戒。今以貪，單犯一不煞，餘六十二戒，且全不犯。何況諸多女子一一皆具六十三戒，即無量無邊六十三戒，並皆不犯，故知是漸。」（八〇九頁上）鈔批卷二一：「四十九戒者，還約上來所犯男子身中，除殺一支，猶有六支，加一瘡門，即為七也。七毒歷七支，故言四十九戒，並未犯。言五十六戒者，景云：就餘男子身中，先所發戒，都未有犯也。男子八支，七毒遍歷，七八五十六也。女人三瘡門，（八六七頁下）長得一支，成六十三戒。皎然無染。」（八六八頁上）

〔一三〕**竝如前說** 簡正卷一三:「並如前說者,如篇聚。又發戒中說此解為定。思之。若准案記云:四十九戒者,約一男子說;五十六戒,約一如(【案】『如』疑『女』。)子說。若一男一女,以犯一貪煞,餘六不煞,全不犯。若將六添男子四十九,成五十五戒。將六添女子五十六,成六十二戒。(此解恐違抄文。)玄記云:第五十六戒,亦約一男子,次第釋也。諸家不取。」(八〇九頁下)鈔批卷二一:「如釋相前戒體中辨也。」(八六八頁上)

〔一四〕**就止犯別解,四句分之** 資持卷中四上:「若據『事法止犯』,唯『漸』非『頓』,合在上科,文略不出。此門唯明『不學止犯』。『四句』,即下四科。」(三三五頁下)簡正卷一三:「謂此止犯,一行有二。若事上止犯,及事上法家,『止犯』唯是漸成,與前三行不別。此不重論。若約教中『不學止犯』,即通漸頓,故此別明。」(八〇九頁下)鈔批卷二一:「私云:此是『漸頓門』中最後第三段。前二段明『三行』訖,此下單就『止犯』,自作四段,明『不學無知罪』漸頓義。謂不學等,並是止犯罪,故於此明。何故不學?即是止犯。礪云:故受戒結勸文云『汝可學問誦經』等也。又,下文書誦戒羯磨,各言不誦,因制五夏誦戒羯磨。不者,如法治,謂如吉羅法治也。」(八六八頁上)

〔一五〕**「不學」「無知」,相對解漸頓** 鈔科卷中四:「初,二罪對明。」(九〇頁上)資持卷中四上:「泛論漸頓,有二不同。一者,先、後,即是此門;二者,一、多,即如次門。」(三三五頁下)簡正卷一三:「此段文將『不學』對『無知』辨漸頓者,玄云:『不學』是頓,『無知』准漸。若唯明『不學』,『不學』即通漸頓。如下自明。所以將二罪相望說者,異古也。古云:二罪並約頓,結以『不學』時,結『不學』罪,不容緣境,不了便結。『無知』是以二罪雙結,俱成頓也。今師云:結『不學』時未結,無知須待,五夏後,緣教不了,方結無知。此約得罪先後,以明漸頓。『不學』先起是頓,『無知』後生故漸。此中『不學』頓義,但約起心之結為頓,與向下緣教境時頓義(八〇九頁下)亦不相覽。知之。有記中不許此說者,卻請思量。引論文,佛問諸比丘:『誦戒、羯磨不?』答言:『不誦。』因制五夏誦戒、羯磨。不者,如法治等。」(八一〇頁上)鈔批卷二一:「故律下文云:先誦者,今悉忘,制言法待(【案】『待』疑『治』。)。又,言不一心,提(原注:『提』疑『攝』。)耳聽法,以無知故。問:『本受之時,令其學問,不學是止犯,受時言得果。今既未得,應是犯?』答:『學據自分,故說止犯。得果力分未堪,類似無知,故不名止犯。』更問:『不學二止,名吉羅。吉羅此方云惡作。既言止犯,本無有犯,那名惡作耶?』答:

『若當無心，不得稱犯。但使起心不學不了，是則名作。今言止犯者，望境說止也。不學之罪先起者，私云：惡心不學，則結罪故是頓。無知對事緣而不了，方結故漸。』（八六八頁上）【案】四分卷三六，八二五頁中。

〔一六〕「不學」之罪先起　資持卷中四上：「此望初作斷學心也。準義鈔，『先起』下，有『故頓』二字，文脫。」（三三五頁下）

〔一七〕「無知」之罪，緣而不了，後生故漸　資持卷中四上：「先不斷學，不結無知。必假前成，故是漸義。三根不同，如後所辨。」（三三五頁下）【案】下引文四分卷三六，八二五頁上。

〔一八〕別解　簡正卷一三：「謂將此二罪離開，各自別論，漸頓不定。」（八一〇頁上）

〔一九〕「不學」之罪，通有漸頓　鈔科卷中四：「初，正明漸頓（二）。初不學通漸頓。」（九〇頁中～下）鈔批卷二一：「私云：前第一通解『不學』『無知』二罪竟。前解『不學』是頓，其義未圓，今更別單解『不學』罪，亦有漸有頓等也。深云：前門是『不學』與『無知』相對而明，但漸非頓。今別明不學，有漸有頓。」（八六八頁下）【案】本節分二，初，「不學」下，總標；次，「如要」下，別釋。次又分二：初，「於一一法上」明頓；二，「云何為漸」下釋漸。

〔二〇〕如要心「可學」境上作「不學」意　簡正卷一三：「如要心者，是要期之心。可學境上者，約一切萬境，皆是『可學』也。作不學意者，即是約心，皆不修學。」（八一〇頁上）鈔批卷二一：「知婬通三境、盜分四主等，皆是可學。今息不學，頓得多罪。景云：三藏教法，皆是可學，今止不學，於一一境上，皆得多罪也。」（八六八頁下）

〔二一〕於一一法上，頓得「不學」罪　簡正卷一三：「約境多少，齊如許境，頓得眾多罪。引（【案】『引』疑『此』。）宗約境約心，頓得多罪，不同光願，准約境結。今難云：『若無止犯之心，如何得結？』『止犯之罪，又不同東塔偏就心明故。彼疏云：不學約心，無知從境。若緣三藏總止，但得一罪；若隨別起，亦通心結。不同古人，於一一境，緣不了處，亦結不學。然不學罪，非境緣生，如何一一境中，皆結不學之罪。』（已上疏文。）今難云：『若通於三藏，止心不學，但得一罪者。若漸止一藏，不學應得一分罪耶？故如（原注：『如』疑『知』。）結罪之時，須將心望境，得罪多少，如境之數也。』」（八一〇頁上）

〔二二〕以初受時，皆發得故，今違願體，頓得多罪　簡正卷一三：「玄云：辨頓得多罪之所以也。應先問云：『如何於可學境上，作不學意，頓得多罪？』可引抄

答：『以初時，於佛所說三藏，（八一〇頁上）皆願學之因，引（【案】『引』疑『此』。）願心方發得戒。今止心不學，違其願體故，頓得多罪。』」（八一〇頁下）

〔二三〕若要心不學羯磨，於餘悉學，望羯磨邊，犯一止罪，名漸　簡正卷一三：「若要心不學羯磨者，於一百八十四法中，我今不學說戒、單白，一翻羯磨，非謂通望一切羯磨，但有一罪。思之。於餘悉學者，餘者，外也。除說戒、單白外，一百八十三翻為餘，即由習學也。望羯磨邊，犯一止罪者，謂望一番羯磨邊，要心不學，犯一止犯，為漸也。」（八一〇頁下）

〔二四〕若論「無知」唯漸者，謂緣不了，方結「無知」罪；一心不備緣，唯漸　鈔科卷中四：「『若』下，『無知』唯局漸。」（九〇頁下）資持卷中四上：「不學約心，無知隨事，心有總別，故通漸頓。事不並修，故唯局漸。又不學罪，凡經兩結，若初起心，漸頓隨犯，如此所明；至後無知，隨事復結。如下句法。」（三三五頁下）簡正卷一三：「謂對事法緣而不了方結，故非頓也。言『謂』至『漸』者。夫無知者，皆對境緣而不了，即結無知。此約色境說。若論法塵，但約所思即是。其故以凡人之心，無時暫息，隨緣不了，便得無知緣境之時，心無並慮，境不頓現，故唯漸也。」（八一〇頁下）鈔批卷二一：「立謂：緣於事法，對來不識，或復有疑，方結其無知罪。以心思無並慮，境事頓現故也。由對境事不了，方結無知，故漸不頓。」（八六八頁下）

〔二五〕此不學、無知，二罪是何　鈔科卷中四：「『問』下，雙示罪體。」（九〇頁中）資持卷中四上：「以古今異判，故問辨之。」（三三五頁下）鈔批卷二一：「將欲解不學無知罪，且假問生起，然後就釋。」（八六八頁下）

〔二六〕竝是吉羅　簡正卷一三：「初，古云，准受戒法結勸云『汝當學問』。」（八一〇頁下）鈔批卷二一：「古來諸師解不學『無知』，齊是吉也。礪同斯判。今鈔不同之。若『不學』，同古釋。『無知』有兩種，若都不識是提，疑則是吉。至下九句中解也。即引律文，故云無知是提罪。如礪解云律文結提者，是不攝耳，聽法罪非是於無知上結也。即如過三鉢受食，不與餘比丘食戒，但過三鉢上結，可是不與餘比丘結也。今亦任情兩存。若依礪解，後九句中，全無提罪。」（八六八頁下）

〔二七〕「不學」，吉羅　簡正卷一三：「結云：若不學，如法治。引此文證『不學』是吉也。」（八一〇頁下）鈔批卷二一：「律文戒犍度中結勸文云『汝可學問、誦經』。又，下遣誦戒、羯磨，各言不誦，因制五夏前誦戒，不者如法治。若疑

者得輕,是吉羅者。<u>南山</u>意云:識與疑,雖俱無知,得罪有輕重者,由疑從兩境生,謂緣是非兩境也。疑是解家之律,給須決斷,分有智性,故輕也。不識、一向生迷、痴昏,故重也。」(八六九頁上)

〔二八〕「**無知**」,**有二** <u>資持</u>卷中四上:「『無』下,明『無知』重輕。」(三三五頁下)<u>簡正</u>卷一三:「如律下文先誦,今悉忘制,令如法治。兩處皆言如法治,定吉羅也。二、今師文二:初,不學問,古師如鈔。」(八一〇頁下)

〔二九〕**若全根本無知,得重** <u>簡正</u>卷一三:「若全根本不識,依今准況舉先,言戒得提故。律緣中,有比丘先犯罪,恐被清淨比丘舉,先向清淨所告,言『我今始知是戒經』等。佛呵言:『云何恐清淨比丘舉,即言始知?』既云我始知,明知先已結無知。又,<u>律釋相</u>云:不善意思,惟一心聽法,無知故重,與波逸提。又,<u>戒疏</u>云:根本罪上,緣而不了,復結無知,故曰重增。下誡約中,以無知波逸提。(已上<u>疏</u>文。)」(八一一頁上)<u>資持</u>卷中四上:「引律證重,即不攝耳戒。疑猶涉解,故罪輕降。問:『不學罪為出何處?』答:『受戒、說相,即制依師。今違此教,故結吉罪。』」(三三五頁下)【案】四分卷一八,六八六頁。

〔三〇〕**若疑者,得輕** <u>簡正</u>卷一三:「若疑未了,『無知』即同是吉故。<u>戒疏</u>云:先知迷疑,則輕重由學,緣事有明暗也。故境想中,疑則准重。今迷不識,正是墮取。(已上<u>疏</u>文。)」(八一一頁上)

〔三一〕**就教、對行、從根,三別** <u>簡正</u>卷一三:「謂以『不學』『無知』二罪,就教、行、從根三種之中,明其結罪,前後分齊。」(八一一頁上)<u>鈔批</u>卷二一:「時節分齊,自分三別:一、約律教中結罪分齊,即五夏後結者是也。二、約行中明分齊,即五年從十歲受依止。三、約眾生根利鈍中明分齊,利根二罪,鈍根一罪,學據始終。」(八六九頁上)

〔三二〕**學據始終,不學即結** <u>簡正</u>卷一三:「就律教辨結罪之時節。始終者,初受為始,盡一形為終。律令盡形學,今隨何時不學,即結不學罪。」(八一一頁上)<u>鈔批</u>卷二一:「初受戒竟曰始,五分法分(【案】『法分』疑剩。)法身成曰終,中間不學即是違聖。然今律令盡形學,今者不學,即結不學罪。此依教結分齊也。」(八六九頁上)<u>資持</u>卷中四上:「上明『不學』。學謂持奉,必無中廢,故言始終。始據初受,終約盡形。」(三三五頁下)

〔三三〕**無知之罪,五夏後結** <u>簡正</u>卷一三:「謂引(【案】『引』疑『此』。)『無知』罪,唯終非始。以五夏前,學亦未了,至五夏後方結。問:『何故,無知必約

五夏後結？』答：『玄云具三義故：一、合是知位，以勳學之人，學之得解，今既不知，故結。二、合離依止，謂五夏前，未知教相，制令依止，今既自行未立，故結。三、合階四種師位，（八一一頁上）今既未明教相，未得為師，故結五夏，已前及此三種，故不結。」（八一一頁下）資持卷中四上：「下明無知，限五夏者，受戒法中制五夏學。有所未知，未即結罪。五夏已後，於事不了，顯是解慢，故隨結犯。」（三三五頁下）

〔三四〕**對行**　簡正卷一三：「前明五夏，約教說之，今約行明。從凡至聖，同戒生於定慧，加功用行法，身方立故。今對行以辨罪之分齊。」（八一一頁下）資持卷中四上：「五夏離師，此據教限。若約成行，至聖乃已。雖非違教，非不違行。」（三三五頁下）

〔三五〕**恐心逸蕩，自恃少解，望齊賢聖**　簡正卷一三：「謂三藏聖教，理須學知，斷惑修證。今滿五夏，而不依止，恐心逸蕩，而生懈慢。但解五停心觀，將謂與羅漢同儔，以羅漢亦解此觀故。故制以劣從優，以凡依聖而住。」（八一一頁下）鈔批卷二一：「望齊賢聖者，謂約行明，還須盡形而學，重唯五夏，然須盡形，不學即結。所以制令學者，謂有少解，即言功齊賢聖，故言五歲未滿，從十歲者依止。」（八六九頁上）資持卷中四上：「逸蕩是縱放，自恃齊聖，即貢高。」（三三五頁下）

〔三六〕**學通一形，優劣相降**　鈔批卷二一：「優劣相降者，謂行解既有優劣，劣須依優。但勝己者，其優也。故下引律文：五歲從十歲受依止。（八六九頁上）十歲是優，五歲是劣也。」（八六九頁下）資持卷中四上：「優劣不限夏數，但優於己，遞互相師，故云相降。」（三三五頁下）

〔三七〕**文云**　簡正卷一三：「證優劣、相降之相。律『受戒法』文謂：五歲比丘，行解仍劣，雖滿五夏，須依止十夏。智慧比丘，以十夏行解，勝前五歲。如是以強攝劣，以劣依優，乃至多夏，及於聖位。」（八一一頁下）資持卷中四上：「『文』下，引證，亦出『受法』。依止須具三德：一、滿十夏，二、有智慧，三、勤教授。」（三三六頁上）【案】四分卷三四，八〇六頁。

〔三八〕**乃至五分法身成立，方離依止**　簡正卷一三：「婆沙三十二云：無學身語律儀，及以正命，名為戒蘊；無願三摩地，名為定蘊；正見正智，名為慧蘊；盡無生智，相應勝解，名解脫蘊；（於境自在，立解脫名，非謂擇滅，無為解脫。）盡智無生智，名解脫知見蘊。至羅漢果時，五分身成立，方離依止也。」（八一一頁下）鈔批卷二一：「『五分』謂戒、定、慧、解脫、解脫知見也。防非止

惡名戒；靜慮息心名定；觀照空者曰慧；累惑盡亡曰解脫；於自他解脫處，照知顯了，名曰解脫知見。此五可軌，名之為法；成身之因，名為『分』。新經論中，名『無漏五蘊』也。」（八六九頁下）資持卷中四上：「至法身者，不必一形。況復如來以法為師，自餘凡愚，豈能自立？」（三三六頁上）

〔三九〕約根　簡正卷一三：「前雖約行已知，今更約利鈍根人以辨。」（八一一頁下）鈔批卷二一：「下明約其根等，解釋罪數多少也。」（八六九頁下）

〔四〇〕若利根易悟，始終二罪，以不學故　鈔批卷二一：「謂利根若學即了。今止不學，於事不了，即結『不學』『無知』二罪，不得待五夏後也。即不學之時是始，從不學解時結二罪至後，故云始終二罪。乘云：受後名始，一期形盡曰終。若更遠取，五分法身是終。若不學，至終結罪結罪（【案】次『結罪』疑剩。）。乘有解者：『不學』罪，當時即結；『無知』罪，要五夏後結。此則五夏是始，形盡是終。」（八六九頁下）資持卷中四上：「若論不學，通據始終，三根無異。無知之罪，位分三別：上根，不待五夏，故云始終二罪。（有云『頓得二罪』，非也。『不學』有頓，『無知』無頓。）中根，五夏後結；（義見前科，故不復出。）下根，一向不結。文明利鈍，不顯中根。義取前科，則三根備矣。」（三三六頁上）

〔四一〕若鈍根難悟，始終不學，無無知罪，非力分故　簡正卷一三：「謂此根鈍設學，終不解故，制此人盡形依他而住。若不依他學者，但得『不學罪』，非智力故，無『無知』也。」（八一二頁上）鈔批卷二一：「此言稍隱，謂此人既鈍，若不學者，但有始終『不學』之罪，無有『無知罪』也。以非力分故，非學卒得。上來約根鈍，解其得罪多少義訖。維（【案】『維』疑『難』。）即利鈍不同，然以犯罪，理令須懺。」（八六九頁下）

〔四二〕愚癡比丘，盡形依止　簡正卷一三：「玄云：引（【案】『引』疑『此』。作『引』亦通。）舉極鈍之人一生學並不得者說。若中容（【案】『容』疑『根』。）者，隨其力分，解時結罪。謂十季、二十季，學得知解者。初不學，得『不學』吉；十季、二十季滿已，結『無知』罪。」（八一二頁上）【案】四分卷三四，八〇六頁上。

〔四三〕可懺以不　簡正卷一三：「謂此『不學』『無知』止犯之罪，可懺悔得滅不？」（八一二頁上）鈔批卷二一：「立云：此對古義故來也。古師解言：『不學』之罪可懺，由發心學，即是斷相續心，故是可懺。若『無知罪』，則不可懺。由雖作心欲緣，緣猶不了，無斷相續之義，故不可懺。如對後事來，還復不了，

豈有斷時？今此鈔意不然，云『俱可懺』故。首疏問曰：『不學、無知，可懺以不？』答：『解有二種。一解：不學罪可懺，無知罪不可懺。所以然者，不學之罪，有斷相續義，如要心還學，即是無不學之罪，即斷相續，故可懺也。無知之罪，雖作心欲知，緣而不了，由是無知，無斷相續，故不可懺；若後緣了，即是解惑相除，復不須懺。有人破古師此義，文言：或者是其無明煩惱罪是業也。已起之業，應須懺除。業本非或（【案】『或』疑『惑』。），何得言相反也！謂解但五，或不反業也。』『若爾，發心欲知，由自未知，相續不斷，不得懺者，我乘作心欲學。由未得學，不學相續，乘應不得懺耶？』答：『學後始修進趣為言，知據終成了境為義。始終不同，何得相類？第二師解，一同其鈔之意。由本不學，故緣不了聖，結無知之罪。今若已學，雖復緣境未了，聖乘未結無知之罪。故知若學，即無無知罪，（八七〇頁上）故非可續，即無無知罪故可續，何得更言不可懺也。礪乘破古執，同判可懺，故今更解。無知心犯，乘有斷續，故得懺悔，起心學時，假緣不了。聖不制罪，故是斷義，當知可懺，此義明矣。上來釋持犯第五『漸頓』義竟。」（八七〇頁下）資持卷中四上：「『二』下，釋通。初句總示對破古解。古謂不學可懺，作心欲學，斷相續故。無知不可懺，欲知未了，無有斷義，故不可懺。後緣得解，即是解惑相除，復不須懺。（由解除惑，罪無依故。『相』字平乎。）今直出正解，古解如義鈔引之。」（三三六頁上）

〔四四〕二俱可懺　簡正卷一三：「今師直答，二俱開懺，即破古非。古人云：若『不學罪』，即許懺；『無知罪』，不可懺。所以爾者，古云：只如先日，止心不學，結『不學罪』，訖（原注：『訖』疑『從』。）今日，發意更學，便是斷昔日不學相續之心。既有斷義，故許懺悔。若論『無知』，假令今日更重學之，學亦未練，豈有斷義？必若已後，明練無疑，即是達教，亦不在懺。是故，『無知』無斷義，不可懺。（已上疏文。）」（八一二頁上）

〔四五〕如息意不學，後緣不了，結「無知」　資持卷中四上：「『如』下，別顯。初明先犯。」（三三六頁上）

〔四六〕若作心學而未知，不結「無知」罪　資持卷中四上：「『若』下，明後斷。」（三三六頁上）

〔四七〕已前「不學」「無知」，罪有斷義，皆可懺　資持卷中四上：「以纔起心，學即無『無知』，二俱有斷，故皆可懺。」（三三六頁上）簡正卷一三：「謂今師欲明無知有斷義可懺。且先敘結罪之由，且（八一二頁上）如未滿五夏前，曾止

心不學，滿五夏後，對前事法緣而不了，皆由先止，不學來故，結無知罪。（故云：如息意不學等。）後至六夏，更發心學。從發心後，對事法有疑不識，以是學教人故，難未曉了，且對境不結無知。（故云：若作心學，而未知等。）若如是者，不學從心，更學即斷。無知約學，今學未練，不結無知。既也不結，明知有斷也。不學有斷，既許懺無知，例不學亦爾。」（八一二頁下）

六、明持犯優劣〔一〕

先明二持，十門〔二〕：

一、約法而言，四種不同〔三〕：一、威儀戒〔四〕，二、護根戒〔五〕，三、定共戒〔六〕，四、道共戒〔七〕。初一，外凡假名僧戒〔八〕；中二，內凡和合僧戒〔九〕；後一，聖人真實僧戒〔一〇〕。德行優劣，三品殊異：持威儀弱；護根持勝，以制心故；乃至道共為勝〔一一〕。

二、就位〔一二〕。無學人德圓，故戒行勝〔一三〕；三果企求未息，戒行為劣〔一四〕。內凡外凡，相望漸弱〔一五〕。

三、就人〔一六〕。七眾相望，乃至大比丘戒，無願毘尼最勝〔一七〕。

四、就行〔一八〕。止持離重過為勝，作持離輕過為劣，此輕重相望〔一九〕。若能治行者：止持對麤過故，治行易成故劣；作持對細過，治行難成故勝〔二〇〕。

五、就心〔二一〕。有三：一、善心持戒，謂修離染清淨行，對根本惡〔二二〕，怨逼三時不染等是也。不善心者，為名利故，世報等是〔二三〕也。無記心者，狂亂睡眠等〔二四〕。若以作持校之，上、中、下不等〔二五〕；若望順教，莫不持戒，不分三心〔二六〕。

六、約就所求〔二七〕。四種：一、賊分齊，如諂媚、邪命、勝他、名利等〔二八〕。二、罪分齊者，恐墮三途〔二九〕。故成論云：行者深心，不樂為惡，名淨持戒〔三〇〕。三、福分齊，欲生天受樂等〔三一〕。四、道分齊者，縛著等累，由戒得解〔三二〕故。

七、約方明持。閻浮提者勝，煩惱重故；西方、東方，持戒為弱〔三三〕。

八、約佛前後〔三四〕。佛在時勝，滅後劣；正法、像法、末法漸弱〔三五〕。以優波掘多問尼為證〔三六〕。佛世，六羣極為麤暴；滅後無學，威儀不及也。

九、約遮、性〔三七〕。二戒不同，互持強弱〔三八〕。

十、六聚上下，互持強弱〔三九〕。

次明二犯，十門優劣：

初，約位分〔四〇〕。無學悮犯故輕，三果故犯為重〔四一〕；三果無漏力強，雖犯亦輕，內凡道劣故重〔四二〕；乃至外凡，相比可知〔四三〕。

二、對行〔四四〕者。作犯是重，止犯為輕〔四五〕；亦可故重誤輕〔四六〕。

三、就心。三品明優劣〔四七〕。如卷初篇，三性分之〔四八〕。

四、戒、威儀〔四九〕。篇聚上下，輕重可知〔五〇〕。

五、就遮性分輕重〔五一〕。以犯性故，地獄罪不除，如智論說〔五二〕。

六、就時〔五三〕。約佛前後，辨犯輕重，如持中可解〔五四〕。

七、將心望境〔五五〕。

如母論云：犯必託境，關心成業，心有增微，境有優劣〔五六〕故也。或心境俱重，人作人想殺；或境重心輕，人作非人想；或境輕心重，非人人想〔五七〕。論通一切，不局一戒〔五八〕。

婬中，自有輕重〔五九〕：畜生及人。人中有在家、出家，在家中持戒、破戒，出家五眾持戒、破戒，乃至聖人，重同報異〔六〇〕。第二，盜重〔六一〕者：天及人，乃至聖人，三寶差別，僧物最重〔六二〕。第三，殺戒〔六三〕：成論云，如六足毗曇〔六四〕中說，殺邪見人，輕殺蟲蟻。此人汙染世間，多損減故。第四，妄戒〔六五〕：向在家人說重，向出家人說輕〔六六〕。

八、將制約報，以明輕重〔六七〕。

如母論云：如媒、二房三戒，人之喜犯，律制情過，故制重名〔六八〕。既是遮惡，招報不重〔六九〕。故論云：結戒法異，輕制重名；得罪法異，因果相當〔七〇〕。

或犯輕報重，如打比丘等，性罪義希，故律制輕名〔七一〕。既是違理，為業心重，招報亦重〔七二〕。故論云：結戒法異，重制輕名；得罪法異，因果相當〔七三〕。

或犯報俱重，如漏失、二謗等〔七四〕；或犯報俱輕，如不憶念身口威儀，忘、誤，或慚愧心犯等〔七五〕。此後二句，結戒法不異得罪法，得罪法不異結戒法故〔七六〕。

九、單心三時，辨犯輕重〔七七〕。

如善生經，且約殺戒，輕重八句，位分四別〔七八〕。

初「一句」，三時俱重：謂方便舉尤害心，根本起尤快心，成已起隨喜心〔七九〕。第二「三句」，二重一輕〔八〇〕：初方便、根本重，成已輕〔八一〕；中云，方便輕，根本、成已重〔八二〕；後云，方便、成已重，根本輕〔八三〕。第三「三句」，一重二輕〔八四〕：初，根本重，初、後輕；中云，方便重，中、後輕〔八五〕；三云，成已重，初、中輕〔八六〕。第四「一句」，三時俱輕〔八七〕：如僧祇，「摩訶羅」不知戒相，教他殺人，以憐愍故〔八八〕；善生、十誦中，「啼哭殺父母〔八九〕」，「畏苦痛故，害父母命」等是。

律據人想，八業皆重，業隨心故，牽報不同〔九〇〕。故成論云：深厚纏殺蟻，重慈心殺人〔九一〕。

十、有心無心〔九二〕。

相對八句，四位如前〔九三〕。

初一句，三時有心〔九四〕。次三句〔九五〕：一、初中有心，後則無心，犯四重。二、初則無心，中後有心，亦犯四重。三、初後有心，中間無心。犯初重。下三戒，蘭、吉〔九六〕。後三句〔九七〕：一、中間有心，初後無心，犯四重。二、初便有心，中後無心。犯初重。餘三戒，或蘭、吉〔九八〕。三、後便有心，上二無心〔九九〕：婬戒犯重，以出時樂故；若餘三，犯吉〔一〇〇〕。次一句〔一〇一〕：三時無心，不犯〔一〇二〕。故律中，本作是念「我當妄語」例之〔一〇三〕。

後之八句，由心有無、故犯不犯別〔一〇四〕。不同前八，莫不有心〔一〇五〕。後明無心者，或無心受樂，及殺、盜等心，或狂亂不覺者〔一〇六〕。

【校釋】

〔一〕明持犯優劣　簡正卷一三：「優者，強也。劣者，弱也。此門與前門『四行』別，別明漸頓。今持犯，自辨優劣也。」（八一二頁下）鈔批卷二一：「於中又分為二：初，就二持，持有優劣；次，就二犯，犯有優劣。所以有先後者，持順受體，故宜先明。犯違受體，故在後說也。」（八七〇頁下）

〔二〕先明二持，十門　簡正卷一三：「剏發情段，故在先矣。優劣難委，須分十門，令學者棄劣從優，以護受體也。」（八一二頁下）資持卷中四上：「初，持十門。一一門中，皆通二持，並見優劣之義。」（三三六頁上）【案】「二持」，底本為「持二」，據大正藏本及弘一校注改。

〔三〕約法而言，四種不同　簡正卷一三：「謂約四種戒法及行護之法，論其二持勝

劣，故云『約法而言，四種不同』也。」（八一二頁下）

〔四〕**威儀戒**　簡正卷一三：「『威儀』即今別解脫。或唯居散位，但護身口七支，相對彰過，名曰『威儀』，亦名『轉不隨心』，或謂依思種子上建立，不隨三性四心而轉故。」（八一二頁下）鈔批卷二一：「立謂：外凡僧也。前辨五篇七聚中云：前三是『戒』，下四『威儀』。今此所論，不同前判，前三後四，通名『威儀』。謂是今時白四羯磨受者，皆名威儀戒也。」（八七〇頁下）資持卷中四上：「威儀者，隨境別護禁身口故。」（三三六頁上）

〔五〕**護根戒**　資持卷中四上：「通攝六根，制於心故。」（三三六頁上）簡正卷一三：「護即防護，根謂六根。四善根人，多居定位，防護六根，不令起染，名『護根』。或婆沙云：聲聞根律儀，始從習業，終至無學，方得圓滿。」（八一二頁下）鈔批卷二一：「立謂：內護六根之門，令不外染六塵，名『護根戒』。即案善生經云：守攝諸根修正念，見聞覺知，色香味觸，不生放逸，名『護根戒』。賓云：此是根律儀也。新譯經論名『根律儀』，乘名為『護』。舊譯經論，但有『護』名。所言『根』者，眼等六根。言『律儀』者，是防護義。謂念智者，防護六根，名『根律儀』。舊名『護』者，真諦釋云：能隔惡事，攝善事故；能守護六根門，令惑業不入故；能防守行人，令不墮四惡趣故；又能防守行人，令出凡位，入聖位故。（八七〇頁下）由斯多義，故名為『護』。從初業位，持戒護根，乃至證無學果來，若定、若散，有漏、無漏，一切時中，使根門不漏諸漏惡，悉得立為根律儀也。瑜伽二十一、二十三中，廣明聲聞戒根律儀是世、出世二道資糧，故知即是道初業位。（鈔言中二內凡者，未盡理說。）婆沙四十曰：『云何護圓滿？』答：『無根律儀。應知此中，根是所護。由念慧力，護眼等根，不令於境起諸過患，如鉤制象，不令奔逸。是故，無學、正念、正知，名護圓滿。』賓曰：謂根律儀，始從初業，至無學位，方圓滿也。（今鈔判為內凡，不言外凡及與聖位，言未盡理說也。）此護根戒，以何為體？准正量部，正念、正知、正捨，三法為體。『念』謂於緣明記為性，謂能憶持本所受等。『慧』謂簡擇功德過失。『捨』謂遠離貪、憂二品心，平等性故。明了論偈曰：毗尼毗曇文所顯，與戒及護相應人。此偈中，意云：理實毗尼，具含多義，略而言之：身語善戒及護根義，皆是毗尼。而於律中，但明『戒』而不明『護』。故今毗曇具顯『戒』『護』二種，方合律藏，理周足故。云毗尼毗曇文所顯，與戒及護相應人者，『戒』即『身律儀』也，『護』即『根律儀』也。諸聖弟子與此相應，故云相應人。若准俱舍，（八七一頁上）名『意

律儀」，乘名『根律儀』，大意同此。若欲廣釋，廣如多論及婆沙百九十七、瑜伽二十三。文繁不述。賓云：准理，此根律儀，通凡夫及聖人也。但能防護六根，即得名『根律儀』。今獨判是內凡，違於大界（原注：『界』疑『乘』）法相義也。」（八七一頁下）

〔六〕定共戒　資持卷中四上：「定共與禪定俱發故，道共斷或證道同時得故。上二（【案】『上二』指『威儀戒』和『護根戒』。）散業，三是定業。」（三三六頁上）簡正卷一三：「謂身居下界，坐得四禪、四無色等，有防惡身口七支，同時而起，（故名『定共』。）或曰：定俱無表，與定俱有此無漏定，不可表示於他，故云『無表』，亦號『靜慮律儀』。『靜』謂寂靜，『慮』者思慮，一切所緣故。『律儀』，即止惡防非之義。故知禪定能防非邊，得名戒也。（若總相說，四禪根本四空處，理名『定共戒』。若據別以論，偏約四空無色為『定戒』。若色界四禪但名『禪戒』，今抄通收之。）或名『隨心轉戒』，謂在定即有防非義。若在散心，即闕上義，謂此戒依思現行上建立，不同『別脫』，依思種上建立也。問：『種子無緣慮，可說為無表，現行有緣慮，何故名無表？』答：『理寶實，而言具表。無表有緣慮自知，故名有表。無形質，不可表示於他，亦名無表。』問：『大少（【案】『少』疑『小』。）二乘，皆有定戒，若為取別？』答：『小乘唯是有漏，大乘通無漏。又，小乘定心之時，准能防身口七支不起惡，故名戒，且不能發善身口七支令生。若大乘定心時，能防惡身口七支，兼能發善身口七支。故經云：又見菩薩安禪合掌，以千萬偈，讚諸法王等。』」（八一三頁上）鈔批卷二一：「立謂：此約內凡，修四禪、四空定業等也，以入定之時，其戒體光潔，出定則無。以此『戒』與『定』共俱，故曰『定共戒』也。新經論名『禪俱戒』，亦名『靜慮律儀』也。」（八七一頁下）

〔七〕道共戒　簡正卷一三：「謂從苦法忍已去，至金剛喻定已來，隨得無漏道時，有道俱七支無表，與無漏道相應。〔故云『道供』（【案】『供』疑『共』。）。〕或言，道俱無（八一三頁上）表，謂此無漏慧不可表示於他，此唯局無漏，不通有漏。問：『大、小二乘，俱有此戒，云何取別？』答：『亦有少別。若小乘，即四禪根本，初禪未至并下三無色名八等，至諸無漏戒（除非相處，以大梵王故居邊表。），名道俱無表。若大乘說，四禪、四無色根本，近分無漏定，俱是慧（原注：『慧』一作『思』。）慧，總名道共。又，大乘說有道俱無表時，必有定俱無表時，不必有道俱無表。定寬通漏無漏，道俱狹唯無漏。又，此戒亦是思現行上建立也。』」（八一三頁下）鈔批卷二一：「立謂：須陀洹已上，

證無漏果滅，無漏道相應。以道戒雙起，故曰『道共戒』也。新經論中名『道俱戒』。上且列位，下即一一解釋。問：『此道俱戒，得果捨因不？』答：『捨也。且如初果，後證一來，捨前劣道，更得勝道。道俱之戒，隨道轉增，捨前劣戒，餘果准知。』」（八七一頁下）資持卷中四上：「四無漏業，據戒唯有三位，上二並得別脫，但約內外兩凡，麤細分之。威儀通凡聖，道、共唯局聖。中二相望，通局可知。」（三三六頁上）

〔八〕初一，外凡假名僧戒　鈔科卷中四：「『初』下，配顯優劣。」（九〇頁下）資持卷中四上：「初以『四戒』配對『三位』。外凡散修事觀，未緣諦理，無實德故，名為『假名』。即『五停心』，總別『相念』及薄地凡夫也。」（三三六頁上）簡正卷一三：「歷位配屬中，都有三位。言『初』至『戒』者，『初』即四法之中第一『威儀戒』，配外凡位。持未觀諦理名『外』，未得無漏名『凡』，謂前三方便人『五停心觀』『總、別相念』是。謂此位未得無漏真實理和，但得事和，假有僧用，故云『假名僧』。」（八一三頁上）鈔批卷二一：「疏云：對下『真實僧』，故曰『假名』也。僧有二種：一者『真實』，二者『假名』。言『假名』者，四人已上，詳遵羯磨、說戒，同崇無二，但是事和，未有真解理和之義，故曰『假名』也。二者，『真實』，如下辨也。立謂：此解上『威儀戒』（八七一頁下）言是外凡人也。若依舊經論，明『五停心觀』，謂心停住此五處也。乘（【案】『乘』前疑脫『大』。）名『五調心觀』，將此五法用調心也，乘（【案】『乘』前疑脫『大』字。）名『五度門』也。第二，『總相念』，此小乘七方便中人前三心也。賓云：准成實宗，七方便中，前三是『外凡』，後四是『內凡』也。若諸宗所計，明內外凡，位地不同，不能具述。上代成實諸所（原注：『所』疑『師』。）云，外凡位中名『乾慧地』，始從凡夫，專信佛法，歸依三寶，受持禁戒，戒生定、定生慧，能觀眾生空，未善明了，理水不治，故名『乾慧地』也。心在理水（原注：『水』疑『外』），故名凡。煩法已去，觀實法空，而有相心，數數陵雜，名為『內凡』。入見道已去，即名聖人也。若約大乘明，即當地前三十心中，即『十信心』是也。言『十信』者：一、信心，二、念心，三、精進心，四、慧心，五、定心，六、不退心，七、迴向心，八、護法心，九、戒心，十、願心，亦名『習種性』。此之十信，名為『外凡』，依信樂大乘，伏（原注：『伏』疑『使』。）闡提不信障，得淨果報，感鐵輪王位也。若依俱舍論，一切凡夫是『外凡』，七方便人皆『內凡』也。上言五停心者：一、不淨觀，二、慈悲觀，三、因緣觀，四、方便觀，五、數息觀。各

有對治：一、貪欲多者，作不淨觀；二、嗔恚多，作慈悲觀；三、思覺多者，教令數息；著我多者，（八七二頁上）當為分持十八界等。（云云。）言『別相念』者，涅槃二十八云：佛告諸比丘，當觀念處。云何名為觀於念處？若有比丘，觀察內身，不見於我及以我所，觀受心法，亦復如是，是名念處。榮疏解云：自身為『內』，他身為『外』，自他合觀，名『內外身』。神名為我陰，我所畢竟皆無，名為不見也。身既無我，餘三亦然，故曰觀受心法亦復如是。此謂一觀通於四境。有時一境具於四觀。（此是總明『觀四念處』。）亦云：若觀身不淨，觀受為苦，觀心無常，觀法無我。（此是『別相觀四念處』。）此四念處，只是觀五陰上為四耳。觀色陰為身念處，受陰為受念處，識陰為心念處，想、行二陰為法念處也。言一境具四觀者，具觀身一境，即作無常、苦、空、無我四觀，此曰『總相念』。餘三境各具四觀，可知。」（八七二頁下）【案】大乘義章卷一二，六九七頁下。

〔九〕中二，內凡和合僧戒　資持卷中四上：「『內凡』多在定心。緣四諦境，分見真理，名為『和合』，即煖、頂、忍、世第一也。」（三三六頁上）簡正卷一三：「『護根』『定共』二戒，配內凡位持，謂已觀諦理為內，未得無漏為凡，即煖、頂、忍、世第一。四善根位分，與諦理相應，名『和合僧』。若無煖（【案】『煖』疑『煖』。）等，縱得四禪，亦非內凡，如外道等是。今就得者為言也。」（八一三頁下）鈔批卷二一：「引（【案】『引』疑『此』。）即解前『護根』并『定共戒』也。立謂：即七方便中後四人也，謂煖法、頂法、忍法、世第一法。此是四善根人也。賓云：四內凡已去，分得無漏慧觀，不執我、我所，絕於違諍，故言和合也。言煖法者，疏云：煖體是慧，無漏火相，故稱為煖。又解：煖是八聖道火相，故名曰煖。八聖是真解，煖心為似解；（八七二頁下）八聖道是無漏，煖心是有漏。真無漏慧，所燒煩惱，譬如火體；煖是有漏似解，與彼為因，譬如煖觸，是火之相。私云：以無漏八聖道是真智，能燒煩惱，喻如火體，令此人學之未極，似若真智，如火家之煖氣也。上言八聖道者：一、正見，二、正思惟，三、正念，四、正定，五、正精進，六、正語，七、正業，八、正命，是為八聖道也。言頂法者，此人觀四真觀行因盡，即以此盡開釋頂法義。何者？前煖法人，始作四諦、十六行觀。觀未能熟，忍法已去。又復縮觀，今之頂法位，十六周遍。若使止預觀物分明悉見，約此周盡有同於頂，故曰『頂法』也。言忍法者，『忍』是『為』義，謂安住名『忍』。此人亦緣四諦，得此法時，安耐眾惡惱事故也。言世第一法者，世間中勝，名為

第一。此人具信、進、念、定、慧五根，觀四真諦持（原注：『持』疑『時』。），近生於苦忍，勝前方便故，稱『世第一法』也。（言『五忍』著觀『四諦』中苦法忍等，云云。）此約小乘。就七方便，後四法人，乃至須陀洹向人，皆曰『內凡夫』也。前三十心，後、中『十行』『十迴向心』，曰『內凡位』也。言『十行』者：一、歡喜行，二、饒益行，三、無瞋行，四、無盡行，五、離痴亂行，六、善現行，七、無著行，八、尊重行，九、善法行，（八七三頁上）十、真實行也。此之『十行』，名『性種性』。依破虛空三昧，伏聲聞畏苦障，得樂果報，感銀輪王也。言『十迴向』者：一、救護一切眾生迴向，二、不壞迴向，三、等一切佛迴向，四、至一切處迴向，五、無盡功德藏迴向，六、隨順平等善根迴向，七、隨順平等觀一切眾生迴向，八、如相迴向，九、無縛無著解脫迴向，十、法界無量迴向。此『十迴向』，名『道種性』。依大悲，伏緣覺捨大悲障，得常樂果報，感金輪王也。此三十心，名為『內凡』，亦名三賢，於五位之中，屬於第一資糧位。若依多論，稍（【案】『稍』疑『則』。）謂白四羯磨受者，名為『外凡』，五停心已去，悉屬『內凡』也。前言『定共』者，有人云：外道亦有，故曰共也。榮疏云：何名方便？謂未入道聖位之前，修時有階降之異，是趣果方便，故曰。前方便三，與外道凡夫悉皆共得；後得方便，唯是內道之所尅，非外道凡夫所得，其無漏聖道之似相貌故，非外道之凡夫所有也。言『和合僧戒』者，此人分有聖諦，理水在心，名『和合』也。其須陀洹向，猶屬內凡者，為但得十五心，以十六心未滿之，即入於初果方便，是聖位下當明之也。」（八七三頁下）

〔一〇〕**後一，聖人真實僧戒**　資持卷中四上：「初果已去，證真諦理，號真實僧。」（三三六頁上）簡正卷一三：「『後一』等者，即指第四『道共戒』唯屬聖人位。謂四果聖人與無漏道合，更無變異，名『真實僧』。或，初果斷三界見惑；二果（八一三頁下）兼斷前六品修惑；三果兼斷欲界九品修惑盡；四果，三界見修惑盡。得名『真實僧』也。」（八一四頁上）鈔批卷二一：「疏云：（八七三頁下）此約無漏聖人，契證真實，違諍相盡，故稱『真實僧』也。若約大乘，初地已上方便是聖位；就小乘明者，初果已去，與無漏道契會，方是聖人。故涅槃疏云：前七方便是有漏，此下苦忍已去是無漏，前是似解，令（原注：『令』疑『今』。）是真解；前是凡夫，引（【案】『引』疑『此』。）下是聖人。欲界四諦下，有四忍、四智：苦法忍、苦法智；（一解云：『忍』是『伏』義，『智』是『斷惑之解』。）次，集法忍、集法智；次，滅法忍、滅法智；次，

道法忍、道法智。總成其八。（此約『欲界』作耳。）上二界，總合作有『四比忍』『四比智』，謂：苦比智，乃至道比忍、道比智也。現斷下界，比上二界，故曰『比』忍、智也。（『忍』與『智』，同前解。）亦云『現在』比斷『未來』，故成八心，二八成十六心也。（『未來』應是『往反』，生死未盡。）若得前八忍、七智、十五心時，名須陀洹向；十六心滿，名為初果。忍性是慧，緣於一諦，緣空名慧，緣有名想。在苦忍初心，念無相理，是故得緣滅諦之名。又云：觀於苦諦，四諦四行之一乘，亦名一諦也。如是忍法，緣一諦已，乃至見斷煩惱，見四諦理，而斷煩惱，是四諦之所斷，故曰見斷煩惱，得須陀洹也。私云：約四諦上作觀，一諦有四諦：苦法忍、苦法智、比忍、比智；餘亦可知。若但得『道比忍』，未得『道比智』，（八七四頁上）猶是向位得比智也。已是初果也。言『苦法忍』者，謂知此身是『苦』之法『忍』之。以照了知，是苦法故，即名『苦法智』也。言『比忍』、『比智』者，既知現在苦，比其過、未二世，亦可比其色、無色界，一切皆然，故曰『比智』。言『諦』者，是審實為義也。」（八七四頁下）

〔一一〕**德行優劣，三品殊異：持威儀弱；護根持勝，以制心故；乃至道共為勝** 資持卷中四上：「『德』下，父（【案】『父』疑『又』。）約三位，顯示優劣。初劣後勝，中二兩通。『乃至』者，略於『定法』『內凡』兩戒，復須分之。」（三三六頁上）鈔批卷二一：「三品殊異者，初一最劣，以是外凡夫故。次二漸勝，以是內凡故。後一最勝，是聖人故。又解：初一最劣，以護身口故；次品漸勝，以護心地故；後一最勝，證無漏解脫故。」（八七四頁下）簡正卷一三：「『威儀戒』護氷（【案】『氷』疑『外』。）身口易，故劣；『護根戒』，護心稍優；『定共戒』，從定發故，次優；『道共』是無漏，最勝。文（【案】『文』後疑脫『略』字。）『定共』，故云『乃至』。」（八一四頁上）

〔一二〕**約位** 簡正卷一三：「前即約法論，故舉人以顯法。今文約位者，有學、無學內凡位，以明無學最勝。以三界惑盡，所作已辦，得二解脫，得滅盡定，名『心解脫』；斷盡諸漏，名『慧解脫』。」（八一四頁上）

〔一三〕**無學人德圓，故戒行勝** 資持卷中四上：「初約四聖，以分道、共，自有優劣。」（三三六頁上）簡正卷一三：「德圓者，『斷德』『智德』，皆圓滿故，戒行為勝。」（八一四頁上）鈔批卷二一：「謂羅漢三界惑盡，所作已辦，梵行已立，不受後有，具二解脫，故曰『德圓』。重『具二解脫』者，賓云：羅漢若得滅盡定者，名『心解脫』；慧盡諸漏，名『慧解脫』。此名『具二解脫』。慧能破

煩惱，故一切羅漢，無不得此解脫也。然『心解脫』則有不定。此心解脫，約九次第定，或有得者，或不得者，謂此人修行之時，但於未至禪（初禪之前。）中，加功斷惑，證無學果，以其未修上界四禪、四空定故，不能出入九次第定。為此，雖得『慧解脫』，未得『心解脫』。九次第定者：從欲界散善，（八七四頁下）入於初禪，出入於二禪，乃至三禪、四禪、空處、識處、無所有處、悲（【案】『悲』疑『非』。）想非非想處，及滅盡正受。於此九定，次第修習，或逆順，或超間，或逆超間，或順超間，唯得超一地，不得起（【案】『起』疑『超』。）『二地』，謂約小乘力劣，唯超『一地』。（言『一地』者，即『歡喜地』也。『二地』者，即『離垢地』也。）若約大乘，此則不定：或於欲界散善中，越滅盡正受；或於初禪，超入滅盡正受；或入『非想』等。今小乘，能如是出入九次第定者，名『心解脫』也」（八七五頁上）

〔一四〕**三果企求未息，戒行為劣**　鈔批卷二一：「那含以下名七學。又，望上而修，故云『企求』。言『企』者，如人舉足跟，取高處物。故孝經云：不肖者，企而及之。即其義也。」（八七五頁上）簡正卷一三：「初果希望二果，二果望三果，三果望四果。以煩惱未盡，有後果可望故。」（八一四頁上）資持卷中四上：「三果謂三位果人。比降漸劣。企，望也。望上進求，德未圓故。」（三三六頁中）

〔一五〕**內凡外凡，相望漸弱**　簡正卷一三：「內凡望初果即劣，望外凡又勝。於內凡四位、外凡三位，自相望說優劣。」（八一四頁上）資持卷中四上：「次，內凡中，二戒通四人，世第一為勝，煖位為劣。中二可知。外凡威儀，三位亦爾。若約通論，唯無學為優，『五停』至劣，中間九位，可以比知。問：『二門並明人法，如何取別？』答：『前是約位顯法，後即就位細分。』」（三三六頁中）

〔一六〕**就人**　簡正卷一三：「此約凡夫、道俗七眾，以辨在家女人。五或最劣，男子次優，沙彌尼不如沙彌，沙彌不如式叉尼，式叉尼不如比丘尼，比丘尼不如比丘滿足故。」（八一四頁上）資持卷中四上：「前通凡聖，四法為言。此局下凡，別脫以辨別脫，又四：五、八，對在家二眾；十戒對下三眾；具戒對僧、尼二眾。約體四位雖同，就人七眾乃別。初劣後勝，中間可知。」（三三六頁中）

〔一七〕**無願毘尼最勝**　簡正卷一三：「無願者，以本心求戒，今得具足，願心已息，故名『無願』。又，四方二千學處，日夜常流，更無願求，故勝也。」（八一四頁上）鈔批卷二一：「謂四萬二千學處，日夜恒流，更無願求，故言勝也。其

四萬二千學處之義，如上釋相篇初，已廣釋訖。餘五眾相望，五不及八，八不
如十，十復劣具，故五戒最劣。疏云：七眾戒中，比丘戒勝者，謂出恩愛獄，
心清淨故，具足一切戒律故，有大深心故，志願堅強故，智勇健故，趣向解脫
煩惱薄故。」（八七五頁上）

〔一八〕**就行**　簡正卷一三：「就止、作二時辨也。」（八一四頁下）資持卷中四上：「前
通道俗。此下七門，據文雖通，約義在道。」（三三六頁中）【案】上三門，約
道俗相言，從此四門以下至第十門，僅約道眾而言。

〔一九〕**止持離重過為勝，作持離輕過為劣，此輕重相望**　資持卷中四上：「初，約所
犯輕重。」（三三六頁中）簡正卷一三：「此約所治罪之輕重以辨也。以止持離
婬、盜等，重過為優；作持離提、吉等，輕過為劣。」（八一四頁下）鈔批卷
二一：「對婬、盜等麤重之境，不犯曰勝。（八七五頁上）作持離過為劣者，謂
如持衣、說、恣、安居等，輕微故劣。」（八七五頁下）

〔二〇〕**止持對麤過故，治行易成故劣；作持對細過，治行難成故勝**　資持卷中四上：
「約能治難易。」（三三六頁中）簡正卷一三：「此約能治難易以辨。離輕過難
故為優，離重過易故為劣。」（八一四頁下）鈔批卷二一：「若能治行者，止得
對麤過，持行易成故劣等者，此約就防未起之非故爾。類於斷結道，且如初
篇，業麤離之則易，微品善心，能防不起。如是乃至第五篇，過相輕微，專加
護持，方能離過。比於斷結，解惑亦爾。下解斷上惑，上解斷下惑，為其麤惑
障理淺故。還以鑒淺理之智，故下解除上惑。如初果淺識，斷見諦麤惑是也；
微惑暗理深，自非勝智，無以排斷，故上解脫斷下惑。若如懺悔則爾，以事中
相違，要須敵對相當，方勝除滅。由懺是智，有中之業，遞相抑伏，要須敵對
相當，當方除遣。若上品惡業，下品善心懺，非敵對，強者先事（原注：『事』
疑『牽』。），故不得滅。要還是上善，抑伏惡因，不招業。中、下亦然。（上
並麤釋之。）」（八七五頁下）

〔二一〕**就心**　簡正卷一三：「對善、不善、無犯三心辨也。」（八一四頁下）鈔科卷中
四：「初，別列三心；二、『若』下，結示優劣。」（九〇頁中～下）

〔二二〕**善心持戒，謂修離染清淨行，對根本惡**　資持卷中四上：「善心且約治婬，餘
皆類準。離染淨行，即不淨觀。」（三三六頁中）簡正卷一三：「若斷惡修善，
上求佛果，是善心。止不受樂，謂修離染無貪善根，為清淨行，以貪等三毒，
能為生死源。今不起此心，不作諸惡，以求出離，是善心也。『對根本惡』下，
指事釋也。」（八一四頁下）鈔批卷二一：「此善心持戒，以內心修觀行，不起

染濁。對婬三時不樂，是為離染義也。」（八七五頁下）

〔二三〕不善心者，為名利故，世報等是　簡正卷一三：「為求名利，及生人、天、世間之報，以持戒未出界，繫是不善心。故涅槃云，有四種事，獲得惡果：一為勝他，二為名利，三為眷屬，四為世報也。」（八一四頁下）資持卷中四上：「不善心者，為求名聞利養、人天樂報。然戒序中，名譽利養，死得生天，彼謂持戒冥感，非是惡求。」（三三六頁中）

〔二四〕無記心者，狂亂睡眠等　簡正卷一三：「痴、狂、眠等，雖作前事，為聖所開，猶為持戒，是下品心最劣也。」（八一四頁下）資持卷中四上：「無記且舉狂、睡，不緣善惡，泛爾奉持，並無記攝。」（三三六頁中）

〔二五〕若以作持校之，上、中、下不等　資持卷中四上：「上二句示優劣。言作持者，『作』即行心起護，通該二持。（舊以『作持』一行釋者，為名誤也。）謂取作心比校，故有三品優劣。善心為上，不善為中，無記非業為下。」（三三六頁中）鈔批卷二一：「謂上諸文明止持行，具有『三心』。今此下明作持行，亦有『三心』。上、中、下不等者，謂善心持戒（八七五頁下）為上品持也。若不善心，為名利者，是中品持。若無記、散亂，是下品持戒。」（八七六頁上）簡正卷一三：「前列三心，約止持說，今約作持，校其三心，亦有三品。如作成佛，善心持三衣鉢，此心最勝。若為名利等是中品。心、狂、眠等，是下品心也。」（八一四頁下）

〔二六〕若望順教，莫不持戒，不分三心　資持卷中四上：「『若』下，會同。以『三心』約業，優劣乃珠（【案】『珠』疑『殊』。）。『二持』就制，順教無異。」（三三六頁中）簡正卷一三：「通疑濫也。應先難云：『如為名利，得名（八一四頁下）中品可爾；如無記、狂、眠等作前惡事，及不如法持三衣等，何名持戒耶？』鈔答曰：『若望順教，但於教無違，總名持戒，即不分三心。今分三心者，要定優劣故。』」（八一五頁上）鈔批卷二一：「謂今持衣、說淨、安、恣等，名作持。雖有三心不同，皆是頓教，得名持戒。就持無別故，不分三心也。三心者，善心、惡中（【案】『中』疑『心』。）二心。持戒，可知。第三無記心持者，如病壞心，謂為聖所開，此雖是持，說為劣，俱不違教故也。謂約律教中，不分三心。謂教中不道三心，但使順教，是持於戒也。」（八七六頁上）

〔二七〕約就所求　簡正卷一三：「約持戒心有希望，名為『所求』，辨優劣也。」（八一五頁上）資持卷中四上：「四種皆約標心期限，故名『分齊』。初劣後優，中

二可會。若論業行，初不善業，並四趣因；二、三世善，人天分之；四無漏業，三乘因本。」（三三六頁中）鈔批卷二一：「引（【案】『引』疑『此』）下義，意同涅槃二十七云，師子吼問佛：『云何修戒？云何修定？云何修慧？』佛言：『若有人受持禁戒，但自利，人、天受樂，不為度脫一切眾生，不為護持無上正法，但為利養，畏三惡道，為命色力安，無礙辨法，惡名穢稱，為世事業。如是護戒，則不得名修習戒也。云何名為真修習戒？受持戒時，若為度脫一切眾生，為護正法，度未度故，解未解故，歸未歸故，未入涅槃令得入故。如是修時，不見戒相，不見持者，不見果報，不觀毀犯。若能如是，則名真修習戒。』」（八七六頁上）

〔二八〕**賊分齊，如諂媚、邪命、勝他、名利等**　資持卷中四上：「初，謂邪諂希利，有如賊焉，望教無違，亦名持戒。」（三三六頁中）簡正卷一三：「唯持戒唯求名利，起不善心，損功德財，故名『賊』。與餘心別，名為『分齊』。持戒本合求佛果菩，今諂媚、邪命、求勝他人，以徼名利，損咸正求菩提之心，是不善心。或可諂心持戒，魅彼前人，邪意求財，望資身命；或嚴肅外相，意欲識他；或專事威儀，以招名利。並為非法也。」（八一五頁上）鈔批卷二一：「即涅槃二十二云：有四種事，獲得惡果：一者，為勝他故，讀誦經典；（八七六頁上）二者，為利養故，受持禁戒；三者，為他屬故，而行布施；四者，為於非想非非想處故，而繫念思惟。如是四事，得惡果報。自意解云：他屬己也，第四應是邪定也。戒疏云：如涅槃說，有四因緣，事雖似善，不得樂果，為勝他故，名利眷屬，及以世報。雖修行善，非佛意故。問：『戒本云：名譽利養，持戒所得，如何經中反呵非善？』答：『深有旨也。若局鈍根，無由離惡，且勸持戒從善。從善故，舉世樂，以勸彼持，如戒文是也。若又樂福，無心涉道，非以本意，故又呵毀，如涅槃。即戒本來（原注：『來』疑『末』。）云：戒淨有智慧，便得第一道。轉鈍為利，豈不然也。』」（八七六頁下）【案】南本涅槃卷三二，八二二頁中。

〔二九〕**罪分齊者，恐墮三途**　鈔批卷二一：「此人見目連問經中所說，犯波羅夷者，九百二十一億六十千歲墮泥梨中，信佛此語，故持戒也。言『泥梨』者，薩遮尼犍經云是外國語，此云『地獄』也。」（八七六頁下）資持卷中四上：「謂常畏罪報，無別所求。」（三三六頁中）

〔三〇〕**行者深心，不樂為惡，名淨持戒**　鈔批卷二一：「立謂：為之言作也。引此文證上雖是賊與罪分齊，但不樂作惡，即是淨持戒也。」（八七六頁下）【案】成

－2078－

論卷一四，三五一頁中。

〔三一〕福分齊，欲生天受樂等　簡正卷一三：「見或經（原注：『或』疑『戒』。）云：死得生天上，及欲得生天上，常當護戒足等。天是有漏樂中最勝。今怖此果，遂乃護持，此又勝前也。」（八一五頁上）鈔批卷二一：「如難陀比丘持戒等是也。礪云：如戒本有未（原注：『有未』疑『末云』。）：欲得生天上，若生人中者，名聞及利養，死得生天上等，都此起時心也。對此可引難陀為天持戒事，（八七六頁下）如雜寶藏經抄。」（八七七頁上）

〔三二〕道分齊者，縛著等累，由戒得解　簡正卷一三：「戒淨有智慧，便得第一道（【案】此兩句見佛陀耶舍譯四分僧戒本。）。除結無罣礙，由縛著此解等（【案】『由縛著此解』四分卷一序作『縛著由此解』。）。縛即煩惱。著謂我、人。今求斷或（【案】『或』疑『惑』。），持戒修行，尅成道果，此心最勝也。」（八一五頁上）鈔批卷二一：「立謂：縛是繫，縛是著。若作心持戒，斷惡修善，出三界之繫縛，至無上道，故言『道分齊』也。只是下離生死，上求佛道，中修萬行。此人見戒本云『戒淨有智慧，便得第一道』，即便持戒，此最為勝。」（八七七頁上）資持卷中四上：「準律序。彼云：除結無罣礙，傳著由此解。此明凡夫稟持別脫，遠能趣果，非定道戒。」（三三六頁中）

〔三三〕閻浮提者勝，煩惱重故；西方、東方，持戒為弱　資持卷中四上：「煩惱重處，為善者希。復由苦逼，心必猛盛，所以獨勝。餘二弱者，煩惱輕故。（三三六頁中）北洲難地，故所不論。經云：南洲一日一夜發心修行，勝東、西二洲五十小劫是也。」（三三六頁下）簡正卷一三：「南州人煩惱垢重，又厭苦心猛利故，能一日一夜修行，勝東、西洲五十小劫，東西相望，漸次可知。不約北方，以彼無佛法，八難收故。」（八一五頁上）鈔批卷二一：「四州之中，此南州眾生煩惱最重。如能持戒，故得勝名，厭背情猛故也。此方一日一夜修道，勝他方五十小劫。所以然者，喻如糞中種菜，菜必茂盛，於惡煩惱修善勝，故於淨方作行。即經云：火中出（原注：『出』疑『生』。）蓮華，可以意取（原注：『取』疑『求』。）。私云：言西方、東方一等者，何故不舉北方？由北方無有佛法故。八難之中，彼是第四難也。三障之中，又是報障，因此汎明三障義，謂業障、煩惱障、報障。故俱舍頌曰：三障無間業，及數行煩惱，并一切惡趣，北州（【案】『州』俱舍卷一七作『洲』。）無想天。述曰：不（原注：『不』疑『無』。）間業者，此謂第一業障，局是五逆業重，定墮地獄，故曰業障。第二煩惱者，煩惱第（原注：『第』疑『有』。）二：第一數行，謂恒起煩惱；二

者猛利，謂上上品煩惱。應知此中唯數行者，名煩惱障，如扇搋等，（五種黃門。）煩惱數起，難可伏除，故說為障。上品煩惱，（八七七頁上）雖復猛利，非恒起故，易可伏除，不說為障。下品煩惱，雖非猛利，若數數起，亦名障。宜作四句：一、動而不利，二、亦動亦利，三、利而不動，四、非動非利。『動』謂數起，『利』謂猛利也。初句，大老子人似如少，嗔而內心常起，不令人覺。二者，有人常起貪嗔，又極重猛利。三者，有人雖不恒起，極盛難可當對。四者，令是善根成熟之人也。此四句中，初與第二是『煩惱障』，下兩非障。第三『異熟障』，（舊名報障。）三、惡道、全人中北州及非想天（【案】俱舍為『全三惡趣、人趣，北洲及無想天』。），名『異熟障』，以報生此處，不得聞法故也。如無想天，多是外道，修於世禪，生在其中，以外道計此處為涅槃，由此邪定故。注云：是愚人生處也。此障何法？謂郣聖道，加行善根，故說為障。」（八七七頁下）【案】俱舍卷一七，九二頁下。

〔三四〕約佛前後　資持卷中四上：「『前後』即約時也。」（三三六頁下）簡正卷一三：「以佛在日，有情根利，能受能持，便得果證，故勝。末代根鈍，雖持，無得道者，故劣。正、像、末三時，相望前後，優劣可知。鞠多緣起，以常聞故，寄之說者。」（八一五頁下）

〔三五〕佛在時勝，滅後劣；正法、像法、末法漸弱　資持卷中四上：「有二：上約在滅以論，下約三時而說。正法千年，具教理行果；像法千年，闕果；末法萬年，闕行、果。人根轉濁，漸劣可知。」（三三六頁下）

〔三六〕以優波掘多問尼為證　資持卷中四上：「『以』下，引證付法藏傳。第五祖師，度人既多時，人號為『無相好佛』。（行化同佛，但無『相好』。）掘多意謂『與佛同等』。時有老尼，見佛在時事，多往問之。彼尼先以器盛油，安戶扉後。掘多入房，傾油數滴。多問尼云：『佛在世時，所化何如我耶？』尼云：『佛世，六群數入我房，未嘗傾油一滴。今尊者弗及六群。』鈔撮其意，如文所云。『掘多』亦云『鞠多』。」（三三六頁下）鈔批卷二一：「案付法藏傳第二卷云：佛滅度後一百年中，有商那和修任持法藏，化緣欲畢，將欲付屬，入定觀見憂婆毱多。佛記此人於百年後大作佛事，利益眾生，不可稱數。因誦（原注：『誦』疑『謂』。）其父，具陳斯事。（八七七頁下）父聞是已，用何（原注：『何』疑『付』。）商那。商那將至僧坊，度令出家，與授具戒、羯磨已訖，得羅漢果，三明六通，具八解脫勝。上言『三明』者：一、過去宿命明，二、未來天眼明，三、現在漏盡明，是為三明也。言『六通』者：一、是身通，二、

天耳通，三、天眼通，四、宿命通，五、他心通，六、漏盡通也。云何為通？
離擁無礙，名之為通，故云六通也。言『八解脫』者：一、內有色外觀色，（謂
初觀不淨，觀道未強，不壞內身，但外觀色，死屍胮脹，能絕縛故，名『解
脫』。）二、內無色外觀色，（謂習行稍久，觀道增強，能於自身作已身滅色
想，唯觀外色，死屍胮脹，是名『解脫』也。）三者，淨解脫，〔謂青、黃、
赤、白，可葱（原注：『葱』字未詳。）之色，名為淨也；觀離淨故，名『淨
解脫』也。〕四者，空處解脫，〔謂悕求無色之（【案】『之』疑『云』）為空。
空處四陰離縛，名空處解脫；謂以識名，故令身心（原注：『心』下疑有脫字。）。〕
五者，識處解脫，（謂空境廣多，緣則煩惱勞厭境存，心名之為識。善所陰離
縛，名『識解脫』也。）六者，無所有處解脫，（謂以識多故，令身心亂，未
得安穩，心境俱亡，名為『無所有處離縛解脫』也。）七、非想非非想處解脫，
（謂心境麤故，不復現行，外道之人謂無心行，佛法猶往望真細慮，內外合
說，故云『非想處解脫』也。）第八，滅定解脫，（謂心法並息，名『滅盡定
解脫』。滅盡諸法，離於心過，故名『解脫』。此『八解脫』者，亦名『八背捨』，
得上棄下，名為『背』。）其毱多既得此三明、六通，具八解脫已，心自念言：
『我於今者，已覩法身，未見如來相好之體。』思惟是已，深生哀愍。爾時，
有一老比丘尼，年百二十，曾見如來。優婆毱多知彼見佛，（八七八頁上）故
至所（原注：『所』疑『其』。）所。尋遣使者，告比丘尼：『尊者毱多欲來相
見。』時，尼即以一鉢盛滿中油，置戶扇後。毱多到其所止，當入房時，棄油
數渧，共相慰問，然後就坐。問言：『大姊，世尊在時，諸比丘威儀進止，其
事云何？』比丘尼言：『昔佛在世，六群比丘最為麤暴，雖入此房，未曾遺我
一渧之油。大德者，（原注：『者』上疑脫『今』字。）智慧高勝，世人號為無
相好佛，然入吾房，棄油數渧。以是觀之，佛在時人，定為奇妙。』毱多聞是
語已，甚自悔責，極懷慚愧。比丘尼言：『大德不應生恥恨。佛言曰：我滅度
後，初日眾生勝二日者，三日之人蓋復卑劣；如是展轉，福德衰耗，愚痴闇
鈍，善法羸損。今大德去佛百年，雖復為作非威儀事，正得其宜，何足為恠？』
爾時，毱多而更問之言：『姊見如來，其事云何？』尼曰：『昔佛在世，我年二
十，始欲行嫁，失一金釵，墮深草中，求不得。復以燈燭，遍照推覓，求之至
疲，了無髣歸。正值如來遊行而過，金光晃耀，如百千日，幽闇之處，並皆大
明。微細諸物而悉顯，尋見我釵，因即取之。以斯緣故，吾得見佛。』毱多聞
是已，倍生悲戀，嘆未曾有。餘如上第一談玄卷中，第四結集所由，（八七八

頁下）五師傳授問已敘說也。」（八七九頁上）【案】付法藏因緣傳卷三，大正藏第五〇冊，三〇六頁上。

〔三七〕約遮、性　簡正卷一三：「約制明也。」（八一五頁下）

〔三八〕二戒不同，互持強弱　資持卷中四上：「約罪則性強遮弱，約治則遮優性劣，故云互也。」（三三六頁下）簡正卷一三：「若望體重輕邊，持性則強，遮則弱；若望護難易邊，遮強性弱，故云互持強弱。」（八一五頁下）鈔批卷二一：「謂性戒有業道之罪，能持則強。遮戒但遮世俗，而無業道之罪，但有違教之過，能持是弱。若約住持，紹隆佛法：遮戒能令正法久住，持者為勝；性戒自從無佛出，亦有此戒，體非住持佛法，故說為弱。若約修行以解，遮戒護心細則勝，性戒護心易成故劣。故言互也，謂交互合有優劣故也。」（八七九頁上）

〔三九〕六聚上下，互持強弱　簡正卷一三：「約諸聚辨也。初篇是行本，所防過重持則強；下篇之罪，所防過輕故弱。若約若約（原注：『若約』二字疑剩。）難易說，後後者強，前前者弱。可解。」（八一五頁下）鈔批卷二一：「初篇雖遮（原注：『雖遮』為『離麁』。）過為勝曰強，下篇離輕過為劣曰弱。亦可前三聚是戒，能持名勝；下四聚名威儀，能持為劣。若互取前三聚過相遮持行，行易成為劣；後四威儀微，持行難成故勝。心疏云：若就根條以判，初篇行之所依是根本，故勝，下篇枝條，故劣。若就進趣修成，初篇過重易離，不假勝進修治，故名為劣，乃至第五過微難護，必須專意，無由識相。若能純淨無染，名為最勝。又，如上羅漢馬龍，但以持戒之力，莫非輕重等護，故使功高五百。又如律文，畏慎輕戒，猶若金剛。又如涅槃微塵、浮囊等喻。」（八七九頁上）

〔四〇〕約位分　資持卷中四上：「初門為三：初學、無學、相望。」（三三六頁下）簡正卷一三：「凡聖學無學辨也。」（八一五頁下）

〔四一〕無學懼犯故輕，三果故犯為重　簡正卷一三：「將無學望三果辨也。無學煩惱既無，但有懼心犯，或就所犯中，唯是遮戒。如睡時，有人舉著高床上，或女人盜人房宿，與未受具人二夜宿已，後盜人宿，或長衣、忘不說淨等，是三果斷惑未盡，容有故心犯戒。所犯亦遮戒，以斷欲惑盡故。若斯、須二果，有犯性義。如僧祇云：斯、須二果，尼被逼有失念受樂等，以斷欲惑未盡故。又，但有失念，終無造他，以不造新業故。此則（八一五頁下）煩惱輕也。」（八一六頁上）鈔批卷二一：「此明羅漢無有懼作，得罪門輕。礪云：七學人有故

犯義，如失念故。賓云：然決定不犯婬、殺、盜、妄、酒，以聖人得五不作戒
故也。所餘容犯，然決定不入三惡道也。然無學人悞犯者，是無記心犯也。或
非時入聚，或夢中犯等，然又聖人，但有犯遮戒，不犯性戒也。」（八七九頁
下）資持卷中四上：「無學見思已盡，故無故犯。事習未亡，故容有誤。三果
殘思未盡，容有故心。（上二但犯遮戒。）初二兩果，欲惑未盡，故心犯性，
但不造他，復不結業，不受總報，與凡為異。（須、斯二尼，怨逼受樂，如受
戒引。）文云：三果亦指三位。」（三三六頁下）

〔四二〕**三果無漏力強，雖犯亦輕，內凡道劣故重**　資持卷中四上：「次，約聖凡相望。
聖人見理，業不集故，內凡未證，惑全在故。」（三三六頁下）簡正卷一三：
「將三果望內凡位辨，三果聖人，得無漏道資。雖有故犯，定不入三惡道，故
輕。內凡雖霑理水，未得無漏故重。」（八一六頁上）

〔四三〕**乃至外凡，相比可知**　簡正卷一三：「『乃至』等者，將『內凡』對『外凡』位
辨也。以外凡全未見諦故，所犯俱重。故俱舍論云：愚智所犯，輕重不同。愚
作罪小，亦墮惡；智為罪大，亦脫苦。如團鐵小亦沉水，為鉢鐵大亦能浮。」
（八一六頁上）資持卷中四上：「約內外相望。『乃至』者，合云『內凡』，分
見真理，定慧力強故輕。外凡未緣，諦理事行，道劣故重。上約四位相望，總
而為言，無學最劣，五停至優，中間互通，準前可解。文中，且據行位，故至
『外凡』，更通薄地，極為優矣。」（三三六頁下）【案】俱舍卷二三，一二三
頁下。

〔四四〕**對行**　簡正卷一三：「此約壞行辨也。作犯對初篇故重，止犯對二篇下故輕。
如不乞法造房等是。」（八一六頁上）

〔四五〕**作犯是重，止犯為輕**　資持卷中四上：「初止作者，約心對事。」（三三六頁
下）鈔批卷二一：「作犯對『初篇』，此是三乘行之根本，犯故罪重。止犯對
『下篇』輕戒。如，不安恣，不學聖教，止犯吉羅；長財不說，但犯提罪。故
皆輕也。又云：作犯，進趣造境故重，止犯反此，輕。」（八七九頁下）

〔四六〕**亦可故重誤輕**　簡正卷一三：「或不論止作，但故犯便重，悞便作皆輕。」（八
一六頁上）資持卷中四上：「下故誤者，唯就心論。該上兩犯，各通二心。」
（三三六頁下）

〔四七〕**三品明優劣**　簡正卷一三：「約善、惡、無記，三性辨也。如前篇聚中，明不
善心，則亦犯重；善、無記則輕。問：『前無記便開成持，今亦是無記，何成
於犯？』答：『前無記是狂、亂、睡眠，無所覺故，開成二持。今此無記，意

非善惡不攝威儀故，不可例之。」（八一六頁上）鈔批卷二一：「即善性、惡性、無記性。三心犯戒有輕重也。惡心犯最重，善心犯次輕，無記心犯最為輕也。罪輕曰優，罪重曰劣。」（八七九頁下）

〔四八〕**如卷初篇，三性分之**　資持卷中四上：「指前，即篇聚中。不善為優，善心為劣，無記至劣。」（三三六頁下）

〔四九〕**戒、威儀**　簡正卷一三：「約威儀戒辨也。犯前三戒分，則重；犯後四威儀分，別（【案】『別』疑『則』。）輕。於五篇六聚，皆前前重、後後輕。」（八一六頁上）鈔批卷二一：「犯上二篇是戒則重，曰劣；犯下三篇，是威儀輕（原注：插入『輕』字。），曰優也。」（八七九頁下）

〔五〇〕**篇聚上下，輕重可知**　資持卷中四上：「指篇聚者，犯前戒分重，故為優；犯後威儀輕，故為劣。又復（三三六頁下）統約篇聚，夷優、吉劣，迭望可解。」（三三七頁上）

〔五一〕**就遮性分輕重**　簡正卷一三：「約遮性辨犯。遮輕性重，雖懺違制，業道猶存。如智論云：犯十善戒雖懺，三惡道罪不除。如比（八一六頁上）丘煞畜罪報，由在調達破僧，令於僧中悔過，尚墮阿鼻，一切不救。此破性戒也。」（八一六頁下）鈔批卷二一：「謂遮則罪輕，犯性則重。」（八七九頁下）

〔五二〕**以犯性故，地獄罪不除，如智論說**　鈔批卷二一：「立謂：彼論明調達破法輪犯蘭。（八七九頁下）佛令僧中懺竟，尚入阿鼻一劫不披（原注：『披』疑『救』。），以雖懺竟，業道不除，此破僧是性戒也。深云：是頭陀比丘悞殺畜報事等。（未詳。）」（八八〇頁上）資持卷中四上：「犯遮罪輕，但違制教；犯性罪重，制業俱違。指智論者，文見懺篇。」（三三七頁上）

〔五三〕**就時**　簡正卷一三：「約時辨也。佛在日，二犯輕；滅後，二犯重。以垢重故，如前可解。」（八一六頁下）

〔五四〕**約佛前後，辨犯輕重，如持中可解**　鈔批卷二一：「如持中可解者，謂同前問尼之事也。若佛在日雖犯，以煩惱輕故則心輕，故罪亦輕；滅後，比丘煩惱重故，即是心重，犯亦罪重。即如闍王造逆，見佛際（原注：『際』疑『除』）快，今犯吉羅，無堪對懺。」（八八〇頁上）資持卷中四上：「指前持者，佛在，根利犯輕；滅後，漸濁犯重。三時相對，輕重亦然。（準約三方，南優餘劣。）」（三三七頁上）

〔五五〕**將心望境**　簡正卷一三：「謂將能犯心對於所犯境，辨優劣。」（八一六頁下）資持卷中四上：「謂心境相望，或等或互，以顯優劣。」（三三七頁上）

〔五六〕**犯必託境，關心成業，心有增微，境有優劣**　簡正卷一三：「夫成於犯，必詫
（【案】『詫』疑『託』。）前境，開涉內心，方能成業。對優境，起心增強，
如煞人是；對劣境，起心微弱，如煞非人、畜是也。」（八一六頁下）資持卷
中四上：「初準文通示。以罪假緣成，緣即心境。境是外緣，故云『託』也。
心是內緣，故云『關』也。心起不常，故有增微，境緣非一，故有優劣。」（三
三七頁上）鈔批卷二一：「夫以犯戒，必有所對之境，以境有好惡，致心有增
微。如婬戒，對好色曰境優，心則增也，惡色曰境劣，心則微，故言心有增微。
如卷初云『由境有優劣，心有濃淡』也。」（八八○頁上）

〔五七〕**或心境俱重，人作人想殺；或境重心輕，人作非人想；或境輕心重，非人人
想**　簡正卷一三：「初句，境（【案】『境』前疑脫『心』字。）相當，結夷故
重。『戒（【案】『戒』疑『或』。）境重』下，境優心劣，當境想。第三句蘭輕，
心不當境也。『或境輕』下，境劣心優，當境想。第四句蘭輕，境不稱心也。」
（八一六頁下）資持卷中四上：「『或』下，歷句別簡。初句俱優；下二句，互
有優劣義立；俱劣一句，如非人作畜、杌想之類。」（三三七頁上）

〔五八〕**論通一切，不局一戒**　資持卷中四上：「『論』下，點上論文，語通篇聚。句中
且約殺戒顯相，故別歷四重，諸餘例通。」（三三七頁上）簡正卷一三：「且約
一煞，或以明餘戒例爾，故云『通一切』也。」（八一六頁下）鈔批卷二一：
「立謂：上約殺戒，明心境重，如此義戒例然，故論通一切。『論』謂指上毗
尼母論也。私云：如上所論，不局一戒，故曰論通也。」（八八○頁上）

〔五九〕**婬中，自有輕重**　鈔批卷二一：「立謂：畜重人輕，以欲心甚故，不妨約報；
人重畜輕，以人報勝，污辱罪重故也。此言輕重，非約夷蘭，此望來報業道輕
重。有云：先約人畜，人重畜輕，報卑故爾。或畜重人輕，欲（【案】『欲』後
疑脫『心』字。）盛故。次約人趣，（八八○頁上）自分輕重，在家則輕，出
家約境尊故重。就出家中，凡輕聖重。且如俗律，尚和輕強重。」（八八○頁
下）

〔六○〕**重同報異**　資持卷中四上：「『畜』下，別簡有四。初句，簡異類理加非人。次，
於畜、趣二人中，簡道俗。三、道俗中，各簡持破：在家更簡無戒、有戒，持
中復有士女、五、八，出家先簡五眾，大僧最重，五中各有持破。四、持中簡
凡聖，薄地持戒，外凡已去，乃至無學，陵辱極重。末句總示，『重同』謂制
罪，婬不簡境，皆犯夷故。『報異』，謂業道，業有優劣，受報不同。後三制報
俱異。」（三三七頁上）簡正卷一三：「指事釋。第一，婬中『重同報異』者，

同得夷罪是『重同』；望境優劣，開心結業，輕重不定，是『報異』也。畜境
輕、人境重，在家劣、出家勝。可以比知。」（八一六頁下）鈔批卷二一：「謂
強同得夷，來報則重，故云『報異』。謂婬畜罪輕，乃至聖人最重等也。」（八
八〇頁下）

〔六一〕盜重　簡正卷一三：「盜分四主，僧物業道最重。故大集云：犯四重者，我亦
能救。盜僧物者，我所不救。」（八一六頁下）

〔六二〕天及人，乃至聖人，三寶差別，僧物最重　資持卷中四上：「『盜』中，三：初，
簡趣，亦合加畜為首；二、人中簡凡聖；三、簡三寶，佛輕、法次、僧重。如
釋相說。」（三三七頁上）

〔六三〕殺戒　資持卷中四上：「引論唯簡邪正，人輕蟻重。且據業論，不約制教。準
義亦合約趣，道俗持毀，凡聖簡之，文略不出。」（三三七頁上）

〔六四〕六足毗曇　資持卷中四上：「成論自指『六足』者，即論別目。七論共為一部，
後一發智論為身，餘六如足故也。（簡佛毘曇及婆沙、雜心等毘曇故。）」（三
三七頁上）簡正卷一三：「引『六足』者，是成論邪見品文。自引『六足』者，
准部執宗輪有七，發智論為身，餘六為足：一、集異門足，一萬二千頌，（八
一六頁下）舍利子造，唐三藏譯。二、法蘊足論，六千頌，大目連造，唐三藏
譯。三、施設足論，一萬八千頌，大迦多衍那子造，未譯。（上三，並是佛在
日造。）四、識身足，七千頌，提婆設應（【案】『應』疑『磨』。）於佛涅槃
後一百年中造。五、品類足，六千頌，代蘇蜜多，佛滅後三百年初造。六、界
身足，六千頌，亦是代蘇蜜多造。後三本，唐三藏譯。至三百年末，迦多衍尼
子造發智論，二萬五千頌，雖在後明，一切有部義廣，後代諸師以發智為身，
餘六為足也。彼論說云：不信有三寶及父母羅漢等，不信有因果四諦等，故
名邪見。以不信罪福、惡業果報，名斷善根，決定當墮阿鼻地獄也。」（八一
七頁上）鈔批卷二一：「案成實論有邪見品中云：不信有三寶及父母羅漢等，
不信有因果四諦等，故曰邪見。以不信罪福、善惡、業報，名斷善根，決定當
墮阿鼻地獄。如阿毘曇六足中說，殺此人，罪輕殺虫蟻。又，此邪見污染世
間，為多損減眾生故。（論文如此。）立云：六足者，以六支解義不同，故言
六足：一、法蘊足，有六千頌；二、品類足，有一萬二千頌；三、施設足，有
一萬八十頌；四、識身足，有七萬頌；五、集異門足，有一萬六千頌；六、戒
身足，有廣本七千頌、略本七百餘頌。前三論，佛在時已有。後三論，滅後一
百年，諸羅漢集作。有人云：六足阿毘曇者，謂某比丘作發智論，別作六支

義，以解此論，故曰六足。足，即支也。」（八八〇頁下）【案】成實卷一〇，
三一八頁下。

〔六五〕**妄戒** 資持卷中四上：「三趣同盜，人則反之，如文所顯。又，出家中五眾乃
至聖人，漸輕可解。若如五分僧中妄語，重百羅漢前，（三三七頁上）故知誑
僧極重。上四但出境之優劣，心隨境故，重輕可知。若約互論，如前作句，無
不通曉。」（三三七頁中）

〔六六〕**向在家人說重，向出家人說輕** 簡正卷一三：「如律云：若實得道，向同意比
丘說，得吉。以知出家人不信，無損滅義，向彼妄說，開心結業則輕。在家人
易信，令其易解，故得重也。」（八一七頁上）

〔六七〕**將制約報，以明輕重** 簡正卷一三：「將佛制戒罪名，望來報業之罪相，對辨
輕重也。」（八一七頁上）鈔批卷二一：「謂將佛所制戒，約來報業道，對校有
輕重優劣也。」（八八〇頁下）資持卷中四上：「制據律刑，報約化業，或等或
差，故須簡辨。隨約重輕，以分優劣。」（三三七頁中）【案】「明輕重」文分
為三：初，「如媒」下；二、「或犯輕」下；三、「或犯報」下。

〔六八〕**如媒、二房三戒，人之喜犯，律制情過，故制重名** 鈔科卷中四：「初，犯重
報輕。」（九〇頁下）鈔批卷二一：「媒、房三戒，謂媒、嫁及二房為『三』
也。」（八八一頁上）資持卷中四上：「初句為二。前，舉戒示相；二、引論證
成。（下二同此。）」（三三七頁中）【案】母論卷二，八一二頁上。

〔六九〕**既是遮惡，招報不重** 資持卷中四上：「遮惡制殘，故知不等（【案】『等』疑
『重』。）。下篇掘、壞，類此明之。」（三三七頁中）簡正卷一三：「謂制重報
輕也。謀（【案】『謀』疑『媒』。）、嫁，有主、無主房三戒，由喜作故，制與
殘名。既是遮戒，當來受報不重。」（八一七頁上）

〔七〇〕**結戒法異，輕制重名；得罪法異，因果相當** 資持卷中四上：「論文上二句證
犯殘：上句示異，異業理故，下句釋異。下二句證招報：上句示異，異制教故；
（『得罪』者，即今業因，以能招報，故云『報異』。舊云『將來得罪法異，即
以報為罪』，非也。）下句釋異，果由因剋，因即心業，非關制教故。」（三三
七頁中）簡正卷一三：「以結戒法，就稀而制，事雖輕，遮數故重。此結戒法，
異於輕遮，而結得罪法，異（八一七頁上）今日結。惑法即稱。今日輕遮之
因得報，故云『因果相當』。」（八一七頁下）鈔批卷二一：「案毗尼母中有四
句：一、或有犯重報輕，二、或有犯輕報重，三、或有犯報俱重，或有犯報俱
輕。言犯重報輕者，如媒、嫁及作私房不乞處分是也。二、犯輕報重者，如比

丘瞋恚心打阿羅漢，或復欲心摩觸羅漢，起於染著，乃至打佛、於佛起染欲心，或惡口罵佛及阿羅漢，毀呰形殘，諸根不具，此得波逸提罪是也。三、俱重者，如波羅夷及二無根謗聖及凡，得僧殘罪是也。四、俱輕者，如比丘入聚落，不憶念攝身四威儀及口四過，忘誤犯者是也。結戒法異，輕制重名者，謂佛制所不觀業道，且就希數而制是喜犯者，即制重名。言輕制重名者，如媒、房是輕，由喜犯故，故制重名是也。得罪法異，因果相當者，罪謂業道罪也。謂雖輕制重名，而來報還自相當，以因輕故，來業（原注：『業』疑『果』。）亦輕。解上媒、房事，因則是輕，律制重名，然業道之果則輕也。前言結戒法異者，此明結戒法異於得罪法也。結戒法，就希數而制，故結不定。明得罪法就因果而科，故則定與不定既差，故言『異』也。」（八八一頁上）【案】母論卷二，八一二頁上。

〔七一〕或犯輕報重，如打比丘等，性罪義希，故律制輕名　鈔科卷中四：「『或』下，犯輕報重。」（九〇頁下）簡正卷一三：「明制輕報重也。打搏等，雖是性戒，以稀作故，制與輕提。以是性罪，違理業重，故招報亦重。引論證，反前可會。因是性戒，既重果時，受報亦重，故曰因果相當。」（八一七頁上）資持卷中四上：「打此（【案】『此』疑『比』。）丘等者，等取殺畜、飲蟲之類。」（三三七頁中）

〔七二〕既是違理，為業心重，招報亦重　資持卷中四上：「三中，合明二句。初，雙示上句。初篇易解故，但舉次篇，漏失、欲染、二謗、壞眾、二麤、四諫。下篇性業，例亦同之。」（三三七頁中）

〔七三〕結戒法異，重制輕名；得罪法異，因果相當　鈔批卷二一：「如打比丘，性戒業重，今雖制提名輕，然『來』業（原注：『業』疑『果』。）則重，故言制輕，名得罪法異。因果相當者，同前解也。謂打僧是性重，曰因來業是果亦重。因果既齊，故言『相當』。言得罪者，即是業道，非違教之罪。」（八八一頁下）

〔七四〕或犯報俱重，如漏失、二謗等　鈔科卷中四：「『或』下，二俱輕重。」（九〇頁下）簡正卷一三：「辨後二句中。言『或』至『等』者，漏失、二謗、違諫、三觸等，因與果俱重也。如『百眾學戒』等，忘慎心，偶爾或（原注：『或』疑『成』。）犯，即因果皆輕也。」（八一七頁下）

〔七五〕或犯報俱輕，如不憶念身口威儀，忘、誤，或慚愧心犯等　資持卷中四上：「下句有二：上是無記，下約善心。」（三三七頁中）簡正卷一三：「慚愧心者，如慚己無德媿。彼有德心懷敬重，便曲躬承仰，衣曳地者是也。『等』者，等取

餘懼心犯也。」（八一七頁下）【案】以上，母論卷二，八一二頁中。

〔七六〕**此後二句，結戒法不異得罪法，得罪法不異結戒法故** 簡正卷一三：「指犯俱輕、俱重二句也。制與報，輕重不異，亦是因果相當也。」（八一七頁下）資持卷中四上：「『此』下，合證。即制教、業道二俱等故。」（三三七頁中）鈔批卷二一：「此是業道罪，與制戒罪輕重同也。論中四句，此是後兩句，即犯報俱重、犯報俱輕也。」（八八一頁下）

〔七七〕**單心三時，辨犯輕重** 鈔科卷中四：「初，標章總舉。」（九一頁中）資持卷中四上：「前科對境，此獨論心，故云『單』也。三時：初，方便時，二、根本時，三、成已時。」（三三七頁中）簡正卷一三：「前則將心望境明，今唯約心以辨，故曰『單心』。三時者，謂方便、根本、後起。」（八一七頁下）【案】本科鈔科簡作「單心」，文分為二：初「單心」下；次「初一句」下。

〔七八〕**且約殺戒，輕重八句，位分四別** 資持卷中四上：「如善生者，示所出也。且約殺者，餘可準也。心念不常，前後具缺。不出八句，括之斯盡。」（三三七頁中）鈔批卷二一：「位分四別者：初位，三時俱重，為一句；第二位，三句：二重一輕者，謂二時重、一時輕為三句；第三位，一時重、二時輕，為第三句；第四位，三時俱輕為一句。若三時心俱重，定入地獄；若二時重，其業則不定；或遇善緣得脫，不遇則受。」（八八一頁下）簡正卷一三：「引善生經，局就煞戒為句以辨，餘者例之，故云『且』也。四別者，束八為四位也。」（八一七頁下）

〔七九〕**初一句，三時俱重：謂方便舉尤害心，根本起尤快心，成已起隨喜心** 鈔科卷中四：「『初』下，分位列句（二）。初正示句數（四）。初一句三時俱重。」（九一中～下）資持卷中四上：「初句，歷示三心重相。尤，即訓『甚』。但非極甚，即是輕心。然極甚難明，略須示相：但約起心，念念不間，色心躁悶，不愧旁人；神思昏迷，都忘善事，奔趨前境，暢悅己情；三邪見居懷，撥無因果，向親姻作穢，對塔殿行非。凡此用心，皆名定業，能牽來報，縱懺不亡。以此自量，何容輕動？識心之士，豈不畏乎！文中句數交絡，欲令新學易曉。為圖示之。（【案】見下圖。）若以四位分之：上句最優，下句至劣，中二通優劣；若約八句論之，則句句相降，中間二位，各有三句。並依重輕次列，比之自見。」（三三七頁中）鈔批卷二一：「謂方便舉尤害心者，此是三時之中最前心也。舉獨重妬害心，欲殺前人。此三時心，新經論中名曰『加行』『根本』『後起』也。根本起『尤快心』者，此中間心也。正殺時，心中起『快意』，念言：

−2089−

『所作快樂，暢我本情。』成已起『隨喜心』者，既作惡已，理應懺悔，今不思改革，情懷悅豫。（八八一頁下）下文八句，直約有心、無心。今約輕重故爾。」（八八二頁上）簡正卷一三：「第一位也。方便者，新經論云：『加行』成已，即『後起』也。初，方便舉濁重，妬害心欲行煞。正煞時，起悋暢（【案】『暢』疑『煞』。）心。煞了不思改悔，更生歡喜心也。下皆例爾。」（八一七頁下）【案】「初一句」分二：初「初一句」下；次「律據人」下。資持卷中四上（三三七頁下）圖示如下：

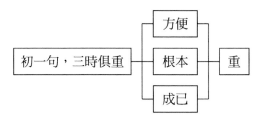

〔八〇〕第二「三句」，二重一輕　簡正卷一三：「即八句中，第二、第三、第四句，皆二時重、一時（【案】『時』後疑脫『輕』字。）。」（八一七頁下）【案】資持卷中四上（三三七頁下）圖示如下：

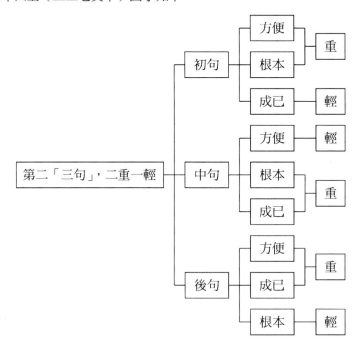

〔八一〕初方便、根本重，成已輕　簡正卷一三：「謂方便起疣害心，根本起疣快心，故重。成已（【案】『已』疑『己』。）輕者，玄曰：後心改悔，是以輕也。宗

記（【案】『宗』前疑脫『飾』字。）不許。此解彼破云：若後心改悔，合反成持，今既云輕，明知有罪也。彼自解云：但謂行煞、盜了，不起濁重之心，亦未生改悔也。心因既輕，吉罪亦稍輕。此說有理。」（八一八頁上）

〔八二〕**中云，方便輕，根本、成已重** 簡正卷一三：「謂當位三句中也。方便輕，謂不起濁重心，怨來逼我，事不獲已，向前煞彼。心因既輕，所犯亦輕，根本成已。重者，根本起濁，重心成已，起暢快之心故重。」（八一八頁上）

〔八三〕**後云，方便、成已重，根本輕** 簡正卷一三：「是當位第三句最末後也。方便成已，重者謂方便，起濁重心，成已，起隨喜心故重。根本輕者，謂正煞時，無濁重心，雖得夷罪，結業且輕也。」（八一八頁上）

〔八四〕**第三「三句」，一重二輕** 簡正卷一三：「三句者，即八句中第五、第六、第七之三句也。一重二輕者，謂每句中一時重、二時輕。初者，當位中三句之首也。根本重者，謂根本起濁重心，故重。初、後輕者，謂方便不起濁重心，是初輕；成巳（【案】『巳』疑『己』。）不起『隨喜心』，是後輕。」（八一八頁上）【案】資持卷中四上（三三七頁下）圖示如下：

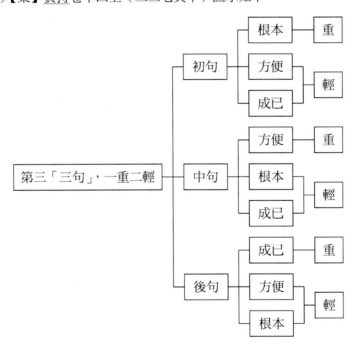

〔八五〕**中云，方便重，中、後輕** 簡正卷一三：「謂『方便』起濁重心，『根本』不起疢害心，『成已』不起隨喜心也。」（八一八頁下）

〔八六〕**三云，成已重，初、中輕** 簡正卷一三：「謂成已起，隨喜心故重，『方便』、

『根本』，（八一八頁上）並不起濁重心。」（八一八頁下）

〔八七〕第四「一句」，三時俱輕　簡正卷一三：「第四位一句，即八句中第八一句。三時俱輕者，初中、無濁重疢害心，然後無隨喜心故輕。」（八一八頁下）資持卷中四上：「引諸經律，舉事顯相。雖懷憐愍，非無殺意，俱輕可知。」（三三七頁下）【案】資持卷中四上（三三八頁上）圖示如下：

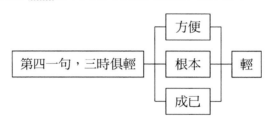

〔八八〕「摩訶羅」不知戒相，教他殺人，以憐愍故　鈔批卷二一：「『摩訶羅』者，應師言：譯云『無知』，或云『老』也。」（八八二頁上）簡正卷一三：「次，舉事證言。摩訶羅者，梵語也，此云愚痴人。不知戒相，語典形人，此人可怒，與其快死。若用語成重，若不用語吉，尋又用語得蘭。（證三時俱輕。）」（八一八頁下）【案】僧祇卷二九，四六六頁～四六七頁。

〔八九〕啼哭殺父母　資持卷中四上：「初，正明。謂若依律制，則無輕重。（三三七頁下）今取心業，故分八句。」（三三八頁上）鈔批卷二一：「案善生經云：若為他使，令殺父母，啼哭憂愁而為之者，如是罪相，初、中、後輕。十誦則云：若父母病受苦惱，殺令離苦，是名善心，故得波羅夷，得逆罪。律文唯齊此說。」（八八二頁上）【案】善生，二五二～二五五頁。十誦卷五一，三七五頁。

〔九〇〕律據人想，八業皆重，業隨心故，牽報不同　鈔科卷中四：「『律』下，會通制教。」（九一頁中）簡正卷一三：「應先問云：『八業既異，何故更無昇降，並結夷愆？』鈔文答云『律據人想，八業皆重』，結前文也。意道：雖然起心，有輕重不同。律文但據明白心中人作人想殺，以違制故，犯波羅夷。問：『既結罪俱齊，何故前言前優後劣？』抄答云：『業隨心故，牽報不同，謂制罪一般，心業輕重有異也。」（八一八頁下）

〔九一〕深厚纏殺蟻，重慈心殺人　簡正卷一三：「次引論證，可解第十，約心就時。」（八一八頁下）資持卷中四上：「論就心業，畜重於人。」（三三八頁上）鈔批卷二一：「『纏』謂煩惱也。由能繫縛眾生，不得自在，喻之繩纏。」（八八二頁上）【案】成實卷七，二九一頁上。大乘阿毗達磨集論卷四，大正藏第三一

冊，六七七頁中。

〔九二〕**有心無心** 簡正卷一三：「謂約三時中，有心、無心，相對以辨。」（八一八頁下）資持卷中四上：「『有心』通含輕重，『無心』與前為異。歷句並同。……優劣之義，亦如上明。」（三三八頁中）【案】此處依簡正斷句。本節鈔科簡作「有無」，文分為二：初，「初一」下；次，「後之」下。初又分二：初，「初一」下，又分四；次，「故律」下。

〔九三〕**相對八句，四位如前** 簡正卷一三：「謂有八句，以四位束之以辨。如前『單心』句法不別。」（八一八頁下）資持卷中四上：「但以第二位中『後句』在下，第三位中『初句』在上，則次（三三八頁上）第義便（【案】『便』後疑脫『顯』字。）。問：『下句無罪，豈名犯劣？』答：『但望教開，故無有罪，非不造事，故入犯中。引例中，欲示此門有所據故。」（三三八頁中）

〔九四〕**初一句，三時有心** 鈔科卷中四：「初，正列句數（四）。初，一句，三時俱有。」（九一頁中～下）簡正卷一三：「謂方便根本後起，三時並有心也。謂且指初篇四戒說，皆結根本夷罪故重。」（八一八頁下）【案】資持卷中四上（三三八頁上）圖示如下：

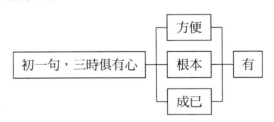

〔九五〕**次三句** 鈔科卷中四：「二、三句，二有一無。」（九一頁下）簡正卷一三：「謂此三句中，前中二句，四戒皆重，謂根本時有心故。後之一句，言犯初重者，即婬戒犯（八一八頁下）重，謂中間住時，雖無心受樂，以入出時，有受樂心，故犯重。下三戒，蘭吉者，即煞、盜、妄之三戒也。謂初起心，吉；次，方便并近方便，兩蘭；正作根本時，有主作無主想盜，人作杌木想煞，妄語作非妄語想誑夷，可狂痴心亂病惱所纏，無根本罪。三、戒謝後，始知煞人、盜於有主物，知是妄等，亦未改悔，且約知邊結一吉。准論兼律，一戒合有二吉，兩蘭罪四，以名同故，合言蘭吉。若依玄解，即據三戒謝後，知是煞等，起隨喜心結吉也。前且准宗記，但約知邊結吉，未論餘義，此吉此吉（【案】『此吉』疑剩。）稍輕，必更起隨喜心，理更結重吉也。幸請思之。任情取捨。」（八一九頁上）【案】資持卷中四上（三三八頁上）圖示如下：

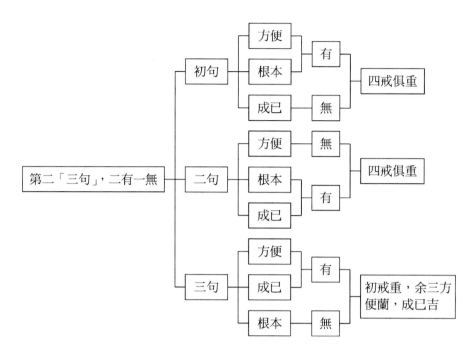

〔九六〕下三戒，蘭、吉　鈔批卷二一：「立謂：如殺人，初人想，則是方便萌（原注：『萌』疑『蘭』。），至正殺，作無（原注：『無』疑『杌』。）想斫，是中間無心。既殺人已，乃知是大（原注：『大』疑『人』。），便起快心，即名隨喜得吉羅，故云蘭吉。景同此解。」（八八二頁上）

〔九七〕後三句　鈔科卷中四：「三、三句，一有二無。」（九一頁下）簡正卷一三：「第三位三句，皆一時有心、二時無心。初句四戒，皆犯根本，故云犯四重。第二句，婬戒獨犯，故云犯初重也。」（八一九頁上）【案】資持卷中四上（三三八頁上）圖示如下：

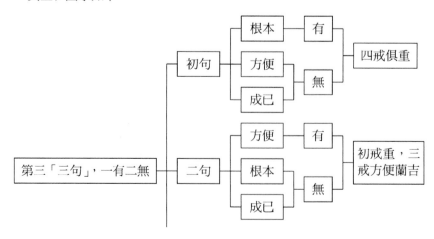

〔九八〕**餘三戒，或蘭、吉**　簡正卷一三：「玄曰：餘三戒，約初有心，是其方便，或至吉者，或有至蘭也。且如煞戒，初動身思，即犯吉也。若遠方便，犯蘭；若近方便，犯重蘭。若但期身口，即止不為，只犯吉。若至遠方便住，犯吉兼蘭。若至近方便，犯吉兼輕重。二蘭三戒，隨住不定。（八一九頁上）約處得罪不同，故云或蘭若（【案】『若』疑『吉』。）也。更有別解，下文當說。今此依上解為定矣。」（八一九頁下）鈔批卷二一：「立謂：如殺舉心，未動身口是吉；動身口至境所，未犯根本是蘭；即轉想作杌想殺，無至想取，至竟不轉，無後心吉是也。此上皆約轉想故爾。景亦約遠近方便解也。有本作『戒』字，定應是錯也。若餘三犯吉者，且如殺、妄二戒，後起喜心，前事已畢，故但得吉。盜則不同，前雖無心，後既知是盜，應還他物者，不還者，更結重夷。今言吉者，（八八二頁上）且結隨喜心之吉也。」（八八二頁下）

〔九九〕**上二無心**　簡正卷一三：「謂方便根本，二時無心也。婬戒犯重，以出時樂，約別開怨逼而論，前後婬戒皆爾。若非此緣，至犯位似毛頭便犯，不論受樂不受樂也。」（八一九頁下）

〔一○○〕**餘三，犯吉**　簡正卷一三：「盜、煞、妄三，後心犯吉。如煞戒，迷人謂杌，正煞之時，亦謂是杌，煞竟方委是人，起隨喜心，犯吉。妄語例可解。宗記云：就中盜戒，約物現前，與煞妄有殊。且初見物境是有主，便迷無主，正舉離處，亦作無主。前中二時，並無罪犯，得物已後，乃知是有主。約正知是有主之邊犯吉。若起隨喜心，決屬己意，不還他，必犯重也。若便還，即不犯也。今抄且據知，是有主物心邊，全不論諸義。玄云：起隨喜心，即犯吉也。物既得已，知非己物，還他不犯。今作不還意，故犯吉。今恐此解成妨。既云起隨喜心，作不還意，理須結重，不可言吉。宗約知邊，且得吉罪。」（八一九頁下）

〔一○一〕**次一句**　鈔科卷中四：「四、一句，三時俱無。」（九一頁下）【案】資持卷中四上（三三八頁上）圖示如下：

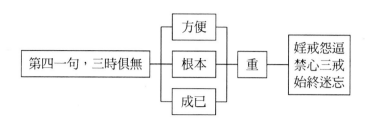

〔一〇二〕三時無心，不犯　　簡正卷一三：「婬戒准前，據怨逼說。三時無染不犯，餘戒亦爾。」（八一九頁下）

〔一〇三〕故律中，本作是念「我當妄語」例之　　鈔科卷中四：「『故』下，引律通例。」（九一頁中）簡正卷一三：「謂引律證，成立有心、無心句位，謂律（八一九頁下）小妄語戒中，約方便根本，後起三時，立有心、無心，成其四位八句。三時無心，不成妄語。今抄文亦約三時，辨有心無，亦成八句四位。三時無心，例彼不犯。故律云：本作是念，『我當妄語』：（方便有心。）正妄語時，自知是妄語；（根本有心。）妄語竟，自知是妄語；（後起有心。）波逸提。二云：本作是念，『我當妄語』；（方便有心。）正妄語時，自知是妄語；（根本有心。）妄語竟，不知是語；（後起無心。）亦波逸提。三云：本不作是念，『我當妄語』；（方便無心。）正妄語時，自知妄；（根本有心。）妄語竟，知是妄語；（後起有心），波逸提。四云：本不作是念，『我當妄語』；（方便無心。）妄語時，自知是妄語；（根本有心。）妄語竟，不知是妄語；（後起無心。）波逸提。已上四句，莫非俱是根本有心，皆結妄罪。更合有四句，前三句，正妄語時，不知是妄語，根本無心不犯，但犯吉，前後有心故。後一句三時，全無心並不犯。今引此文意，道彼戒既爾。例今八句亦然。」（八二〇頁上）鈔批卷二一：「此引小妄語戒，亦有三時，互作八句，要三時俱有心，知是妄語方犯。引彼證此，明有八句不虛也。」（八八二頁下）資持卷中四上：「本作念者，即方便時。正妄時知，即根本時。說已即成已時，如小妄中具引。」（三三八頁中）

〔一〇四〕後之八句，由心有無故，犯不犯別　　鈔科卷中四：「初，簡前單心。」（九一頁上）簡正卷一三：「先難之云：前來單心，八句四位，亦約三時，便俱犯重。此門八句四位，亦分三時，何故便有犯，亦有不犯耶？抄答云：後之八句，由心有無故，犯、不犯別。」（八二〇頁上）【案】本節「料簡」，文分為二：初，「後之」下；二、「後明」下。

〔一〇五〕不同前八，莫不有心　　資持卷中四上：「前約化業，此據制教。」（三三八頁

中）簡正卷一三：「意道：此之八句，雖亦三時，就三時中，或一時、二時等，無心故，犯、不犯有別。有心即犯，無心不犯。若前八句，四位雖分三時，於三時內，輕心重心雖異，莫非俱是明白有心，故一向階其犯位也。更難：『未審後八句，無心相貌如何？』答文如抄。約通別二，開婬別緣，謂三時不染；盜別緣，有主無主。煞、妄可解。若通緣顛狂等類，無心憶知，通一切戒，並無犯也。已上第六門竟。」（八二〇頁下）鈔批卷二一：「謂牒前輕重門中八句與此不同。前八句中，雖是輕重，皆得名犯。不類此中八句，無心之時，不犯罪也。」（八八二頁下）

〔一〇六〕**後明無心者，或無心受樂，及殺、盜等心，或狂亂不覺者**　鈔科卷中四：「『後』下，重示無心。」（九一頁上）資持卷中四上：「初牒前，對上輕重，故云『後明』。（或可別點『第四』俱無。）『或』下，示相。初句別簡婬戒。此門明婬，並據怨逼，三時有無。若約自造，境合即犯，不約三時。境想不開，無心亦重，故非所論。『及』下，合示三戒，通約迷心，不了前境。又復，婬戒於三時中，隨有一時，無非皆重，俱無方開。餘之三戒，重輕不定：初有餘無，或吉或蘭，並方便故；中有餘無，皆重，並根本故；後有餘無，皆吉。並隨喜故，統約十門：二、三、四、五、十，並就制教；初、六、七、八，俱通化制；第九唯局化教。如是尋之。」（三三八頁中）鈔批卷二一：「此解無心之八句。若無心等，故宜不犯，此通料簡後門八句也。又云：『後明無心』，『或無心受樂』者，此解上八句中最後一句『三時無心句』也。（未知孰當，俟思之。）上來釋第六『持犯優劣門』義竟。」（八八二頁下）

七、雜料簡中〔一〕

分五：一、以「不學」「無知」歷位分別〔二〕，二、方便趣果分別〔三〕，三、具緣成犯分別〔四〕，四、境想分別〔五〕，五、雜相分別〔六〕。

【校釋】

〔一〕雜料簡中　資持卷中四上：「五章教義，共聚一門，故云雜也。」（三三八頁中）簡正卷一四：「謂六門辨其四行，各據一義而明。但論根本，今此門於四行根本罪上雜雜而辨。第一，向四行上，辨不學、無知二罪有無之相。第二，明根本之上，方便因罪有無之相。第三，約根本之上，具闕犯之有無輕重之相。四、約根本之上，境想句法有無輕重之相。第五，約根本上赳漫等。六門以明犯不犯相，故稱雜也。」（八二一頁上）【案】本門鈔科簡作「料簡」。文分為二，初「分五」下標分；二、「初、不學」下釋，分為五節。

〔二〕以「不學」「無知」歷位分別　資持卷中四上:「初是通犯枝條之罪,該一切故,下皆別犯,因果異故。」(三三八頁中)簡正卷一四:「不學者,謂受戒後,起懈怠心,違本受影(【案】『影』疑『體』。),於三藏教文,止心不學,得不學吉。無知者,謂於事法,緣而不了,結無知罪。今將此二罪,歷四行位,對『可學』『不可學』二九句,約學二人,辨二罪有無多少、輕重分學也。問:『前標言歷位分別,今牒起但云不學、無知,不言歷位二字者何?』答:『有二解。一、寶云:近上廣標,故下略牒也。二、玄云:前標中,具足云不學、無知,歷位分別。(八二一頁上)今此釋中,先解不學、無知,未說歷位分別,何以知之?故鈔文從『其相微隱』已下等,並是明不可學、無知有無之相。從第二段抄云『既略結敘,須配位法』等已下,方可別明歷位分別之相也。故知近下廣解故,上略牒耳。』」(八二一頁下)鈔批卷二二:「以不學無知歷位分別者,即是『一』下文,立兩個『九句』,皆是將不學無知罪之多少、輕重、有無,(八八二頁下)以歷持犯四行之位,明罪有無多少,故曰也。」(八八三頁上)

〔三〕方便趣果分別　鈔批卷二二:「明其方便及果罪差別。」(八八三頁上)

〔四〕具緣成犯分別　資持卷中四上:「是根本。」(三三八頁中)鈔批卷二二:「謂前釋相中,但明別緣,未明通緣。此中始辨通緣,歷前別緣,以彰犯不之義也。」(八八三頁上)

〔五〕境想分別　資持卷中四上:「即簡辨因果、輕重、有無。此之三科,並義通事別。」(三三八頁中)

〔六〕雜相分別　資持卷中四上:「復雜以持犯義廣,不可具彰,故攬諸目,總列後門,示其不盡故也。」(三三八頁中)

初,不學、無知者

其相微隱〔一〕。初且敘結,然後例開〔二〕。

言其犯相〔三〕者,謂受戒已來,勤學三藏〔四〕,於境迷忘,遇緣而造〔五〕者,隨相境想具之〔六〕。若由來不學,「事」「法」無知〔七〕,觸便違犯者。佛言:「隨所作結根本,更增無知罪〔八〕。」

既略敘結,須配位法〔九〕。今立兩箇九句為持犯方軌〔一〇〕。且據一事,以通餘戒〔一一〕。

先就止持,明有無、輕重罪之分齊〔一二〕。

初明可學事〔一三〕

作九句，分三品〔一四〕。上品一句，識事識犯〔一五〕；中品四句〔一六〕：初，識事疑犯〔一七〕，二、識事不識犯〔一八〕，三、識犯疑事〔一九〕，四、識犯不識事〔二〇〕；下品四句〔二一〕：初，疑事疑犯〔二二〕，二、疑事不識犯〔二三〕，三、不識事疑犯〔二四〕，四、不識事不識犯〔二五〕。

次解釋〔二六〕中。上言「不識」〔二七〕者，犯謂不犯〔二八〕，迷輕謂重〔二九〕。「疑」中亦爾〔三〇〕：疑有疑無〔三一〕，疑輕疑重〔三二〕也。上品俱識，故無「不學」「無知」罪〔三三〕。中品帶識故，於罪於事，生疑不識，故有八罪，各有「不學」「無知」〔三四〕。下品四句，十六罪〔三五〕也。此中二十四罪，有六波逸提、十八吉羅〔三六〕。以無知故，得重也；餘有疑、不學者，皆吉羅也〔三七〕。竝不犯根本，名為「止持」〔三八〕。上品俱識，故名「上品止持」；中品罪少，名「中品止持」；下品極多，故名下品〔三九〕。皆止於一事〔四〇〕。

次對不可學事，以明止持〔四一〕

九句〔四二〕：緣事、緣罪，各三心〔四三〕。

初有三句：一識事識犯，二識事疑犯，三識事不識犯〔四四〕；二：疑事識犯，疑事疑犯，疑事不識犯〔四五〕；三：不識事識犯，不識事疑犯，不識事不識犯〔四六〕。

此三三句中，各下二句，「疑」及「不識」句別，各有「不學」「無知」二罪，合十二罪〔四七〕。亦望不犯根本，名「止持」〔四八〕。

但事是可學，以想疑妄生，雖緣不了，聖不制犯〔四九〕。問：「如殺、盜等，人非人想，有主無主想，律結無罪，亦有制犯者何〔五〇〕？」答〔五一〕：「或緣罪境，人非人故，便結心犯〔五二〕；或緣非罪境，無主物故〔五三〕。然彼迷心，不結正罪〔五四〕。莫非緣罪，故有無不同〔五五〕。又，不同前段〔五六〕；以法事俱識，故是可學，有疑、不識〔五七〕，皆制罪也。」「若爾，後緣法中，亦有想轉〔五八〕。如不處分處分想及疑，亦是不犯重，何為制罪〔五九〕？」答〔六〇〕：「此且據止持中，約事為言〔六一〕。必如所引，對法有二九句〔六二〕，後作持中，更為辨也〔六三〕。」

次就作犯中〔六四〕

「可學」法事，如初九句〔六五〕。「不可學」者，如後九句，與前竝同，但犯根本為別〔六六〕。

就中，根本不識事中〔六七〕，或無犯，謂始終無心，如誤殺人等〔六八〕，

除淫、酒戒〔六九〕。若中間轉想，疑事、不識事，由心差故是方便〔七〇〕。若不差，結根本〔七一〕；或不造前事〔七二〕。此後九句〔七三〕：「識事」三句，為上品作犯〔七四〕；「疑」中三句為中品〔七五〕；「不識事」三句為下品〔七六〕，或無罪〔七七〕故。對法類知，可解〔七八〕。

所以前九句中，上品一句者，以事法俱了，未可論罪〔七九〕。後九句，各分三品〔八〇〕者，莫非由一事生，容兼疑、不識故〔八一〕。結罪易明，故分為二九句〔八二〕也。

若論緣罪，下二心「疑」及「不識」，合十二罪〔八三〕，皆犯究竟〔八四〕。以罪是可學故，以不學故不識。故文云：不以無知故得脫〔八五〕。若犯罪，如法治，更增無知法〔八六〕。「無知」及「疑」，皆是究竟〔八七〕。若不疑及識，一向無罪，無果可趣〔八八〕。前言無罪者，謂無「不學」「無知」，非謂無根本罪〔八九〕。

問：「根本，不識事三句無罪，便是六句〔九〇〕，云何言『作犯九句』？」答：「若就根本，唯六句〔九一〕；然上三句下，不識與疑，亦有犯故〔九二〕。」「若爾，此下疑等，正是不學止犯，非是作犯，何得說為『作犯九句』〔九三〕？」答〔九四〕：「從根本故得名〔九五〕。又，必由造前事，通名作犯攝〔九六〕也。」「若爾，不識事識犯，即是無罪，正應有八，不得有九〔九七〕？」答：「如前已解，句法相從〔九八〕。」

又解〔九九〕：若就「可學」事上，生「可學」迷，一向九句，莫不犯根本〔一〇〇〕。若「可學事」，生「不可學迷」，唯六句有罪，除下品〔一〇一〕。若轉想結前心蘭，得有九句，竝方便罪〔一〇二〕。若迷想，就後心〔一〇三〕：唯得六句，如有主無主想，以無罪故；或九句，人非人想，後心吉羅，生罪緣故〔一〇四〕；若兼止犯，得有八句，相從造事，亦得說九〔一〇五〕。

極為分別，不知鏡不〔一〇六〕？思之。

次明「作持」九句〔一〇七〕者。

若從對「事」「法」以辨，實亦應有兩箇九句〔一〇八〕。但明用差別〔一〇九〕，階降不異〔一一〇〕，故合一九句，唯對「可學」以明〔一一一〕。今且列句，所以如上「止持」「可學事」中〔一一二〕。此但順教作事，與前為異〔一一三〕。

就中分三〔一一四〕。初一句：識法謂知造房，須乞白二〔一一五〕。識犯〔一一六〕；

若不乞法，便結僧殘。中品四句：識法疑犯，識法不識犯，疑法識犯，不識法識犯〔一一七〕；下品四句：疑法疑犯，疑法不識犯，不識法疑犯，不識法不識犯〔一一八〕。

「不可學」法迷，亦有九句〔一一九〕，如前段後，九句說之〔一二〇〕。

次論止犯，或九或八〔一二一〕。

言九句〔一二二〕者：上品四句，有十六罪〔一二三〕；中品四句，有八罪〔一二四〕；下品一句，但犯根本一罪〔一二五〕，如「不乞處分造房」，但犯一僧殘，由識法〔一二六〕識犯，故無「不學」「無知」罪。所以顛倒前句不同〔一二七〕者：以犯門解義，罪多為上品〔一二八〕。犯四根本僧殘，各加「不學」「無知」〔一二九〕，如前列數，非多何謂？言八句者，對教行不學以明，則無「識法識犯」下品一句〔一三〇〕。

若對「事」明，亦有兩箇九句〔一三一〕，謂「可學迷」及「不可學迷」。如不說淨，見犯不發，即是「可學」〔一三二〕；若迷若忘，即「不可學」〔一三三〕。

如此廣知，隨指一戒，達之，則類通法界〔一三四〕也。

【校釋】

〔一〕其相微隱　簡正卷一四：「總歎此門相貌微妙、隱蜜難知，非積學之人難見。今依法寶，收今古之義。四種難知：一、約人，結不結難知；二、約可學迷、不可學迷，結不結難知；三、約教文，明開、不開及輕重難知；四、約分二九，結罪難知。今初約人結不結者。准律，約教對根，有上、中、下三人。若將根對教，即六人學教、三人不學教。且不學教三人者：一、學了教三人。如抄云：謂受戒已來，勤學三藏等。此人事法但了，無二罪（【案】『二罪』即『不學』和『無知』。）。此通上、中根人。二、學半知、半未知人。於解處無二罪，於不解處亦無二罪。以學故，學無不（【案】『不』後疑脫『知』字。），未知故，無無知。此亦通上、中根人。第三，初學人。以學故，無不學罪；未知故，無無知。及鈍根學不了者，以不離依止故，無不學罪；學終不了，無無知愆。此通三根人。（已上辨一向不結罪。）次，對不學教三人。一、由來不學人。故鈔云：若由來不學，事法無知等是。（八二一頁下）此通上、中根人。若上根不學，始終二罪；若中根人不學，五夏前結『不學』，五夏後方結『無知』。二、中間止不學人。於先解處無『二罪』，有疑不識處結『二罪』，亦通上、中根人。三、鈍根人不學人。始終不學，唯有『不學罪』，非力分故，不

結『無知』。已上正義敘述六人已竟。第二、約可學述（原注：『述』疑『迷』。）不可學述（原注：『述』疑『迷』。次同。）不結難知者。若明白心中緣於事法，有疑不識，名『不可學述』。若先解知後迷心，緣而不了，是『不可學迷』。若學教人於一切事法明白，緣不了時，是可學事上生『不可學迷』，皆放『二罪』。若不學人，於此生迷，便結『二罪』。若學教人，於解處迷忘心生，即是可學事上生『不可學迷』，亦放『二罪』。若不學人，若由來不學人，明白心中尚由不知，即無迷忘。若中間止心不學人，於先解處亦有迷心，亦同放罪。若准古人，事上疑不識即『放』，犯法上有疑不識即『結』，歷代皆然。今師一切皆開，可謂『微隱』也。（第二門彰。）三、約教文辨開不開及輕重難知者。若學教人，於事法上明白心中先曾識知，後忽迷忘，准律境想，第二三句，開無根本。今師例此，兼放枝條。故下文云：隨想境想具之。若不學教人，（八二二頁上）於事法上明白，心中緣不了者，即是『可學迷』。准律作犯文，隨所作結根本，更增『無知罪』。（上且約教。）次辨輕重者，古云：不學、無知，皆是吉羅。今云：不學，吉羅。無知有二：若疑未了，准律先誦後忘戒，是吉羅；答全根本不識，即准不攝耳，聽戒重增無知，波逸提。自古不分，可謂『微隱』。第三門竟。四、約分二九句結罪難知者。可學九句，四一成品。上品一句，無罪；中品四句，上半（【案】『上半』即每句的上半句。下同。）無罪，下半（【案】『下半』即每句的下半句。下同。）有八罪；下品四句，有十六罪。若學教人，於此事犯，有疑不識處，放二十四止犯，成三十六作持；若不學教人，結二十四止犯罪。若學不可九，三三成品。上品一句，無罪；中品，上半無罪；下品，上下俱有，廣如下文。若准今師，將學人對此九句，事犯識處，是明白心，無罪；有疑不識處，是迷忘心，放二十四罪。若中間止不學人，對此九句，於事犯有疑不識，皆是迷心，亦同放罪。若准古師，上半事上即放，下半犯上有疑不識處，由結。歷代相遵皆爾。今師於止持門後難開，可謂『微隱』。」（八二二頁下）【案】「不學」「無知」文分為二：初，「其相」下；二、「言其」下。

〔二〕初且敘結，然後例開　鈔批卷二二：「即此下兩行之文，明結其不學、無知之罪所以，謂敘其結罪之意也。然後例開者，謂將此不學、無知之罪，例於持有犯四行，皆類例有也。即下文云：既略敘結，須配位法，是其義也。」（八八三頁上）簡正卷一四：「『敘』謂敘致，『結』謂結（八二二頁下）屬。先敘勸學之人受戒已來，勸學三藏，後若迷忘心，緣而不了，依律境想事罪之上，開

無『二罪』，結屬此人。次，又敘致不學之人，由來不學，觸事違犯，依律作犯，文結根本，更增『無知』法，結屬此人。此但約略之談若（【案】『若』疑剩。）也。盡理而論，合有六人，隱在二人之下，故云『且』也。然後例開者，謂上既敘致學、不學之二人，今即配四行上，例開為二『九句』：不學人，配『可學』九句，結二十四止犯；若學人，配『不可學』九句，全無有犯。一戒既爾，餘二百四十九戒皆然。故下文云：且據一事，以通餘戒，即一切戒上，皆有四行，一一行上，皆例開為『二九』句，故云然後例開。且順抄解，設有別釋，不無雜亂，不敘。」（八二三頁上）

〔三〕犯相　簡正卷一四：「謂既敘致學、不學二人，結與不結，今云犯相者，即敘致勸學之人，無不學、無知之犯相。又，敘致不學之人，有不學無知之犯相也。理實合言持犯相。今不云持，且約造趣前事之時故，單言犯相也。」（八二三頁上）【案】「言其」下分二：初，「言其」下；次，「既略」下。

〔四〕謂受戒已來，勤學三藏　資持卷中四上：「『謂』下釋義，先明學者開迷。……初中，文為四節。初句示其從始，次句明其達教。」（三三八頁中）簡正卷一四：「此敘學教人也。此人從受戒後，勤學三藏教法，明如指掌。」（八二三頁上）

〔五〕於境迷忘，遇緣而造　資持卷中四上：「『於』下二句，明隨行容迷。上句謂緣境心差，下句謂對治力弱。」（三三八頁中）簡正卷一四：「後對境時，迷忘忽生，於境或疑或不識，故云『於境迷忘』。『境』謂制、聽二教中，三（八二三頁上）重惡事法，是止持作犯境；兩重善事法，是作持止犯境。今先於此境止已，曾委練後，忽忘迷等，或疑不識也。遇緣而造者，『造』謂造作。前事前境，是人迷為非畜杌木等想，造作煞事也。」（八二三頁下）

〔六〕隨相境想具之　資持卷中四上：「『隨』下一句，指開犯所據。律中，諸戒之後，皆有境想句法。既開根本，故無枝條。不可學迷，據此而立。如第四門所辨。」（三三八頁中）簡正卷一四：「正辨開迷意也。謂律文中，牒釋戒本，隨戒釋相，具明境想五句之文，具於制止煞戒事上立之。言五句者：一、人作人相煞，（結夷；）二、人作非人疑，（結蘭；）三、人非人想，（上同；）四、非人人想，（亦蘭；）五、非人人疑，（同上。）已上五句，初一是明白結根本，下四句迷忘皆得蘭，望不犯根本邊成持。今學教人，迷忘心生。雖遇緣造作，正准境想。後四句之文，開無根本，兼無不學、無知。此即迷心、不迷教，故開也。」（八二三頁下）鈔批卷二二：「謂若勤學聖教，識達持犯。若作罪福，前釋相中已明。或兼迷忘，則不結犯，如想疑等，不結根本，此亦隨相略釋。

今此明不學無知之人，間（原注：『間』疑『闇』。）於教相，故今料簡，約位既釋。」（八八三頁上）

〔七〕**若由來不學，「事」「法」無知**　資持卷中四上：「『若』下，正敘不學結犯。……次，正敘中，亦四。初句同前，（三三八頁中）餘三翻上。由，從也。次句愚教。三謂行違，素既無知，故不論迷。」（三三八頁下）簡正卷一四：「此謂敘不學人迷教不迷心，故結罪。謂此人從受戒後，於三藏教文一切善惡事法作不學意，致令不識兼疑，觸目對境，成於違犯，故曰若由來不學等。」

〔八〕**隨所作結根本，更增無知罪**　簡正卷一四：「准作犯文，隨五篇結罪也。更增無知罪者，古准作犯文，約疑心說是吉；今約不攝耳，聽戒更增無知罪。問：『既言隨所作結根本，便屬作犯，何開止犯？』答：『引文相從，故有犯根本之言。今（八二三頁下）唯取不學、無知止犯。』」（八二四頁上）鈔批卷二二：「謂約不學無知，今隨犯六聚結等根本罪已，更加不學、無知罪也。」（八八三頁上）資持卷中四上：「『佛』下，引據。問：『何名為學？』答：『凡學有二：一教、二行。教以照行，行以踐教。非但尋文，即名為學。故疏云：佛立教相，止為奉行，若但讀誦，非本意也。如戒名眾學，豈但讀耶！又，若徒行，復不名學，縱令持奉，猶不免過。疏云：若於二持，雖不違負望，非明決不，名為福故。知學者，止是稱教修行，教行相循，方名為學。至如顏淵好學，不遷怒、不貳過；楊雄談學，行之為上，言之為次。在儒尚然，況超世拔俗之教，而專以誦文為學耶！今時學律，解無所曉，行不可觀，放情造過，殊無慚恥！輒謂：我是學人，免無知罪。此乃自欺，罪何可免！又復矜持，吾縱犯過，業亦非重，猶如鐵缽入水能浮。此又不聞淨心誡觀云『知而故違重不知』者？今欲曉下句法，必須準律分相。但取下壇已來，期心持戒，專依師範，咨稟法訓，兢兢守護，不敢妄違，則名為學。此分三種：一者，久學解行成立，如文所敘；二者，初學雖學未通，如漸頓說；（上二，依三學次第學。）三者，夫學謂勤求道果，期後習律，如毀毘尼，不犯所開。（此開不次第學。）如上三人，一向不結不學、無知。次明不學，亦分三種：一者，始下壇場，或跡混流俗，或越學餘宗，或禮誦等業忽慢，或律都無知者，如文所敘；二者，雖復學習，不專持奉，目矚耳聽，心背行違，知而故犯，末世多然，準上流文，不名為學；三者，先曾乘（【案】『乘』疑『秉』。）持，守心不固，中道而廢，還為不學。此等三科，一切事法，隨有不了。若持若犯，皆結二罪。如此格量，粗分途徑矣。問：『下開句法，（三三八頁下）為是學人、為不學人？』」

答：『此科正論不學、無知，結犯分齊。學人十向無罪，何用句法揀之。古來章記，例以學不學人相參而說。傳迷來久，見此好為一悟。』（三三九頁上）【案】四分卷一八，六八六頁中。

〔九〕**既略敘結，須配位法** 資持卷中四上：「上句結前，次句生後，罪相交雜，非句不辨，故云『須』也。」（三三九頁上）簡正卷一四：「結上生下也。謂將學、不學二人，配四行位，止作其句法也。」（八二四頁上）【案】「配位法」文分四：初止持，二、作犯，三、作持，四、止犯。

〔一〇〕**今立兩簡九句，為持犯方軌** 鈔批卷二二：「無約止持中分可學，作兩九句也。」（八八三頁上）資持卷中四上：「『今』下，示所立。標云『今』者，簡諸古師，句法異故。此二九句，即能所體狀，相對而論。『所體』有二：即事與法。事法之下，各帶犯相。『能體』有三：一、識，二、疑，三、不識。以此三心，歷事歷犯，各有三心，交絡互織，則成九句。（法中亦爾。）即上事犯，心容迷倒，復無九句。此之二九，披括心境，用歷一切塵沙事法，檢察心行，無不通達。事法無量，二九遍該，楷模一定，故云『方軌』。」（三三九頁上）簡正卷一四：「今立者，異於昔人也。兩人（原注：『人』鈔作『簡』。）九句者，一、學九，二、不可學九。可學九者，配前不學之人，於前九句中，有三識犯、三藏事事犯，共有六个識。每一識上成二作持，六个識通計十二作持。餘有十二半句，於明白心中，疑事犯及不識事犯，此疑不識。由先上不學故，共結二十四枝條止犯罪。故前文云：若由來不學人，事法無知，觸便違犯。佛言：隨所作結根本，更增無知罪。故知可學九句，唯配不學教人。若是學教人，明白心中，有疑不識，此是學而未知，開無罪犯。不可學九，配前勤學之人，學知之後，對境迷忘，有疑不識，於十二半句，翻成二十四作持。餘有六个半句，識事犯上，又成十二作持，并前都成三十六个作持也。不同古來，惡事為不可學緣，不了時無犯。若於犯法，是可學緣。不了時，結十二罪。今師據迷心，不論事犯俱放故。前文云：謂前受戒已來，勤學三藏，於境迷忘，遇緣而犯，隨相境想具（八二四頁上）之。故知不可學九，唯配學教之人也。問：『上立二九句，有何意耶？』鈔答云：『為持犯方軌，謂立此可學、不可學二九句法，為二持、二犯，四行之上方法軌則也。』」（八二四頁下）

〔一一〕**且據一事，以通餘戒** 鈔批卷二二：「謂隨約一事作，今且約殺一戒作之，餘例取解，故言以通餘戒。」（八八三頁上）簡正卷一四：「一事，謂對人。二事，古人二事之上，方立二九。先於制門，制止惡事上立不可學一九。又，制作門

中，於衣鉢善事上，立可學一九。自古皆爾。今師事文之上，便立二九。且如制止惡事上明白心內，俱須學知，立可學一九。學知之後，迷忘互生，緣而不了，設作前事，皆開無犯，即成不可學九。（故云且據一事。）以通餘戒者，二百五十、三百四十八戒皆然。並有可學、不可學也。（不要向『妄語』及諸要法上以釋也。）故下文云：隨指一戒，達之類通法界。」（八二四頁下）資持卷中四上：「『且』下，例通。據一事者，謂舉少出法，非定一事。如下止持、作犯，略舉殺、盜；作持、止犯，但引房長是也。通餘戒者，戒相萬別，句法齊通，以通貫別，無不爾故。」（三三九頁上）

〔一二〕**先就止持，明有無、輕重罪之分齊** 簡正卷一四：「謂總標其二九句，明不可學、無知、有無、輕重、多少等義。且初可學九句辨者：上品一句，識事犯。及中品四句，上半（【案】『上半』即每句的上半句。下同。）兩个『識事』、兩个『識犯』，是無罪分齊；中品四句下半，及下品四个全句，於犯上共有六疑、六不識，是有罪分齊。就有罪中，疑事疑犯句，唯吉無提，是罪分齊；不識事、不識犯句，有提兼吉，提是重（八二四頁下）罪分齊，吉是輕罪分齊也。後不可學九句：上半事九句中，全無罪，及下半（【案】『下半』即每句的上半句。下同。）犯；上第四、第七，亦無罪起，無罪分齊。餘之六句，下半犯，上疑犯不識犯，是有罪分齊。就有罪中，疑犯得吉，是輕罪分齊；不識犯得提，是重罪分齊。此依今師，提吉兩分，則有輕重。若古人並判為吉，則無輕重。又，此九句犯上結罪者，猶順古。若依今事，犯俱迷，則事犯俱不結罪，九句總是無罪分齊。」（八二五頁上）鈔批卷二二：「謂約九句上，明不學無知。或有罪，或無罪，或重也。（八八三頁上）上品一句，以識事、識犯，是無罪也。中、下各四句，帶疑及不識是有罪。就有罪中，不學及疑是輕，不識是重，故曰也。」（八八三頁下）資持卷中四上：「識則俱無，疑及不識俱有。輕重有二，一者，不學輕，無知重；又，無知中，疑心輕，不識重。」（三三九頁上）【案】「止持」分二：可學和不可學。

〔一三〕**可學事** 簡正卷一四：「謂明白心中，於一切境，皆須學知，是可學事。今對學人及不學人，明白心中辨。今抄文先明可學事者，與首疏文同也。彼亦先辨可學，次辨不可學。不同體狀門，先明不可學，次辨可學。（繼宗記中意恨，妄陳古今先後。）」（八二五頁上）

〔一四〕**作九句，分三品** 簡正卷一四：「謂約句法辨罪多少。若准戒本疏，可學一九，唯配不學教人，都有九句。每句配一人，即約九个不學教人說。（非謂是搜玄

九人，多見鈔說。知之。）謂此九人，各修一个止持之行，於前煞境，止而不作根本，持行雖成，且明白心，緣前可學境不了，遂成可學九句。除事犯止六識，自成十二作持，餘有十二疑及不識句，都計二十四枝條『不學』『無知』（八二五頁上）止犯罪。若學教人配之，便成三十六作持一（原注：『一』字疑剩）。（此依戒疏，配此九人。）若准慈和記，約一人說前後自成九句者，非也。宗（【案】『宗』後疑脫『記』字。）破云：若言一人者，且第一度既識事識犯，便是明練。若再緣時，有疑不識，便同迷妄，自成不可學，何更有犯耶？（故約九人，方為妙也。）對此須知。今古作句不同。相疏：可學、不可學『二九』，皆依境想三句上作之。首疏：不可學九，便依境想三句，三三為品而作。若可學一九，即不依律文，作（原注：『作』一作『依』。）之便以四成品也。今抄之文，依首疏作之。然於下品四句，稍異於首疏。今先作不可學九句，後作可學九，取愜於人。問：『何故先作不可學九？』答：『謂可學九，本從不可學中來，欲明可學，故先明不可學；又，欲明不可學，先且敘境想句法。所以爾者，謂不可學從律境想中來，故須先說。』言境想句法者，且依煞戒，列五句：一、人作人想，（是識事心；）二、人非人疑，（是疑事心；）三、人非人想，（是不識事心；）四、非人人想，（亦不識事；）五、非人人疑，（是疑事心。）今取上之三句，橫布作識事、疑事、不識事三句，作事上三心。若論犯上，即約覆麤罪戒境想。言五句者，且如煞人得波羅夷，名麤罪：麤罪作麤罪覆，（是識犯心；）二、麤罪作非麤罪（八二五頁下）疑，（是疑犯心；）三、麤罪作非麤罪想，（不識犯心；）四、非麤罪作麤罪想，（亦不識犯心；）五、非麤罪麤罪疑，（是疑犯心。）今取上三句，作識犯、疑犯、不識犯三句，橫布於三事之下。且將識事一句，歷犯上三句，成上品三句：一、識事識犯，二、識事疑犯，三、識事不識犯。次，將『疑事』一句為頭，歷犯上三句，成中品三句：一、疑事識犯，二、疑事疑犯，三、疑事不識犯。次，將『不識事』為頭，歷犯上三句，成下品三句：一、不識事識犯，二、不識事疑犯，三、不識事不識犯。便成『不可學九句』竟。次明『可學九句』者。無（原注：『無』疑『先』。）將境想中不『識事』心，歷其事犯，合成上品一句者，即『識事識犯』是也。次，還將『識事』心，歷犯上『疑』及『不識』。次，又將第一『識犯』心，歷事上『疑』及『不識』，成中品四句，應云：一、識事疑犯，二、識事不識犯，三、識犯疑事，四、識犯不識事。次，下品四句者，即於『事犯』上除卻第一識心，取事上『疑』及『不識』二心，歷犯上『疑』及『不應』

（【案】『應』疑『識』。），便成下品四句。今先將『疑事』心歷犯上『疑』及『不識』。次，又將不『識事』心，歷犯上『疑』及『不識』者，應云：一、疑事疑犯，二、疑事不識犯，三、不識事疑犯，四、不識（八二六頁上）事不識犯。（已上歷成『可學九句』。）此之九句，以四一成品。九句中，與前三三九句，大同小異。唯於第二品第三、第四兩句則異，餘句不別。今且將上品一句及中品一二三（【案】『三』疑剩。）兩句，是前九句中上品三句。次，中品三、四兩句，是前九句中，中品頭句，及下品頭句。今抽折前九中下二品頭句，將來安置向後九句中。中品第三、第四，迴轉『識犯』向上，欲令上半（【案】『上半』即每句的上半句。下同。）無罪，下半（【案】『下半』即每句的下半句。下同。）有罪故。下品四句，一、二兩句，是前九中品二疑事。三、四兩句，是前九下品兩不識事也。謂鈔主一依大疏，『可學』以四一為品，上、中二品，與彼無殊，但品（原注：『品』字疑『剩』。）於下品四句，一依境想次第與首疏別也。若疏中，下品不依境想文立，故彼云：不（原注：『不』上疑脫『一』字。）識事不識罪，二、不識事疑罪，三、不識罪疑事，四、不識罪不識事。此便闕境想第二『疑事』為頭也。問：『古人因何不依境想次第？』答：『古人意道：約義而明，於制門中、衣鉢等善事上，辨可學止持，則事罪並是可學。約心緣境，不定前後，皆約緣之。是故不依律文次第也。不同不可學中，對其惡事，止而不作，兼對迷心，辨其具闕。要依律文，境想次第，開其事上不學、無知，不開罪（八二六頁下）也。』（已上辨古今句法差別竟。）此之九句，古今皆有明義，不同古師，唯局作持，進修事法，明白心內。必須知釋，可學一九。若不習學，皆制二罪。若論制止惡事，不許造脩明白之心，緣而不了，皆不制罪，不成『可學』。今師不爾，一切心境，並制學知。何局善境，一向可學。與昔全乖，故通萬境。（已上古今大旨。）問：『既言善惡通該，何故講者承皆約煞戒惡事，以錯抄文九句耶？』答：『准若（原注：「准若」疑倒。）今意，隨舉一釋，不簡善惡。但為對於古執，偏舉惡事釋之。若依鉢，今古既同，故不舉也。又須知此九句，准戒疏意，正配九个不學教人，傍配學教九人也。』」（八二七頁上）

〔一五〕上品一句，識事識犯　簡正卷一四：「識事煞，即知初後識是人。又，知結波羅夷名識犯。於事犯既識，學、不學二人，並無二罪。問：『學教人無二罪任從，不學教人何得識事識犯？若言明識，與學教人何殊？』答：『諸記解釋皆殊。既非正義，不煩敘破。今意謂：利根中間，止心不學人既（原注：『既』

一作『說』。），且如利根之人，從受戒從（原注：『從』字疑剩。）後，曾依講學，於事法多分識知，忽於中間，止不學意，隨止心日（【案】『日』疑『曰』。）結不學罪。變成不學（八二七頁上）人收已，後對境之時，於所對事法且識之，識處蓋是昔日學來。雖中間止心不學，自屬不學教人收。據今日明識之處，且無二罪。鈔文正約此句，不論其餘。（豈因搜玄約生而知之，不預繼宗偶然如會？）」（八二七頁下）鈔批卷二二：「覺意云：識知婬通三覺、盜分四主，及燒、埋、壞色等，障云識知。隨（原注：『隨』疑『墮』。）胎皆名殺人，了知從初識至後識，明皆名人也。世中大有人謂言胎未是人也。言識犯者，識知殺人犯夷，殺非畜蘭、提。約盜者，則謂識知盜五夷、四蘭也。言犯者，只是罪故也。首疏中，九句喚為識事、識罪，餘義一同。但故此字（【案】『字』疑『事』。）也。戒疏云：『事』謂殺、盜、三衣、一鉢也，『犯』謂結罪夷、蘭、提、吉。若能於此事法明了，無疑奉行，可謂上品律儀之士也。」（八八三頁下）【案】資持卷中四上（三三九頁上）圖示如下：

〔一六〕**中品四句**　簡正卷一四：「謂此四句，每句配一人，須是四個不學教人。問：『此之四人，若為配屬？』答：『約四個中根中間止心不學人以論。』問：『據何義理，配中間止心不學人？』答：『緣謂中品四句有帶釋處，故須此說。且如一類中根之人，受戒之後，亦曾習學，於其中事法，粗會少多。或於中間，作不學意。隨起心念，便結止犯吉羅，變成不學人攝。然對境之時，粗有識知，是先日解之處，望此識邊，且無二罪。若疑不識，隨境結之。配此四人，相同明鏡。』」（八二七頁下）【案】資持卷中四上（三三九頁上）圖示如下：

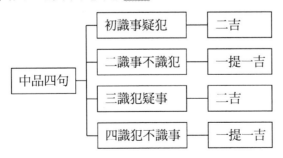

〔一七〕**識事疑犯**　簡正卷一四：「言識事者，同上解也。疑犯者，猶預不決，煞初後識，定結何罪？（學人番戒持不學人二吉：一、不學，二、無知。）」（八二七頁下）鈔批卷二二：「識事同前解也。言疑犯者，謂疑殺人為蘭，盜五為蘭。

下解釋中，即云疑輕重，應此文也。」（八八三頁下）

〔一八〕**識事不識犯** 簡正卷一四：「謂言煞人全無罪故。〔學人准前，不學人二罪：不學吉，無知擬（原注：『擬』疑『提』。）。〕」（八二七頁下）鈔批卷二二：「識事同前解，不知殺人得夷，謂言得蘭；不知盜五犯夷，謂是犯蘭。下文解釋云：迷輕謂重，應此文也，則不得云犯謂不犯。既言識事，即是知佛制不得殺人，何更得云無犯？而稱不識犯，但是迷輕謂重，迷重謂輕也。又云：雖知佛禁殺人，（八八三頁下）不知夷、蘭、提、吉之殊，故曰識事不識犯也。」（八八四頁上）

〔一九〕**識犯疑事** 簡正卷一四：「決知煞人結夷罪。疑事者，疑初後識，有命無命。（學人准前，不學人二吉。）」（八二七頁下）鈔批卷二二：「亦知殺人得夷，但於事生疑：疑之為刀，故（原注：『故』疑『殺』）得夷？為墮胎亦夷，為命斷得夷？為刀傷夷？猶豫不決曰疑也。又，疑者，為殺男女，女亦夷。約婬為樂方犯，為入即犯是也。云疑前境是人非人者，此是迷心，屬不可學句，何得來此明也。」（八八四頁上）

〔二〇〕**識犯不識事** 簡正卷一四：「不識事者，不知初後識是人等。（學教可知。不學人，一提，一吉。）」（八二七頁下）鈔批卷二二：「識犯同前解。言不識事者，只言刀殺得夷，謂言墮胎與藥等非犯也；盜中，只言村中盜是犯，謂於蘭若盜不犯；又約燒埋、壞色，不知是犯。故下文解釋，即云迷輕謂重，應此文也。唯不得云犯解此句也。礭云：不識事者，不識婬通三境、盜分四主等事也。（此解好。）」（八八四頁上）

〔二一〕**下品四句** 簡正卷一四：「亦配四个不學教人。（八二七頁下）問：『此四人與中品四人何別？』答：『前約中根止心不學人說，此約中根及利根由來不學人說有異。』問：『何故將此四句配由來不學人？』答：『謂此四句，全無識處，唯是疑兼不識。明知，全未習學，是以四配此四人。』」（八二八頁上）【案】資持卷中四上（三三九頁中）圖示如下：

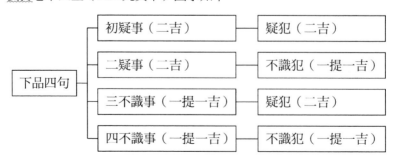

〔二二〕**疑事疑犯**　簡正卷一四：「（學人准前，不學人四吉。）」（八二八頁上）

〔二三〕**疑事不識犯**　簡正卷一四：「（學教同前，不學人三吉、一無知提罪也。）」（八二八頁上）

〔二四〕**不識事疑犯**　簡正卷一四：「（學教人准前，不學人三吉、一提也。）」（八二八頁上）

〔二五〕**不識事不識犯**　簡正卷一四：「（學人同上；不學人四罪，二吉、二提也。）上來三品九句，准戒疏意，配屬九人收。前漸頓門中，學不學，方為盡理。問：『前漸頓門，將根對教，豈非三人：一、利根，二、中根，三、鈍根？上之所配，但見據利根及中以論，全不配鈍根人，何意？』答：『鈍根不學。唯有不學，罪無無知，非力分故。是以不入句法也。』」（八二八頁上）

〔二六〕**次解釋**　鈔批卷二二：「即解上九句也。」（八八四頁上）簡正卷一四：「向下釋句法。正解中，但解中、下二品。於事法共有六疑句、六不識句。若上品一句、二識，中品四識，都成六也。既是明識之位，更不解也。」（八二八頁上）

〔二七〕**上言「不識」**　簡正卷一四：「雙牒事犯，各三不識句，合成六个不識句。中品有二：事（【案】『事』前疑脫『一』字。）一犯；下品有四：二事二犯。」（八二八頁上）資持卷中四上：「牒不識犯不犯等。語通事犯，以止作二門，一切事法，隨一事法，必兼於犯。且如婬戒，犯不淨行、共畜生等，即是『事』也；波羅夷者，即名『犯』也。乃至眾學，齊整著內衣是『事』，應當學即『犯』。此就總論。若約別說，一婬戒中，自造怨逼，方便重輕，境想差別，種種別相，皆名為『事』。法亦如之。是如事法，乃有無窮犯，則不出六聚。」（三三九頁中）【案】「上言」下分二：初，「上言」下；次，「上品」下。

〔二八〕**犯謂不犯**　資持卷中四上：「如墮人胎、與殺具等，謂為『無犯』，此下合（【案】『合』義即『應該』。）有『不犯』謂『犯』，如盜無主謂犯夷等。」（三三九頁中）簡正卷一四：「迷輕議重者，解三『不識犯』也。（八二八頁上）謂初識胎中是人，煞得夷重，今謂言『無命』，煞全無罪。（故云：『犯』謂『不犯』。）又，煞非人胎，本結偷蘭。今迷此蘭，謂同人得重，畜生准說，故云『迷輕謂重』。若學教人，於六識，成十二作持。若不學人，結六吉、六提，都十二罪。（已上依今師消文。）若古師於此九句中，本不通於制止惡事，為可學義。若作古人，持犯句法，便須約制作衣鉢事、聽作房衣事說。言犯謂不犯者，如三衣、鉢，體、量、色三種，必須如法。今此三衣，是生疎五大色。又，不應量等，鉢即漆木綖紵所成，色量並不應教，合是犯門所收。命以迷心，謂言不

犯。房衣，准說亦得。（故云：犯謂不犯。）」（八二八頁下）鈔批卷二二：「如
婬，被怨逼，教禁三時無樂，方名不犯。今此不識，教人云：我造境，可宜成
犯。今被怨逼，教禁三時無樂，方名不犯。今此不識教人云：我造境，可宜成
犯。（原注：『今』等二十八字疑衍。）今被他逼，非我本情，雖復受樂，豈容
成犯？此是犯謂不犯也。又如殺戒，律明從初識至後識，殺者皆夷。今不學
者，謂言人形成就可分，得犯夷。今如酥酪，未成人相，何容得重？（八八四
頁上）又如盜，本得財潤身，可得夷罪，燒埋壞色謂言無罪是也。此皆都由不
識其教，皆結愚痴之罪也。」（八八四頁下）

〔二九〕迷輕謂重　鈔批卷二二：「此不識教，只由不學，謂言殺，畜、盜同名。殯（【案】
『殯』疑『賓』。）云：此是迷輕謂重也。」（八八四頁下）簡正卷一四：「離
三衣宿，本得吉。今迷離鉢吉羅之輕將同，謂同三衣，得波逸提之重。（故云：
迷輕謂重。）略要知古今意，不煩廣敘也。」（八二八頁下）資持卷中四上：
「如盜鼠物，言犯重等，亦合云迷重謂輕。如盜四方僧物犯蘭等，疑中有無，
即犯不犯，亦應四句，但是遲疑，非全不識。臨文自說，避繁且止。」（三三
九頁中）

〔三〇〕「疑」中亦爾　簡正卷一四：「謂解六个疑句，中品：二疑事，二疑犯；下品
四疑：二疑事，二疑犯。計六疑句，與前事犯相同，故云『亦爾』。」（八二八
頁下）

〔三一〕疑有疑無　簡正卷一四：「謂釋三疑事也。如初釋，薄落明白，心內疑此薄酪
為『有命』為『無命』？又不知煞此薄酪，為有犯為無犯等疑。（故云：疑有
疑無。）」（八二八頁下）

〔三二〕疑輕疑重　簡正卷一四：「釋三疑犯也，謂煞初識，有罪為殘、為蘭等也。（故
云：疑輕疑重。）（八二八頁下）學教人開成十二作持，不學人結十二止，犯
吉也。（已上今師正義銷抄。）若約古釋，准前衣鉢上解之，即局成古義也。」
（八二九頁上）

〔三三〕上品俱識，故無「不學」「無知」罪　簡正卷一四：「謂此句識事、識犯，俱以
明解上、下二識，並無不學、無知罪。學、不學二人，各成四作持行。故戒疏
云：事法明了無疑，可謂上品持律也。（已上疏文。）問：『但配學教人明識之
句，不要配不學教人得不？』答：『不得。不可見此識於事犯，便將單配學人，
恐違戒疏。且戒疏之內，中品四句，上半（【案】『上半』即每句的上半句。）
識事處、下半（【案】『下半』即每句的下半句。）疑及不識，亦全配不學教人。

且不簡出識處配學人，疑不識處方配不學人。既不甄簡，故知上品一句，准學雙配也。』問：『既將不可學配學人放罪，可學九句配不學人結罪。何必於可學九中，輒明學教人放罪，豈非雜亂耶？』答：『深有由致，謂學人之中，有學而未知者，於明白心中，緣於事法，有疑不識，生可學迷，與不學人相似，同是可學迷。故須於可學九句內，傍配學人。律不結罪，翻犯成持也。』（准此意者，明白疑與不識，非是迷故，不得入後九句中。此若傍配之，以明放枝條罪即別，更無攝處也。）問：『不可學九句，正配學教人，莫須傍配不學人不？』答：『不學人明白心中，上由不識，有何迷義，何要雙（八二九頁上）配？若明白心中，有於識處，還同放罪也。』（已上兩重問答，實謂膜古奪今。）」（八二九頁下）

〔三四〕**中品帶識故，於罪於事，生疑不識，故有八罪，各有「不學」「無知」**　簡正卷一四：「所言帶識者，四句之內，各上半（【案】『上半』即每句的上半句。）『帶識』、下半（【案】『下半』即每句的下半句。）『帶疑』及『不識』。初二兩句，各帶識事；第三、四句，各有識犯。故云『中品帶識』。一、二兩句，於罪生疑不識，第三、四句，於事生疑不識，故云『於事生疑不識』。言八罪者，兩疑兩不識，共成四單句。每句下二罪，便成八罪。」（八二九頁下）鈔批卷二二：「明其中品四句中，有識有疑，合有八罪，有二疑、六吉。不識者，一提、一吉。不學也，無知故，不識是提，疑中有二吉，謂不學還吉，無知故疑是吉。此四句中，有二提六吉，謂文中有兩疑，得四吉。兩不識得二提、二吉，故有八罪也。」（八八四頁下）

〔三五〕**下品四句，十六罪**　簡正卷一四：「每句四罪，四句共論，成十六罪。多於中品，此約不學人二十四止犯，於中還有識處。如上品一句，事犯俱識，翻四止犯，成四作持。中品，兩識事、兩識犯，八止犯翻成八止持，并上品成十二作持行。餘疑不識。及下品，一向疑與不識，作持全無，但成二十四犯也。若傍配學人，三品九句，對於九人，人戒四持，四九豈非三十六也！」（八二九頁下）鈔批卷二二：「明此中純是不識與疑，故名下品四提、十二吉，今（原注：『今』疑『合』。）十六也。」（八八四頁下）【案】罪數中，資持科文為二：一者『下品四』下，二者『竝不犯』下。

〔三六〕**此中二十四罪，有六波逸提、十八吉羅**　資持卷中四上：「『此』下，總合。」（三三九頁中）簡正卷一四：「謂中品八罪、下品十六罪，通二十四，俱是止犯。六波逸提者，謂中、下品共論，有三不識事、三不識犯，已上六不識，每

一不識，結無知提也。十八吉羅者，於中十二个是不學吉，六是疑句家無知吉，通上十八吉羅。」（八二九頁下）鈔批卷二二：「此中二十四罪，謂將下品十六罪并前中品八罪，故成二十四也。」（八八四頁下）

〔三七〕以無知故，得重也；餘有疑、不學者，皆吉羅也　鈔批卷二二：「無知得重者，則是提也，餘皆吉罪。此並於可學迷上結之。」（八八四頁下）

〔三八〕竝不犯根本，名為「止持」　資持卷中四上：「初二句舉宗，謂對境守戒，不了事犯。雖枝條有犯，望體本名持。」（三三九頁中）簡正卷一四：「應先問云：『既言愚教，便是犯門所收，有何等義，在止持攝？』可引抄文答：『並不犯根本，名止持。』意道：上來二十四止犯，雖從根本句位上立，並有護戒、方便、止煞之心，不進趣造作邊，亦成止持之行。九人之內，初之一人行成之時，識犯全無止犯；後之八人行成之時，於前事犯，或可疑、或可不識，隨相多少，各結不學、無知，共成二十四止犯，是愚教攝。今且據不犯根本，得名止持，不論餘義也。」（八三〇頁上）鈔批卷二二：「謂今雖約殺、盜上，明不學、無知罪。據其根本，既是約止持上明者，故今須述，未作根本殺、盜事，但是指前事境緣，而不了之時，故結不學、無知止犯罪耳。言名為止持者，如戒疏問：『既名愚教，則是犯位，有何等義名為止持？』答：『不犯根本，故名止持，（八八四頁下）於事有迷，同是愚教，止犯所攝，舉宗判義，持犯何卒？謂據宗是止持，據不學、無知，是其止犯。』賓云：『此宗明止持可學九句，何故宗不學、無知，止犯二十四罪來此辨耶？』解云：『論本雖是止持，今不約體上，言有此罪，但約緣時不了別，有此愚教罪，可或緣也。止持，我心不了，以緣他事，不識與疑，不（原注：插入『不』字。）結不我（原注：『我』疑『學』。）、無知，止犯也。若作持中，不學、無知罪者，據自緣所作，事不了結也。」（八八五頁上）

〔三九〕上品俱識，故名「上品止持」；中品罪少，名「中品止持」；下品極多，故名「下品」　簡正卷一四：「上品一人俱識，全無止犯，持行最勝，名上品止持。中品四人，止犯之行，雖成心緣，上半（【案】『上半』即每句的上半句。）雖『識』，下半（【案】『下半』即每句的下半句。）有『疑』、『不識』，劣於上品；又，罪少於下品，正處中間，故名中品止持。下品四人，止惡不作，亦成止持，心緣事犯，疑兼不識，全無識處，更劣於前，罪最多故，故名下品。此是持門解義，無罪為上品，少罪為中品，多罪為下品。若犯門解義，多罪為上品，少罪為中品，無罪為下品也。」（八三〇頁上）

〔四〇〕**皆止於一事** 資持卷中四上：「『皆』下，遮疑。恐見三品，謂為多事，應知隨止一事，九心不同，且如止婬。九人各解，但望結罪，有無多少，故分三類耳。問：『疏中既云三種持律，那云句法唯不學人？』答：『雖是不學對境止非，本罪不犯，故名持律。識事識犯，即同學人，精持無異，故云上品。然此九人，雖容有識，無非斷學，皆不學人。』問：『前約持戒以定學人，今既成持，何名不學？』答：『非謂不學一向（三三九頁中）無持，非謂學人永無有犯，但望學心，有進有止，故兩分之。』問：『既是不學，何有事犯俱識？』答：『如前所出，三種不學，自可明之。』」（三三九頁下）簡正卷一四：「結歸一事也。此有兩釋。繼宗云：上來三品九人，初人俱識，中品四人帶識；下品四人，俱無識處。雖則對境，有昇降差殊。若（八三〇頁上）論止持之事，無（原注：『無』疑『元』。下同。）來是一。（此解為正。）或有解云：謂對古師二事上立二九，今師只於一制止事上，自成二九。（此解未有理也。）更問：『上之九句，緣事又緣犯，便是兩境，何言皆止於一事？』答：『且據止持門中，單得事為體；止惡事上，得成止持。若疑兼不識，便成止犯，今且據根本，不說枝條也。』」（八三〇頁下）鈔批卷二二：「謂此止於殺戒者，作故得九句。若約婬等一切戒上，皆得其九句也。」（八八五頁上）

〔四一〕**對不可學事，以明止持** 簡正卷一四：「此文大意：謂明學教之人，既已明了，如觀指掌，於後對境忘迷，卻乃有疑不識，迷人作非畜想等。既是迷心，聖不制犯，無根本作犯，兼放枝條止犯。」（八三〇頁下）鈔批卷二二：「此中但舉事者，順上體狀門耳，即如戒疏還復重舉事法也。」（八八五頁上）【案】「不可學事」文分為二：初，「九句」下；次，「初三」下。次又分三：初，「初三」下；二、「此三」下；三、「但事」下。

〔四二〕**九句** 簡正卷一四：「亦約九人，各緣事犯，悟忘有殊，遂分九品，以辨止持優劣，故云次對不可學等。」（八三〇頁下）鈔批卷二二：「此後九句，與上九句全別，前是愚教故不識，此後並是了教。忽爾迷忘，故緣不了，於事生迷故不識。一向無根本罪，亦無不學、無知之罪。若於犯上，疑及不識，則結不學、無知，此亦未是正義。如後難知，起解是也。然此九句上作不識事，則是人作木想疑，則是人作非人疑等。犯則例知。只是迷心，故疑不識等也。」（八八五頁上）資持卷中四上：「事罪各三心，即用六心，單雙互織，故成九句。同前可學，但列品異耳。上品三句，（初句，即前上品一句；後二，即前中品前二句。）中品三句，（初句即前中品第三句，後二即前下品前二句。）下品三

句,(初句即前中品第四句,後二即前下品後二句。)(【案】此處資持有圖示,見後三處。)問:『何以二九列品不同?』答:『作犯門自說。』問:『此不可學,既是迷忘,何得有識?』答:『三心交絡,作句須爾。其實識心,非不可學。』問:『前云隨戒境想,唯開學人,今不學人何以開耶?』答:『前文敘結,且據大判,不妨不學,準例同開。若以義求,則迷事不別。若取文證,則業疏顯然。臨文自舉,此不繁引。』問:『前後句法,並約三心,如何分異?』答:『識心是同,疑及不識則別。前是迷教,後是迷心。』問:『舊云:明白心中成可學,迷忘心中故不可學,其義云何?』答:『如前可學,識事識犯可是明白,疑及不識則非明白,故知不爾。(三三九頁下)又,迷忘之心是不可學,豈得迷忘成不可學!義亦不然。疏、鈔兩文,並無此語。今但準下分二種迷:前九名可學迷,後九名不可學迷。』問:『二迷何別?』答:『前迷是愚教,後迷即昏倒。』問:『後九迷者,必須先識,後容起迷。學人可爾,不學應無?』答:『前明不學自有解者,從先不解,亦容有迷。如主無主想、人非人想,臨事即生,豈待先學?』」(三四〇頁上)

〔四三〕**緣事、緣罪,各三心** 簡正卷一四:「謂欲作此九句,先明句法出處。既約迷心,為不可學故,偏就心論緣事。如煞戒境想,前三句,人作人想煞,(是識事心;)人作非人疑,(是疑事心;)人作非人想,(是不識事心。)緣罪三心者:如覆麤罪戒境想,前三句麤罪作麤罪想,(是識罪心;)麤罪麤罪疑,(是疑罪心;)麤罪作非麤罪想覆,(是不識罪心也。)今將識事一心,歷下緣罪三心,為上品三句:一、識事識犯,(八三〇頁下)二、識疑犯,三、識事不識犯。次,將疑事一心,為歷緣罪三心,為中品三句:一、疑事識犯,二、疑事疑犯,三、疑事不識犯。次,將不識事一心,歷緣罪三心,為下品三句:一、不識事疑犯,二、不識事疑犯,三、不識事不識犯。並約能緣事罪心,於所緣事境罪境上,心有迷妄,為不可學也。」(八三一頁上)鈔批卷二二:「謂於事上及罪上,則有『識』與『疑』及『不識』三也。皆謂於事、(八八五頁上)於犯上,有此三心。礪疏:立句皆約境想。五句中,前三句以為三心,且如殺戒境想。五句為三心:第一,人作人想,名為識事;第二,人疑,名為疑事;三、人作非人想,名為不識事。此亦漫配,立句正意,何必要爾?文言各分三心等,生起下九句,分三品,一品中各三意也。」(八八五頁下)

〔四四〕**一識事識犯,二識事疑犯,三識事不識犯** 簡正卷一四:「舉『識事心』為頭,歷犯上三心,作上品三句。上半(【案】『上半』即每句的上半句。)三『識事』

者，謂如初後識，是人心中，又作人想，止而不煞。此是上品三个止持家識
事，於事既識不迷，並無犯也。下半（【案】『下半』即每句的下半句。）『識
犯』者，識四種犯法不迷，此是悟人，亦無罪故也。『不識犯』可知。若准今
師意，於犯法具已學知，於後忘迷，並開無罪。今文中猶結者，順古結也。
古云惡事不可學。今明白心中，若緣惡事不了，不結不學、無知。若於罪是
『可學』，明白心中，既緣不了，皆是先不學故。若有疑兼不識，結二罪。今
師約迷，為不可學事上疑兼不識，並開無犯。又，若據事上開罪邊說，今師
古同開；若約義全別，如前說。若犯上疑不識，古今皆約明白結罪。問：『古
師明白心緣犯不了，（八三一頁上）結罪之意具知？未審今師亦是明白心緣犯
不了結罪，有何別耶？』答：『戒疏云：後九句三品，各三不識事境，非可學
能了。不妨於犯是可學，致列其相，事總而罪別。（已上疏文。）對此問文
（【案】『文』疑『云』）：『鈔文何不於此作迷忘，同事上放罪，由順古結？』
答：『謂此止持，單得惡事為體，故於事上間（【案】『間』疑『開』。）迷，立
得止持之行。若犯法是進修門中自屬，作持止犯家境，作即成持，止便成犯。
待到作持止犯門中辨開迷放罪。今此止持門中，未合預前放他作持之家犯
法。』『若爾，何故此門引來？』答：『此權借彼犯法來，相成句法，即非宗
途。故下文云：且據止持，約事為言也。』（不要云：留古人病，反顯今師是
深。非抄文意也。）」（八三一頁下）【案】資持卷中四上（三三九頁下）圖示
如下：

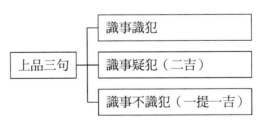

〔四五〕**疑事識犯，疑事疑犯，疑事不識犯**　簡正卷一四：「次列中品。言『二』至
　　『犯』者，舉『疑事』為頭，歷犯上三心，成中品三句。上半（【案】『上半』
　　即每句的上半句。）三『疑事』者，謂先已曾學知，今忽迷心，人作非人疑。
　　於人、非二境，心生猶預不了，名疑。非學能了，聖不制犯。疑犯不識犯者，
　　若依今順古，並是明白心中，『疑』及『不識』，各結二罪。若棄古從今說，即
　　迷心因事上放罪也。」（八三一頁下）【案】資持卷中四上（三三九頁下）圖
　　示如下：

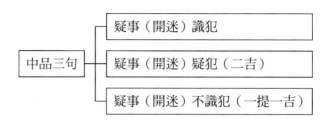

〔四六〕**不識事識犯，不識事疑犯，不識事不識犯** 簡正卷一四：「次明下品。言『三』至『犯』者，舉未識事為頭，歷上『犯三心』，成下品三句。上半（【案】『上半』即每句的上半句。）三『不識事』者，謂先曾學已，今暫心（八三一頁下）迷，緣人作非畜想。雖造前事，望無根本，成止持。又，開無不學、無智二罪。下半（【案】『下半』即每句的下半句。）犯上三心，類前可解。古今大意，亦如前述。」（八三二頁上）鈔批卷二二：「一、識犯者，且約盜戒上作，謂識三趣物差別、燒埋壞色等，識盜人物五識（原注：『識』疑『錢』。），五夷；盜四，蘭。二、識事疑犯者，識事同前，疑犯謂盜五錢，為夷、為蘭。餘准可知。此是不可學九句，但以事上開不可學，犯上則不開。此亦是古師立九句，於犯上不開迷。今鈔結會，無問事與犯，皆通不可學也。依新疏家，全不立此不可學九句。夫立句為罪故，此既無罪，何須列？今不問被（原注：『被』疑『彼』。），若耶（【案】『耶』疑『即』。）不列者，何得知其無罪？是故須列此三『三句』。」（八八五頁下）【案】資持卷中四上（三三九頁下）圖示如下：

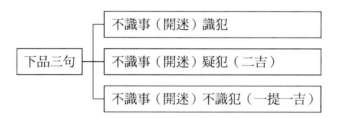

〔四七〕**各有「不學」、「無知」二罪，合十二罪** 資持卷中四上：「三簡初句，並無罪故，指下二句，疑不識別者，示犯。上二心對『事』是總，故『犯』云別。」（三四〇頁上）簡正卷一四：「謂此九句三品之中，每品下半除卻第一犯句，取第二疑犯句及第三不識犯句，故曰此三『三句』中，下二句『疑』及『不識』也。別各有不學、無知二罪，合十二罪者，謂上三品，每品之下，有『疑』及『不識』兩句。一品兩句，三品六句，每句有不學、無知二罪，成十二罪也，亦不要分輕重。此是順古引文，十二罪全是吉也。」（八三二頁上）鈔批卷二

二：「由是不可學事故，於事上不結罪也。唯以六句有罪，總有三提，九合十二也，皆約犯上結之，非事有此罪也。謂三品中，各於隨品中，取後兩句，故言『各下二句』也。」（八八五頁下）

〔四八〕亦望不犯根本，名「止持」　簡正卷一四：「欲釋此文，應先難曰：『既有十二罪，合成止犯，如何卻名止持？』可引鈔文答：『亦望不犯根本。亦者，亦前可學中也。謂前可學中，雖結二十四止犯罪，無約不犯根本，得稱止持。此亦不根本夷罪。雖有十二止犯枝條，望無根本作犯，亦名止持也。』」（八三二頁上）

〔四九〕但事是可學，以想疑妄生，雖緣不了，聖不制犯　鈔批卷二二：「謂：或時於人境上，妄生非人、畜、杌之想及與疑，（八八五頁下）非結當境罪，故曰『妄生』等也。」（八八六頁上）簡正卷一四：「此段鈔文與首疏全異。首疏云：但『事』是『不學』，雖緣不了，聖不制罪，罪是可學法故。若『疑』、『不識』，迷並制罪。今師於此古人文中，除卻『不』字，便成今義，（八三二頁上）故云『但事是可學』。謂無論制止、制作，一切善惡，明白心中，皆須學知也。後忽對境，有『疑』、『不識』，並是迷忘，並無二罪，故云『想疑忘（【案】『忘』疑『妄』。）生』等也。此則全異古人將惡事為『不可學』、罪是『可學』者：今師未便言之：且向事止，開迷不結，後將法例事，亦有迷心，亦皆放罪。」（八三二頁下）資持卷中四上：「初科，但明事開。準疏，續（【案】『續』疑『結』。）去罪是『可學』，若有迷者，皆結其罪，披（【案】『披』疑『彼』。）則具明犯結。又云：由不識事，境非可學。（事開。）不妨於犯，是可學故。（犯結。）有斯明據，復何所疑！問：『一等是迷，何以開結不同？』答：『事是現對，造修心想，容生遺忘；犯是冥緣，教相有迷，猶是無知。縱令先已學通，還制後心怠墮，細詳聖意，諒不徒然。有人（【案】扶桑記：「有人，指增輝。」二七〇頁上。）言：前九句結不學人，後九開學人。以不學人，先既不學，無迷忘故，更開犯上十二罪。今謂：且學人生可學迷，尚不結罪，那得迷忘方欲開罪？又，若開十二罪者，（【案】扶桑記：「增輝意者。」二七〇頁上。）則句法俱無有罪，用立何為？又有人（【案】扶桑記：「指會正也。」二七〇頁上。）云：今是迷心不迷教，學人須於事上放十二枝條。此中順古，且說事開犯結。若今師以迷心望之，則事犯根條俱放，豈有事開犯結乎！且罪是佛制，那得由汝輒自放耶！又，疏、鈔皆明事開犯結，汝反攻破，豈不公違祖訓！又，若以此為順古，則作犯門中辨十二罪，文極詳委，皆應是古，則此一門都

無今義，下文囑云『不知鏡不』，（三四〇頁上）豈令鏡古耶！」（三四〇頁中）

【案】「但事」下分二：初，「但事」下；二、「問如」下。

〔五〇〕**如殺、盜等，人非人想，有主無主想，律結無罪，亦有制犯者何**　資持卷中四上：「準律，境想難上事開。初作本迷，後心釋。言律結無罪者，異境後心，律不結故。亦制犯者，準殺非人，相傳犯吉故。」（三四〇頁中）簡正卷一四：「第二，約異境俱迷有罪、無罪。難其不識，何得全開？分二，初問，次答。言『問』至『何』者，此問意從『不可學』下品中來。謂此品中三『不識事』，依境想第三句，立開迷無罪，得成止持義者猶有疑，有疑心未決，故生此問。且如煞、盜二戒，境想第三句，約本迷說。如盜戒有主、無主想，律不結罪。此則止持之義極成。且煞戒境想第三句，人作非人想煞，亦制吉羅罪。此既結罪，便成作犯。若爾，則境想第三句，有罪無罪，元來不定。何得將下品三『不識事』，總開無罪，為不可學止持耶？」（八三二頁下）鈔批卷二二：「此問意：從上後九句中，中下下三句，『不識事』及『疑事』，不得罪。及至結中，又云『事是可學』，以『想疑妄生』，『聖不制犯』等。從此語中，生此問也。然今直解，但此問從上來言下生也。上既云以『想疑妄生』，以開無罪，或復有罪者，何也？問意云：如盜戒，若作無主物想疑，則是想疑迷妄，聖不則犯者。何故律中，殺戒，人作非人想即法蘭？謂汝既云心想迷忘，於事不識與疑是本迷，皆是無罪。但於犯上結罪，必於事不識與疑不結罪者，何故盜、殺二戒，其文不（原注：插入『不』字。）殊？殺則如人作非人想殺，還是於事上本迷，何故盜戒無主想亦是本迷？則便無罪，殺則本迷，猶有罪也。又，難意：恐人不曉，謂言本迷作杌木，既無罪，本迷為罪，畜亦應但無罪，故生此問也。」（八八六頁上）

〔五一〕**答**　簡正卷一四：「謂煞、盜二戒，境想第三句，後心緣其情非情，兩境各別，故制罪有無不定也。」（八三二頁下）【案】答中分二：初，「或緣」下；次，「又不同前」下。

〔五二〕**或緣罪境，人非人故，便結心犯**　鈔批卷二二：「此答意云：若起想對非畜，則有罪。（八八六頁上）由是罪境故；結非人邊，吉，以非人不合殺故。故言便結心犯等，故律有結罪也。此謂生罪緣故。若殺時想對非情杌木，及盜作無主想，則齊無罪。既非生罪緣，所以律不結罪也。」（八八六頁下）簡正卷一四：「或緣罪境者，謂非人是有罪境。今人作非人想煞，非人既是有情，雖無非人之境，且有煞非人之心，亦結起煞非人心，吉羅。（八三二頁下）（故云：

或緣罪境，人非人故，便結心犯等也。）」（八三三頁上）資持卷中四上：「初，
示有無所以。言心犯者，以有殺非人心故，結吉罪。……答中，云結心犯者，
前心方便也。非罪境者，始終迷心也。故戒疏云：然彼迷心，並不結犯，皆約
前心，方便為言。（疏文。）且存兩釋，學者思而擇之。」（三四〇頁中）

〔五三〕**或緣非罪境，無主物故**　簡正卷一四：「謂盜戒境想第三句，有主物迷作無情
（【案】『情』疑『主物』。），即後心緣著無主物邊無罪，故問盜戒緣著無主物
無罪。即前下品三不識事中，止持之義得成。且煞戒，後心緣著非人，還結吉
羅，成其作犯，即下品三『不識事』。」（八三三頁上）

〔五四〕**然彼迷心，不結正罪**　資持卷中四上：「『然『下，正答通來問。初約根本，通
前事開。『正罪』即根本。」（三四〇頁中）簡正卷一四：「如何得成不可學止
持？鈔文答云『然彼迷心，不結正罪』。意道：迷人作非人想時，但結明白心
邊，非人異境上後心吉。此吉自是明白吉，從他作犯行中收。今此但取本境人
上，不結正夷罪邊，是止持行。既無正罪，翻作犯成止持，故制下品三『不識
事』，得成不可學止持之義也。問：『煞、盜二戒，同是境想，第三本迷不識，
何故結罪有無不同？』鈔答云：『莫非緣罪，故有無不同。莫，由無也。非，
由不也。無非不是緣著有情境，故有罪也。無非不是緣非情境，故無罪也。』
（更不繁述。）問：『止但論得境想第三句迷心，得成下品不可學止持。且中
品三疑事，還從境想第二句，亦有轉想本迷，亦結轉想本迷，蘭、吉等罪，何
不言之？』答：『今論境想第三句，約本境迷心無罪，得成下品止持，即反顯
境第二句，於人本境上既無正罪，（八三三頁上）例其下品亦得名中品止持。
其方便轉想本迷蘭吉等，自是明白心中結還他作犯收。今但據本境上迷心不
結夷，重成止持，例其下品一般，更不言也。』」（八三三頁下）鈔批卷二二：
「以約根本事上，以是迷心，並不結犯，謂是想疑迷忘，皆不結根本夷罪。然
上來『不可學』句中，何故事上開迷，犯上不開迷者？古師意約律文明之，律
約事上明境想，故有開迷之文，不見約犯。上明境想，故犯上不相迷。一向制
罪，何曾何聞有夷作非夷想疑等、殘作非殘想疑等也。此皆同意解耳。」（八
八六頁下）

〔五五〕**莫非緣罪，故有無不同**　資持卷中四上：「『莫』下，次約罪境答上有無。次準
戒疏約轉想前心釋。問云律結無罪者，如盜戒無第三句也。亦制犯者，即殺戒
第三句，結偷蘭也。」（三四〇頁中）鈔批卷二二：「此據異境，約罪有犯之
（原注：『之』疑『無』。）犯不同也。謂：想疑緣非畜，即是緣罪境故，有方

－2121－

便罪。想疑緣其杌及無主物,即非緣罪境,無方便罪。然此罪望本迷心故也。若轉想則不同,至下境想中,更廣明之。」(八八六頁下)

〔五六〕**不同前段** 鈔科卷中四:「『又』下,對前簡異。」(九一頁下)資持卷中四上:「以前九句『疑』及『不識』,本是愚教,皆可學迷,言同義別,故持簡之,使無相濫。」(三四〇頁中)【案】本句回答之句。但與上之答句義不一致,所以另列。與此答句相應的問句省略,簡正釋文出其問義。

〔五七〕**以法事俱識,故是可學,有疑、不識** 簡正卷一四:「應難云:此後九句事,止開『迷』『疑』及『不識』皆不結罪者。前九句中事,止亦是『疑』及『不識』,何故結罪?謂前文云『但事是可學,以想疑忘生,雖緣不了,聖不制罪』,正從此文,生斯外難:『謂事止迷心是一,何得前結後開?』便引鈔答,云『又不同前段等』。意道:後段不識等,是迷心不迷教,故聖開無罪,名不可學故開。若前段『疑』兼『不識』,是迷教不迷心,是『可學』,故結也。」(八三三頁下)鈔批卷二二:「謂更結此九句之不同前。前是『可學』,謂指前『可學事』。九句中,於事法中,自是愚教不識,非是迷忘生則名『可學』,故皆結罪。此則『不可學』,故不可結罪也。濟亦云:又,不同前段,以法事俱識者,(八八六頁下)指前『可學事』九句,以事與法俱是可學,故曰『法事俱識』,謂俱可識也。但由不學故,不識意疑,故皆結罪也。言法者,只是犯也。立云:今言不同前段以法事俱識者,此文與前『體狀門』相違,當知彼是古師義,前云『止持作犯』,唯對二教中事以明。今則云『法事俱識』,豈不與前相違?若順前義,准理合云『不同前段,以法事俱識』,何得言法也?既言『法事』,定知止持作犯,通『事』通『法』也。一解云:法事俱識者,此法是於犯法也。法還即罪,是犯。今事俱識,如前云識事識犯,犯亦名法。今言『法』者,指此『犯』字也,非關體,然中通法不通法意也。(自意此釋耳,勝亦同此後解。)。」(八八七頁上)資持卷中四上:「法事者,『法』即是『犯』。」(三四〇頁中)

〔五八〕**若爾,後緣法中,亦有想轉** 資持卷中四上:「引難,有二意:一、為古師於作持門中,不通不可學,今欲準事例法,並通二九故。二、為至後作持不復重出,欲明句法開結理齊故。文云『若爾』者,牒前緣罪有無義也。二房處分,望初篇殺盜,故云後也。殺、盜制止事,處分聽作法,故云緣法也。」(三四〇頁中)簡正卷一四:「『若爾』二字,領會前旨。既云前段可學九句,明白心中緣事法,有『疑』『不識』結罪,後段不可學九,迷忘有疑不識放罪,故云

『若爾』也。向下躡跡，便舉犯法，亦是迷心與事何別，便向犯法上結十二罪耶？鈔云『後緣法中，亦有想轉』等，是正難也。後緣法中者，謂不可學緣罪法三心，在緣事三心之後，又就緣罪三心中，『疑』及『不識』二心，復在第一識罪之後。且如麤罪想，是識犯心，此句置而不論。只如第（八三三頁下）二麤罪作非麤罪疑，第三麤罪作非麤罪想。此之二心，正是後緣法中，亦有想轉。此犯法上想轉，即是迷心，與事上想轉疑及不識，有何別事？上想轉既開迷放罪，犯法上何故仍舊結之？（故云：後緣法中，亦有想轉也。不同諸家亂釋也。）」（八三四頁上）鈔批卷二二：「景云：此難意者，事開有想疑，名不可學者，法中亦有想疑，何得約法無不可學也？有云者，此難意謂上明古師止持作犯，唯對於事，不通於法。今明止持作犯，亦對於法，約此法上，亦有可學、不可學。我今於止持中事，上明後作持中，更明法上亦有可學、不可學也。（未得。思之。）有云：如後作持中，緣法作句，故云後法中也。有云：此重難意，從後九句，（八八七頁上）於上疑不識，結不學無知罪。又復，於前『體狀門』中，作持、止犯，通對二教，法事兩種，唯通可學，不通不可學，今則於此便譯（【案】『譯』疑『釋』。）斯義。所以有漏意者，戒疏云：於事有迷，故開不結，必於犯法，亦有迷忘。如上引律，過量房不處分，想疑皆開。何為於此，而結不學無知？然自難：犯無不學無知即是難法，亦今無不學無知也。為古師犯法，與一向無不可學故，謂作處分疑但得蘭，不得重殘，故同。若疑想還殘，聽可（【案】『可』後疑脫『學』字。）法中無有迷，皆結不學無知罪。難意如此。立云：事上開迷，徒汝判法上亦合有迷法，如不處分處分想，律不結殘，即是開迷。汝今何故於犯上亦結不學無知耶？自意云：夫言『若爾』者，是承前答聲更難也。難意：汝既答云，或緣非罪境，無主物故，然後迷心，不結正罪者，何故下文作持中，如造房，不乞處分作處分想，亦是緣非罪境，本不結殘？何以便不開迷，而制不學無知罪者？勝亦云：徒然彼迷心不結正罪，有不可學，勿生此難也。云何為制罪者，勝云：既想疑不結罪，明知不結根本，何得不開不可學，而制我不學無知罪？」（八八七頁下）

〔五九〕**如不處分處分想及疑，亦是不犯重，何為制罪** 簡正卷一四：「次下，引彼房迷作持，唯局可學難。謂後作持聽門中，造房處分法上亦有想轉，如不處分作處分想（當境想第三『不識法』句也。）及疑，即不。（當境想第三『不識法』句也。）及疑即不疑。（【案】次『當想』至『不疑』等十五字，疑剩。）（當境想第二『疑法』句也。）已上二句，律文並不結僧殘罪，故云亦是不犯

重也。『何為制罪』者，結前徵意也。道（原注：『道』上疑脫『意』字。）處分法上，既不結根本僧殘，便反顯犯法上轉想，亦合放罪。何得止持不可學九句事上轉想，即放犯上轉想便結。」（八三四頁上）資持卷中四上：「處分五句境想。文引二、三兩句。不犯重者，即開想轉不至殘也。言『亦是』者，比前不結正也。『制罪』者，二句皆結蘭也。『何為』二字，正是立難，意謂：若云殺緣罪境故有犯，盜非罪境故無犯者，處分緣法亦非罪境，（三四〇頁中）理應無過，何為結蘭？是則緣法，不開迷耶。」（三四〇頁下）

〔六〇〕答 簡正卷一四：「鈔意謂且據止持得惡事，不得惡法。是以且向上持本分事上，辨開迷之義。若犯是作持家法，直須到作持位中，方可辨之。」（八三四頁上）

〔六一〕且據止持中，約事為言 資持卷中四上：「答中有二，初示此門。言『且據』者，未暇兼明也。」（三四〇頁下）簡正卷一四：「今此止持，既未合說，故且結之無妨。若論開迷，事犯並開。今但止持，攝他犯法不得，故云『且據止持，約事為言』也。」（八三四頁上）鈔批卷二二：「勝云：乃順古解，不同止持，通不可學。以事唯離過，故得明也，故曰約事為言也。立謂：答意云，如汝所難，對法上亦有不可學。我今且於止持門中，且約事明耳。若據法上，庶（原注：『據』字、『庶』字，原本不明。）亦有迷，下作持中文明也。謂於事上，既開『想疑』為『不可學』者，法中亦有『想疑』，何得約法無『不可學』？戒疏意亦爾。今此一答意，亦是通其文也。有人云：此難意未盡，謂此答約法上答。然雖約法上答，則是答犯。若法上得有迷犯，亦開其迷也。故此中間答料簡者，意欲古師義（原注：『意欲』二字，原本不明。）於犯與法之上向結罪。今此答中，『法』與『犯』皆有迷，我今於止持中，約事上作九句，未得論法迷耳。至後作持中，即云『不可學法』。『迷』亦有九句，若依今義，『不可學』九句，總無『不學』、『無知』罪。故戒疏云『計理成例，是所不惑』等。問：『今鈔既破昔義，復何須列九句者？』答：『此且列出古師義，然後隨破。若不列者，知破何處？若依今義，則一行中，多有四個九句，謂事上有可學、不可學云爾。九句法上亦然。』（八八八頁上）四行總成十六『九句』。并止犯法中，一八句必如所引者。立謂：如汝處分來難，此是鈔意。不同於古義，須依律文境想上不可學，於此即顯前體狀門中作持，還通不可學也。故序云『始終交映』，即其義也。（此是勝師解。）」（八八八頁下）【案】資持釋文，「此門」即「止持」之門，與隨後文中的「作持」門相對。

〔六二〕**必如所引，對法有二九句** 簡正卷一四：「謂許引處分之法，『迷想』及『疑』。既不結僧殘，必若引此（八三四頁上）以為例，理實對作持法上，亦合有兩个九句：一、可學九，二、不可學九，故云對法亦有『二九』也。」（八三四頁下）資持卷中四上：「『必』下，指後門。如所引者，承前難意也。對法有『二九』者，此顯作持，通不可學，與古不同。既立迷忘，比今止門開結無異，是則律制偷蘭，亦為前心方便。至於迷想，俱無有過。（以人妄解，故特委釋。或引戒疏問答：相比者，而不知彼此難勢自別，致使尋求，無由可曉。）」（三四〇頁下）

〔六三〕**後作持中，更為辨也** 簡正卷一四：「止持既空得事，且本分向事上立『二九』。若於法上，但要委開迷道理。若放罪，待到本位放之。故下文云：不可學法迷，亦有九句，如前段後，九句說之。【案】即『作持門』末句。）（未要引戒疏意，在後明之。）」（八三四頁下）

〔六四〕**就作犯中** 簡正卷一四：「『止持』翻成『作犯』，一持一犯相翻，意圖釋句法稍易，別亦無義，不勞亂釋。思之。釋名解義，並在前文訖，今向此門中亦立九句，辨罪多少、有無、輕重等。」（八三四頁下）資持卷中四上：「準前名體持犯，各明此論句法。持犯間列者，欲顯句法同流，相翻易曉。」（三四〇頁下）扶桑記釋「準前名體持犯」：「即名字體狀二門，彼先明二持，後明二犯，今門反之，故云欲顯等。」（二七二頁上）【案】「作犯」門，文分為二：初，「可學法」下；二、「就中根」下。

〔六五〕**「可學」法事，如初九句** 鈔科卷中四：「初，略示二九同異。」（九一頁上）鈔批卷二二：「如上止持中，先列『可學』九句是也。言可學法事者，其『法』還是『犯』義，喚『犯』為『法』耳。前是未犯，根本名止持，此犯根本，翻前止持，故名『作犯』。還有兩分（原注：『分』疑『个』。）九句，但犯根本罪為別耳。『何故上明止持，而不次明作持者？』解云：『然謂合次明作持，今為翻前止持，即成作犯，立義取便，故次明犯，居止持後也。』」（八八八頁下）簡正卷一四：「『法』謂『犯法』也。『事』謂『煞事』。上品一句無罪，還約利根，中間止不學人說。（更有學了，教人傍配之。）中品四句，下半有八罪，約中根，中間止不學人說。（學教人，即約學半知、半未知人，以傍配之。）下品四句，有十六罪，即約中根反（原注：『反』疑『及』。）利根，由來不學人說。（學教人中，即據初學人，以傍配之。）鈍根非力分，既無『無知』，不入句位。已上九人，配於句九，結二十四罪。學人門成三十六持，理合於此廣

列（【案】『烈』疑『列』。次同。）遍。今不烈者，但謂句法與前不殊，無勞敘致，遂指略之，故云『如初九句』等。（但依上消文，莫更多語。）（八三四頁下）資持卷中四上：「同異中。初，指同；『但』下示異。初中，標云『法事』者，文多『法』字。今以二意，定其傳誤：一、檢鈔，前後止持作犯，並不言法，戒疏方立，未可預標；二、比前止持，亦單標事，兩門體一，豈得相違？用此以求，故須制去。（或可準前，目於犯法。舊作『惡法』解者，非。）恐新學難曉，更為列句。準止犯中，犯門以罪多為上。可學九句，理應倒列。今指同前，且依上出。『不可學』九，則不通倒。思之可知。」（三四〇頁下）【案】「可學」下，文分為二：初，「可學」下；次，「就中根本」下。次又分二：初，「就中」下；次，「極為分別」下。可學九句，資持卷中四上（三四〇頁下）圖示如下：

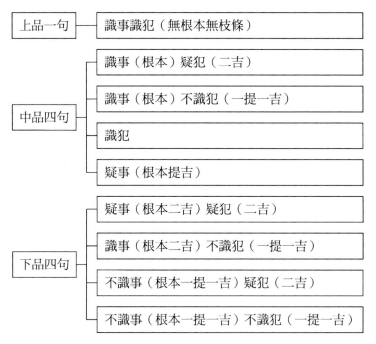

〔六六〕如後九句，與前竝同，但犯根本為別　鈔批卷二二：「如前止持中，後列『不可學』句者是也。但犯根本為別者，既稱作犯，寧不犯根本殺、盜等也！」（八八八頁下）簡正卷一四：「謂前門於事上先已學知，後忽忘迷，非學能了，名『不可學』。約境想三句，三三成品。每品之中，於犯上『疑』、『不識』，順古結十二罪也。與前並同者，結歸四一，三三結罪，兼難古犯，上十二罪，引（【案】『引』疑『此』。）房迷等道理，與『止持』不殊，無勞再說也。但犯

根本為別者，謂止持門中，止惡不作，成『止持』。此門必約造作成『作犯』。
既是作犯，便有根本九句，犯九个夷愆，與前止持九句不犯為別也。又，於
『不可學』九句中，初品犯三波羅夷，中品轉想犯三蘭，不（原注：『不』一
作『下』。）品或蘭、吉，或全不犯。與前『止持』後九句一向不犯為別也。
故戒疏云：結罪多少，輕重皆同，但犯根本為別耳。（已上疏文。）」（八三五
頁上）【案】不可學九句，資持卷中四上（三四一頁上）圖示如下：

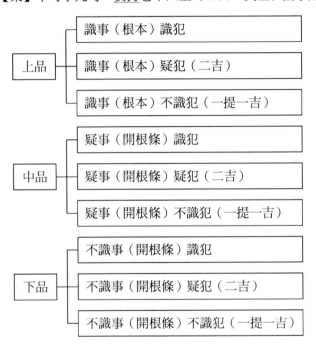

〔六七〕**就中，根本不識事中**　簡正卷一四：「就『不可學』九句中根本者，明根本作
　　犯罪。『不識事中』者，明下品三『不識事』，當境想第三句也。」（八三五頁
　　上）鈔批卷二二：「此是料簡『不可學』事。『作犯』九句中，下品三句，根本
　　犯義，非明『不學』『無知』之罪也。謂且如殺人是根本，以來迷作杌木，三
　　時無心。以無心故，始終不耶（【案】『耶』疑『識』。），故不得罪。引（【案】
　　『引』疑『此』。）是本迷。從此至『不造前事』來，是『作犯』行料簡。後
　　九句最末，『不識事』三句也。有云：『就中根本不識事中』，（八八八頁下）至
　　『不造前事』來，此一段文，則是料簡『不學』作犯。九句中，根本犯不犯義，
　　非是明『不學』、『無知』罪也。」（八八九頁上）資持卷中四上：「初科為二。
　　初，明本迷。除淫酒者，此二不開迷故。」（三四一頁上）

〔六八〕**或無犯，謂始終無心，如誤殺人等**　簡正卷一四：「『或』者，不定詞也。若本

迷人作非畜，有罪（原注：『罪』疑『非』。）境煞，得後心吉。若本迷人作杌木想，即無罪，故云『或』也。所以無罪者，謂始終無心故。問：『始終無心，其相如何？』抄答云：『如愷煞人等，謂始終迷人作杌木想，其心一向不轉，便是無始終想貌也。』問：『既云始終無心，何得言（八三五頁上）作犯？』答：『雖即無心，約作前煞事，亦名作犯。然則三時不作人想人境，無夷；杌，無吉也。」（八三五頁下）【案】簡罪相文分二：初，「或無」下；二、「此後」下。

〔六九〕除淫、酒戒　簡正卷一四：「謂此二戒，約境而制，縱使道作非道想、酒作非酒想，本迷轉想，皆得止罪，故須除之。若據隨相中，酒戒亦開迷，約有方便心方犯等。」（八三五頁下）鈔批卷二二：「立謂：佛所制心從境，或制境從心。婬、酒二戒，制心從境。但是三趣，正道皆犯，不開想疑，皆結究竟。故文云：道作非道想亦夷。礪云：此婬戒境想五句中，上三句犯究竟重，以是本境故；下二句是方便蘭，以異境來差故。和上云：此二戒但稱本境，無問轉與本迷，皆根本重，一切餘戒，迷則不犯。然此二戒，亦約本有，迸方便則不開，疑若本無，亦應不結。如前酒戒，已廣敘也。」（八八九頁上）

〔七○〕若中間轉想，疑事、不識事，由心差故是方便　資持卷中四上：「『若』下，次明轉想。如前作人想，後作非人想之類。前心犯蘭，故云方便。後心無犯，即是開迷。」（三四一頁上）簡正卷一四：「謂前境是人，初起心時，作人想煞，進步向半，轉作非人疑，當境想第二句，成中品三疑事；或進步向半，轉作非人想，當境第三句，釋（【案】『釋』疑『成』。）下品三不識事。故云：若中間轉想，疑事不識事也，由心差故是方便者，謂初起心時，人作非人想煞，此則有方便煞人心也。行至中途，轉作非人疑，或作非人想，由此疑想二心，差本期之人想，壅結方便想差蘭罪，故云由心差故，是方便也。即中品三疑得三蘭，下品三不識亦得三蘭也。」（八三五頁下）鈔批卷二二：「謂本有方便，如殺人，中間轉想，作非人畜杌殺，此是『不識事』也。或疑為人，為非人、畜、杌等，此是『疑事』也。雖殺不犯根本重，但有本心人家，方便蘭。以轉想故，名為心差也。」（八八九頁上）

〔七一〕若不差，結根本　簡正卷一四：「此釋上品三識事，當境想第一句，謂前境是人，起心作人想煞，始終不轉，煞人命斷之時，得根本波羅夷罪，故云：若不差，結根本也。即上品三句，結三夷。」（八三五頁下）鈔批卷二二：「謂於事了了知是人，而故殺之。中間無有轉想與疑，以心境相應，故結根本義也。」

（八八九頁上）資持卷中四上：「或約轉迷，還復為識，或約先期，後迷亦犯。（如前隨相摩觸、夢失之類。）」（三四一頁上）

〔七二〕**或不造前事** 簡正卷一四：「謂前或境強煞不得，或好心息，或懈怠息，或緣差，並結方便蘭罪。已上並約本境根本，及前心（八三五頁下）有無。若異境後心，律並不論也。」（八三六頁上）鈔批卷二二：「立謂：本欲殺人，臨至境所，亦知是人或非人，臨至境所亦知人是或非人（【案】『臨』至『人』等十一字疑衍。）來替，亦知是非人，但起心不殺，故無犯也。戒疏云：此明心中了境，（八八九頁上）不造前事也。反上，疑不識造事所不造者，或善心息不造，或境強緣差等不造，故不犯也。立又云：以本欲殺人，臨至境所，謂言非人、畜、杌，即止不殺也。（未詳。）」（八八九頁下）資持卷中四上：「或不造者，即是息心，或善心息，或緣差息。」（三四一頁上）

〔七三〕**此後九句** 簡正卷一四：「謂約前罪之有無、輕重，辨三品優劣。」（八三六頁上）

〔七四〕**「識事」三句，為上品作犯** 資持卷中四上：「初分品位，上品有三根本及四枝條，共七罪，則犯多為上也。」（三四一頁上）簡正卷一四：「識事三句，以人作人想煞，心境相當，得三根本夷罪，謂犯門解義罪多，為上品也。故云：識事三句，為上品作犯。」（八三六頁上）鈔批卷二二：「此是不可學事作犯也。上品識事三句，以了境知是人，故殺得成。」（八八九頁下）

〔七五〕**「疑」中三句為中品** 簡正卷一四：「謂初作人想，中途轉作非人疑，本人境雖不移，但疑心差本期，故得想差三蘭，為中品作犯。」（八三六頁上）鈔批卷二二：「中品疑事三句，於事上生疑為人、為畜、杌，不了境故，闕緣得蘭，故云中品也。」（八八九頁下）

〔七六〕**「不識事」三句為下品** 簡正卷一四：「謂人作非人想，是不識事。前境是人，初作人想，中途轉作非人想，亦結想差方便三蘭。此三輕於中品，為下品作犯。」（八三六頁上）鈔批卷二二：「下品不識事三句，是無緣。謂以本迷故，則無根本重罪，故為下品也。礪云：上識事三句，心境相當，得究竟重，則為上品。次品，次中下二品緣事，並是方便故制。然最下品，據轉想，若本迷不識，便無下品作犯。即問：『次下俱蘭，如何階降耶？』此問意云：『中、下二品，俱是約境想，第二、第三作之。同是蘭者，何故分為中、下耶？』答：『以緣之心，有長短故，得有輕重。』此答意云：中品約境想，第二句人疑，謂始終有疑為人、為非人，此是長也。下品約境想第三句，人、非人想，謂是轉想。

－2129－

轉想之後,無緣人心,名為短也。賓云:疑心數數,分緣本境,名之為長,此判為重也。想心一向,棄本想餘,故說名短,此判為輕也。問:『此欲明不學、無知罪,何須論根本罪耶?』(八八九頁下)答:『由此根本罪,是不學無知罪家所依處也。如於衣中求虱,先分別衣,然後得虱。虱喻不學無知罪,衣喻根本罪也。』(八九〇頁上)資持卷中四上:「疑及不識,罪量一等。然律境想,疑定有犯,想則不定。(想即不識。)以容迷轉,有無不同,故下品云或無罪也。」(三四一頁上)

〔七七〕**無罪**　簡正卷一四:「若本迷非人境,得異境吉,是本迷有罪。若本迷人作杌木想,即無罪,約始終不轉,於此本迷不定,故云『或』也。」(八三六頁上)鈔批卷二二:「立謂:既是不可學事,此下品三句不識事句,則無不學、無知罪故,偏為一處。故文云:前言無罪者,謂無不學、無知之事(原注:『事』疑『罪』。),非謂無根本罪,即指此文也。(未詳。)又解:或無罪者,『或』是不定之詞也,謂是下品不識事三句中,以是本迷故,無根本罪。但六上(【案】『六上』疑倒。)句有其罪耳,而此下品三句,若轉想則有方便蘭。又,更解云:盡據本迷,亦有無不定。若本迷,作非畜,則是有罪。若本迷,作杌及無主想取,則是無罪。故言『或』也。(此後解好。)勝云:或無罪故,言『或』也者,約根本事上,不識句中論也。謂下品三句中,既是想迷,不結根本,但望後心,得罪不定。若迷作非畜,有後心結吉。若迷作杌,則全無罪,故曰或『無罪』。」(八九〇頁上)

〔七八〕**對法類知,可解**　資持卷中四上:「『對』下,次例通止犯,亦由古判。止犯位中,無不可學。下文不出,故此點示。前止持中,指後作持。今作犯中,類通止犯,義意頗同,思之自見。(舊作惡法釋之,誤也。又以口家四過為惡法,誤又甚也。)」(三四一頁上)簡正卷一四:「謂下半犯法也。意道:上之三段,但釋上半事。上半事上,根本罪之有無,未明下半犯法。若對下半法上,要知罪之有無,類取上半事中,義理可解。(此解方為所當。搜玄:不無雜亂。)正義如上,非說亦多,若不錄之,何顯前修之失。順正記約五邪、七非法以說,謂上且約煞事為制止。若五邪七非之惡法,此法通於可學,又是止持。(此解不可。夫言相類,須前段曾明,後不更述,即言類解五邪、七非。抄並從(八三六頁上)前未明,將何類解?故無理之甚也。)若准素記云:准前止持門,後生起作持,不可學九,今亦生起止犯中,不可學九句也。(若據此說,開迷之邊,全落枝條罪。上與抄有違。抄約根本事上為言,何故妄生此是!思之。)近

依繼宗記，引大妄語戒釋。彼云：應先問曰：『如歷位門，初敘學人受戒已來，勸學三藏，於境境（原注：『境』疑『剩』。）迷妄。次敘不學人，由來不學事法，無知事法，即善惡事法。善法即在作持止犯門中明；惡事惡法，便合在止持作犯門中說。上所解，但見舉煞戒惡事，廣辨二九，何不見論惡法耶？』可引抄答，云『對法類如（【案】『如』疑『知』。），可解』，便云大妄惡是根、諸餘是枝條等。記文絕廣，云云如彼。（此解自是一途，今意未敢依也。）已上略敘諸家義也。」（八三六頁下）鈔批卷二二：「上明作犯九句，但約事以明，不學無知之罪，謂約婬、盜等事也。若約法與明，作犯不識法等，亦應有九句，謂法上還有不學無知也。此中冥破上首義。所以體狀中，止持作犯，唯對二教中事以明。今言對法類知，（八九〇頁上）豈非止持作犯定通法也！今欲作之，不出上來事句，但改『事』為『法』有異，故云『類知可解』也。勝云：此有二釋。初解同前，將為不當。又解，上句云或無罪者，約事上辨也。此『對法』等者，對犯法上，結不學無知，如前持中，故言『類知可解』。故戒疏云：如後九句，結罪多少、輕重皆同。但犯根本，以可別為。」（八九〇頁下）

〔七九〕所以前九句中，上品一句者，以事法俱了，未可論罪　資持卷中四上：「辨句法中。初科，為二。初，別示不同，前明『可學』，但示上品。戒疏云：中、下各四者，由緣一事，帶疑不識，交絡互明，出其犯相。」（三四一頁上）鈔批卷二二：「謂此作犯門中，『可學事』上，上品一句，同止持可學事上初一句『識事識犯故』，無不學無知罪，故曰未可論罪，但有根本罪也。」（八九〇頁下）簡正卷一四：「明分『二九』句中，二：初，明事犯，分成二九，句數不同；二、『若論』下，別解不可學九句，犯上不開所以。言『所以』至『也』者。『所以』者，徵詞。『二九，何以四、一、三，三不同耶？』且徵可學九句中，何故上品，唯有一句，（更將所以，別自徵之。）以事法下答也。以，由也。由於『事』『犯』皆識，全無『不學』、『無知』，故云『未可論罪』，獨立為上品也。中、下二品四句，合在三『三句』中辨也。或可但舉上品一句，辨『事』（八三六頁下）『法』俱識，下八句有『疑』『不識』，合結罪不。言可解亦得。」（八三七頁上【案】「所以」下，文分為二：初，「所以」下；次，「若論緣」下。

〔八〇〕後九句，各分三品　鈔批卷二二：「謂作犯中，後不可學九句，亦是料簡兩个九句也。意謂前九句，上品則一句，但云識犯。於一事上有此心，又無罪。」（八九〇頁下）

〔八一〕莫非由一事生，容兼疑、不識故　資持卷中四上：「『一事生』者，此明緣事三心不同，故分三品。一一事下，各有緣犯三心，故云『容兼』等也。戒疏云：由不識事，境非可學，不妨於犯是可學，故致列其相，『事總』而『罪別』。（一品之中，緣事是一，故云『事總』；緣犯三心，故云『罪別』。）」（三四一頁中）簡正卷一四：「『莫非』下，答也。准文准釋三三九句，今借此語，雙釋二九。非，由不也。無由一煞事，生明白心，『疑』『不識』成『可學』。今迷忘疑，成『不可學』也。容兼『疑』『不識』者，容，許有也。兼，帶有也。且『可學』中品四句，第一、第二，上半是『識事』，兼帶下半『疑犯』『不識犯』句；第三、第四，上半是『識犯』，兼帶下半『疑事』『不識事』句。即『識事』與『疑犯』『不識犯』交絡，『疑事』『不識事』與『識犯』交絡。則上半四『識』不『疑』，下半二『疑』、帶二『不識』。下品四句，第一、第二，上半『疑事』，兼帶下半『疑犯』『不識犯』句。第三、第四，上半是『不識事』，兼帶下半『疑犯』、『不識』句。即『疑事』與『疑犯』『不識犯』交絡，『不識事』與『疑犯』交絡也。故戒疏云：中、下各四，由緣一事，帶『疑』『不識』，交絡互明，出其犯相，即斯義也。次，釋後九句容兼『疑』『不識』者，謂於煞事，先以『識』知，後忽生『迷』，約其境想，容許有『疑』，兼帶『不識』，故三三為品。且上品上半總列三『識事』，中品上半列三『疑事』，下品上半列三『不識事』。三品下半，各容兼『疑犯』、『不識犯』句。故戒疏云：致列其相，事總而罪別也。」（八三七頁上）鈔批卷二二：「勝云：兩个九句，皆從事生也。立謂：『容』是不定詞也，謂『可學』、『不可學』等句，皆約事或疑、或識、或不識也。恐人疑，立兩九，分位不同。今准戒疏意解云：前九『可學事』，事疑不識有罪故，使上品為一句，中下各四句者，（八九〇頁下）由緣事帶疑不識，交絡互明，出其犯相。九句就事，皆結究竟，緣而不了。又，結愚教不學無知之罪。此愚教罪，亦是究竟，有識疑，則非罪攝。若後九句，三三分者，由是不可學，於事上不識與疑。既非可學，事上無罪，不妨於犯，是可學也。到列其相，事總而罪別。（如殺、盜事，事雖是一，故曰『事總』。對事緣罪，則有『識』、『疑』、『不識』，得『不學』『無知』之罪，差別不同，故曰『罪別』。）私云：前九是『可學事』，事『疑』『不識』，並皆結罪，故使『識事』、『識犯』一句，是全無罪，故為上品一句，中、下各四者，由皆帶罪，不可同上，無罪文句，故中、下各四別自位也。後九句者，事不可學，『疑』及『不識』，皆無識，皆無有犯。但於犯上，有『疑』、『不識』，則是罪報。今單論此犯，約位

張列,故三三分之,義理則便易明,故曰使結罪易明等也。立云:『莫非由一事』等者,皆對一事,或殺事、盜事,事雖是一,對事緣罪,即有『識』與『疑』及『不識』等三心,得罪差別,故曰『莫非由一事生』也。故疏云:『事總』而『罪別』是也。今約九人作亦好,約一人前後心作亦得。曇云:莫非一事生容兼疑等者,此舉作犯中九句,六句犯、三句識,故不犯。然此中舉本學了,臨至境所迷忘,故蘭也。(八九一頁上)又云:『由一事生』等者,此且就事作九句,以事為首,歷法方成九句。雖歷法成九句,只是事上,九句下具有『不學』、『無知』也。心疏問:『有何等義故,分為九句者(原注:本文無『故』、『者』二字。)?』答:『欲使持犯相易也。有云:何可學事上品一句,是了教人,心無迷忘,更無愚暗不了之義。設有迷忘,即屬後段不可學句,故將了教,獨稱上品,不得將帶疑、不識相足為品,故唯一句。若不可學句,既是迷忘之心,故約境想,穴作要須三三分也。以約境想上三句作之。其前九句,既非迷忘,真是進趣,豈得約事三品分也。一是了教而心迷,一是愚教而心迷,故不相似也。』」(八九一頁下)

〔八二〕結罪易明,故分為二九句 資持卷中四上:「『結』下,總明所以。」(三四一頁中)簡正卷一四:「正分二九意也。謂結不學教人,明白心中,有疑不識,得不學無知罪故。所以分成前『可學』九句也。為開懃學之人,迷心不結罪,所以分成『不可學』九句也。又,前九句:上品『全無罪』;中品下半『帶有』;下品,上下『俱有』。後九句:上半,事全無『不學』、『無知』;下半:『疑犯』、『不識犯』。順古即結故,『事總』居上,犯在下也。」(八三七頁下)

〔八三〕若論緣罪,下二心「疑」及「不識」,合十二罪 簡正卷一四:「謂獨明『不可學』九句。三品之中,緣其犯法,各有三心。每品各除識犯心,取下『疑犯』及『不識犯』二心,共結四罪。一品有四,三品十二,故云今十二罪也。」(八三七頁下)鈔批卷二二:「從此已去,『無知』及『疑』,皆是究竟來,並是重料簡。後九句,十二『不學』『無知罪』耳。此亦是依古師立義,得斯罪也。若依鈔家,都無此罪,此吉即是『止犯』果罪,故云『究竟』。謂是不可學事九句上,總有十二不學無知罪也。句雖有九,但約六句。犯上有三疑、三不識,得三提、九吉,成十二也。言『下二心』者,私云:『疑犯心』及『不識犯心』也。」(八九一頁下)資持卷中四上:「初文。前示罪數。識犯在初,故云下二心也。」(三四一頁中)【案】「若論」下,分二:初,「若論」下;次,「問根」下。初又分二:初,「若論」下;二、「無知及」下。

〔八四〕**皆犯究竟** 簡正卷一四:「准此古人所結十二罪,皆是果吉羅罪,不是諸篇方便因吉也。」(八三七頁下)鈔批卷二二:「謂上十二罪,既是『不學』、『無知』體,是究竟果罪,(八九一頁下)非為他因,故曰也。」(八九二頁上)

〔八五〕**不以無知故得脫** 簡正卷一四:「正辨不開所以也。古師意云:若煞、盜等惡事,明白心中『不可學』,作是『不可學』,雖明心緣而不了,亦無二罪。今此波羅夷罪法,屬教法故,理合進修。今緣不了,致令有疑,兼不識也,須結二罪也。次,引人犍度,律文證彼云,六群作法了,便言不知。佛言:『不以無知故,得脫。』」(八三七頁下)鈔批卷二二:「謂愚教人,不識罪相輕重,知夷、殘等,悉是可學。不同心迷,聖開不犯。今由不學,故不識,是故不開。」(八九二頁上)資持卷中四上:「『以』下,示犯結所以。(古記放罪至此,豈不疑乎!)『故』下,引文證犯。上是律文。」(三四一頁中)

〔八六〕**若犯罪,如法治,更增無知法** 資持卷中四上:「『若』下,即戒本文。」(三四一頁中)簡正卷一四:「若犯罪者,隨六聚,結如法治,結不學知。更增無知法者,隨緣不了處,更增無知吉也。」(八三七頁下)【案】四分戒本,一○二七頁下。

〔八七〕**「無知」及「疑」,皆是究竟** 鈔科卷中四:「『無』下,重示罪體。」(九二頁下)簡正卷一四:「牒前十二罪,是『疑犯』、『不識犯』上果吉也。」(八三八頁上)鈔批卷二二:「謂『無知』故不識事,不識犯,及非為他方便故,是『疑事』、『疑犯』,非為他方便故是究竟。既無別果可趣,是自果,故曰『究竟』。」(八九二頁上)資持卷中四上:「以古師云:『不學』可懺,謂是究竟;『無知』不可懺,謂是方便。故此但明『無知』耳。初二句判定。」(三四一頁中)

〔八八〕**若不疑及識,一向無罪,無果可趣** 資持卷中四上:「『若』下三句,反釋。謂後不疑及識,既無別有果,可驗前罪,非是方便。」(三四一頁中)鈔批卷二二:「此是及(【案】『及』疑『反』。)卻上文是究竟意也。恐人情意,謂由如事中,『疑』則是方便,『識』則是究竟。且如殺人,疑是非人殺,得方便罪。若識是人殺,犯究竟罪。故知『疑』為『識』家之因也。今此『不學』『無知』之疑,不類於事也。以疑時有罪,若後不疑,即是無罪。不識時有罪,識罪即無罪,故不得將『不疑』及『識』,為其果也,故曰無果可趣。下此『不識』與『疑』,當體是其果也。又言無果可趣者,既識事又『疑』,更無有罪可稱為果。又,問殺盜識境,方結根本,乃是有果可趣也。」(八九二頁上)簡正卷

一四：「『若不疑』等者。『不疑』反上『疑』句，及『識』反『無知』『不識』句。此皆是『識犯』句，一向無罪。」（八三八頁上）

〔八九〕無「不學」「無知」，非謂無根本罪　資持卷中四上：「『前』下，遮疑。上云一向無罪，恐謂後識，都無犯故。」（三四一頁中）鈔批卷二二：「此卻指上文云以事法俱了，未可論罪。此就即上品作犯人，但有根本夷也。立云：直指上文云『不疑』及『識』，一向無罪，無果可趣也。文謂：此作犯門中明義，此是了教，（八九二頁上）造罪唯有根本之罪。謂既識不疑，與有不學無知之罪，此是可學九句，上品人也。故首疏云：此是也（原注：『也』疑『可』。）學人也。一向無罪，此中不作句，指同前止持，可學九句耳。」（八九二頁下）簡正卷一四：「重辨上識處無罪，便云一向之言，何（【案】『何』疑『向』。）下遂釋云：謂無『不學』『無知』，名為『一向』。若作根本事成，自有根本果罪也。故首疏云：上言一向無罪者，謂無『不學』、『無知』，非謂無根本罪。（已上疏文。）鈔文改他『上』字為『前』字也。此順古引文，十二罪並吉，不須分輕重。若依今師，於前止持門後難開，即此亦須同放，顯知此義，全是古文。（已上先呈五義已竟。）次，敘兩家之非，謂匠者之思審。繼宗記云：一向無罪者，謂既『不疑』及『識』，全無枝條止犯。又，無根本果罪可趣，故云一向無罪、無果可趣。此謂簡其事上識心。雖無不學無知，猶有根本果罪可趣也。問：『若言事上有根本罪者，何故前可學中，言上品一句，以事法俱了，未可論罪耶？』便引鈔文答云：『前言無罪者，謂無不學、無知，非謂無根本也。即卻指可學中上品一句。雖無不學、無知，且有事上根作犯，果罪可趣。不同犯上識了，一向無罪。（已上記文。）今意不然。此一段鈔，蓋是收。（八三八頁上）順古引文，全依首疏。首疏自解：一向無罪，但無不學、無知，非無根本。何得妄說？根本俱無，名為一向，不得見文中一向文詞，便於文外異計。』『若爾，何故文云無果可趣？』答：『斯言無果，其理顯然。請近者，更可審思，仍速改輒。或有人云：是今師結也，謂事是五俱意識，所取之境，容有明闇。若疑不識事上則開。若犯法，要先學知，後准意能緣，不假餘五識。若疑不識，是學未知理。非迷忘故，法上不開也。』和尚破云：『若爾，律文覆麤戒及房境想，何得開迷；此麤罪及白二法，豈非唯意緣耶？』『文（原注：『文』疑『又』。）准前文，但迷非學了故，佛一切開。既云一切開，即此還須放。今猶結者，順古人耳。』」（八三八頁下）

〔九〇〕根本，不識事三句無罪，便是六句　鈔科卷中四：「『問』下，辨句法增減。初，

單約本迷解（二）：初，約根本以問。」（九二頁下～中）簡正卷一四：「第二，局就根本止犯，相從建立二九句，所以分二：初，約止犯相從以明；二、『又解』下，對根本罪有無以辨。前三：初，作犯無罪難，（亦有云『根本無罪難』，亦得。）二止犯相從答；（或云『異境生罪答』者，非也。且人為本境，杭木為異境。既約本迷、異境，全無吉罪，何得言異境生罪答耶？）二、有罪非宗難，相從造事答；三、識犯唯八難，句法相從答。（【案】上述文字，是對下面三對問答之義及其作用的概括。）言『問』至『故』者。所以生此門者，謂因前來廣解之中，根本不識文中，鈔約或無犯，謂始終無心。今除此下品（八三八頁下）三句，只得六句有罪。所以下品三句無罪者，約本迷也。當境想第三句，迷人作杭木想，人境無夷，杭境無吉，即下品三『不識』全無罪。中品三疑，疑杭邊雖無罪，且有半心疑人邊，得吉。上品三『不識』，得三夷罪。今除下三位有中，上六句有罪，何得言作犯九句耶？（問竟。）」（八三九頁上）鈔批卷二二：「此問意：從『不可學』九句中，最下品不識事，三於（原注：『於』字未詳。）句事是迷，既無根本作犯之罪，於事上復無『不學』、『無知』罪。只今應合有六句，何意乃言九句？此欲難除下品『不識事』三句也。」（八九二頁下）資持卷中四上：「辨句法中。上、中二品，罪相自定，下品不定，故須料簡。初問作犯，立句必約有罪，下品無犯，不應此門。」（三四一頁中）【案】鈔批釋文中「此欲難除下品不識事三句也」之「難」字，意為詰難。此下三對問答，單約本迷解：初，作犯難、止犯答；二、有罪難、造事答；二、識犯難、句法答。

〔九一〕**若就根本，唯六句** 鈔科卷中四：「約枝條以答」（九二頁中～下）資持卷中四上：「答中。初縱後奪，謂若望事開，則可除之。由兼犯結，還須具九。」（三四一頁中）簡正卷一四：「答中有二。順（原注：『順』疑『初』。），問唯六答；二、申前問意答。初，約就根本，實唯六句，可知。」（八三九頁上）

〔九二〕**然上三句下，不識與疑，亦有犯故** 簡正卷一四：「言『然』等者，申前問意答也。『然』者，是也，亦云『縱奪』也。上若縱之，則唯六句。若也奪之，還成九句也。『上三句下』者，是上來所問三『不識句』之下也，即此三句下，有『不識犯』『疑犯』，亦有『不學』『無知』罪，還成九句。即第九句有『不識犯』，第八句有『疑犯』。若第七句，且通在內，未言有無。今將八、九二句『疑』及『不識』，有止犯罪相添，亦成九句也。」（八三九頁上）鈔批卷二二：「此答意云：若依望，犯根本。但今是六句，然為此下品三句中，於犯上

『不識』及『疑』，亦有『不學』『無知』，故成九句。此謂九中，有『疑犯』『不識犯』，有『不學』『無知』罪，故得有九句來也。謂『事』上雖無罪，『犯』上有『疑』有『不識』，即是第八、第九二句，云『疑犯』『不識犯』，是後二句也。其第七句雖全無罪，要舉此『不識事』而『識犯』一句，方召得下二句也。『然上三句』等者，謂指前第三品三句也。即第八、第九，於犯上有罪。上言『若就根本』等者，謂望犯根本婬、殺也。罪而論有『不學』『無知』者，但有六句耳，謂要有根本事明犯，犯上有『不學』『無知』罪也。」（八九二頁下）

〔九三〕**何得說為「作犯九句」**　資持卷中四上：「初難二犯行別，各攝所宗。如上所通，豈非相濫？」（三四一頁中）簡正卷一四：「『若爾』者，徵也。謂徵上來既將三句下，『不識』與『疑』亦有犯，便相添成九句者，恐不然也。且此『不識犯』及『疑犯』，所結『不學』、『元知』（【案】『元』疑『無』。），元是止犯之罪，今將『止犯』來添『作犯』成九句者，豈非違作犯之宗耶？（徵竟）。」（八三九頁上）鈔批卷二二：「此難意，躡前答中生也。難意云：既於事生迷，故『不識』是無罪。但犯上有『不學』、『無知』罪，則攬為九者。然此犯上，由『不學』故『無知』。此『不學』、『無知』，但合是止犯之罪，那得將來此作犯中，明數為九句耶？謂雖作前事以迷，故無根本殺等之罪，但犯上結『不學』、『無知』之罪，但合名止犯也。言『此下疑等』者，即『等取』不識句也。」（八九三頁上）

〔九四〕**答**　簡正卷一四：「初，依古以末從根釋；二、『又必』下，今師助造前事釋。」（八三九頁上）

〔九五〕**從根本故得名**　資持卷中四上：「枝必隨本，從本為言。」（三四一頁中）簡正卷一四：「謂作煞事是作犯根本。緣煞波羅夷，犯法『疑』及『不識』，即結『不學』、『無知』。此罪由根本煞人事上，有攝末從根本名，亦作犯也。」（八三九頁下）鈔批卷二二：「謂從根本殺、盜事上得名，以雖是迷心，由作前根本事，雖不結夷。然犯上有『不學』、『無知』罪者，此罪還從汝作事上生，故將此『不學』、『無知』之罪，從作犯攝也。」（八九三頁上）

〔九六〕**又，必由造前事，通名作犯攝**　資持卷中四上：「『又』下，轉釋。恐謂開迷，何有根本，然雖迷忘，不結正罪，何妨造境得名作犯？」（三四一頁中）簡正卷一四：「『又必由』下，助答。首疏無文，且如迷人謂杌，始終不移。煞命斷時，由迷無過，且作煞事，是作犯之流，非謂本無煞夷，蓋是曲放。然且名作

犯攝也。（繼宗記中，不成解也。）」（八三九頁下）鈔批卷二二：「此猶答上難意也。意云：雖迷人謂杌，殺時無罪，由我還作，如迷人謂杌，豈不動刀，故曰造前事也。緣斯不了，還結無知。此『不學』、『無知』之罪，從作前事上而生，通從作犯攝也。疏問：『根本不識事，是迷無犯，謂不犯根本，何得言作犯？』答：『若造作杌木，此實無或緣罪境，迷對非畜，還復可明，故須判為作犯也。』寶敘疏意云：『若根本不識事，便無下品三句者，（八九三頁上）謂本迷人為杌想殺，或復過量，作不過量想，由本迷故便無。下品不識事三句，更細論者。若迷人作非人等想，亦有後心之吉，還成九句。若取同趣為異境，雖是不識事，而義同識事人想不轉故也。』」（八九三頁下）

〔九七〕**若爾，不識事識犯，即是無罪，正應有八，不得有九** 資持卷中四上：「若兼止犯，可如前言。下品初句既無枝條，理須除去。」（三四一頁中）鈔批卷二二：「此更重難。難除第七句。此句既不識事，事本開無罪，又復識犯，犯上亦無『不學』、『無知』罪，故知第七句不識事識犯，則全無罪。正應有八，何得說九？三、解云：若從『不學』、『無知』罪而有九者，然事既是不可學，本開無罪，我今此一句云不識事識犯，此句則全無罪。不合有此句，但應有八，何得言九！」（八九三頁下）簡正卷一四：「第三識犯，唯八難，句法相從答。言『若』至『從』者，此正難第七一句。謂八、九句下，有『不學』、『無知』罪，容得入九句之數。且第七一句，上半不識事，開迷無根本，又無枝條，此即枝條並放；下半識犯，又無枝條，上下並空。今若除之，即但有八，何得有九？」（八三九頁下）

〔九八〕**如前已解，句法相從** 鈔批卷二二：「謂前既但合有六，不許有九，即答云：然此三句中，約其下二句，犯上不識與疑，亦有犯故，故須第七。命（【案】『命』疑『合』。）得下二句，故得說九。又此答意云：雖然無罪，藉此一句，方召得下二句，故法爾相從來也。」（八九三頁下）資持卷中四上：「指如前者，即上相從根本之義，下云相從造事，亦得說九是也。」（三四一頁中）簡正卷一四：「『如前已解』，謂從根本故得名，由造前事得作犯名也。句法相從者，凡作句法，從『識』至『疑』，從『疑』至『不識』，次第合然。若無第七，即八、九無生也。」（八三九頁下）

〔九九〕**又解** 鈔科卷中四：「『又』下，約本迷轉想解。」（九二頁中）資持卷中四上：「前文二局：一、單約本迷，二、定須九句。此解反上，一、兼通轉想，二、作句不定。文分為二。」（三四一頁中）【案】「又解若」下分二：初，「若就」

下；二、「若迷」下。

〔一〇〇〕若就「可學事」上，生「可學迷」，一向九句，莫不犯根本　資持卷中四上：「初，敘可學者，此中正意料簡，後九欲彰兩位定不定別，故先示之。不可學中，三位分別。初約本迷，轉想對明六、九。」（三四一頁中）簡正卷一四：「謂前煞、盜等惡事，皆是可學之境。若由來不學之人，明白心中，緣前事犯不了，名可學迷，即四一成品，共成九句。上品一句，雖無『不學』、『無知』，且行（八三九頁下）煞故，得作犯根本夷罪。中、下二品，共有八句，謂於事犯『疑』及『不識』，都結二十四『不學』、『無知』止犯罪。每句各犯一個根本夷罪，三品九句，都犯九根本，故言『莫不犯根本』也。只要依今師正義，如此釋。鴻記對此廣依古解，恐違鈔文，不更敘錄也。」（八四〇頁上）鈔批卷二二：「此一段已下是第二，更別生一意。通釋前或六、八、九句不同也。義意此亦非，宣自生此意，乃是古德解耳。（八九三頁下）故戒疏對此則云：有人解言，何須如此？（斥上諸解。）今總為分，若『可學事』法，生『可學迷』，一向九句等。（云云，如鈔不異。）故知盡是古師之解也。今言若就『可學事』上，生『可學迷』，一向九句者，謂是怠慢不學教人。然一切事皆是『可學』，但『不可學』故迷。雖疑不識，皆結根本及『不學』、『無知』。故文云：不以『無知』得脫，此則得有九句，以犯根本重故。莫不犯根本者，琳云：又通迷悟釋也。含前兩九句總解，故云『可學事』上『可學迷』等。莫者，無也。謂汝此三句，或可（【案】『可』疑『合』。）是『可學迷』，則犯根本，故須得來。若不可學，迷則作犯唯六耳。或是轉想，有前心蘭，亦須得來。」（八九四頁上）

〔一〇一〕唯六句有罪，除下品　鈔批卷二二：「此是本迷句也。下文云『轉想』等者，是『轉想迷』也。今此即是勸教人於事忽迷，如想、疑等故以開也。此則除下品三句，謂不識事三句，故言唯六句有罪。」（八九四頁上）簡正卷一四：「約勸學之人，先已學知，如觀指掌，後對前境，迷忘心生，非學能了，有疑不識，名不可學迷也。准（【案】『准』疑『唯』。）六句者，即三三為品，約本迷說。上品識事得三夷，中品三疑。疑杌木邊無罪，疑人心邊，結本境上三吉。上中二品共論，故云『唯六句有罪』。除下品者，謂本迷人作杌木想，成下品三不識事，心本異二境，並無罪，故須除也。」（八四〇頁上）

〔一〇二〕若轉想結前心蘭，得有九句，並方便罪　資持卷中四上：「『若』下，次，單就本迷後心明六九。若據律文，後心無罪。今取心緣罪境，義結吉羅。」（三

四一頁中）簡正卷一四：「謂結本人境上未轉想時，前心蘭也，故云並方便罪也。謂三識事心，得三夷罪，為上品作犯；三疑事心約轉想，結前心三蘭，為下品作犯。（鴻記對此亦廣明古解，此不繁敘。）」（八四〇頁上）鈔批卷二二：「上既明若『可學事』，生不『可學迷』，是本迷故，但有六句，今明轉想則九句也。如本擬殺人，中間轉想，作非人、畜、杌者，還得九句，謂有殺人方便蘭，故言並方便。以由此作犯故，則有不學無知相從而生，故有九句。」（八九四頁上）

〔一〇三〕若迷想，就後心　簡正卷一四：「對異境中。言『若迷』至『故』者，謂約『本迷』說也。本迷有二：若迷著無罪境，便除下品，故成六句；若迷著有罪境，卻收下品，便成九句。且迷想約非罪境唯六者，鈔舉盜戒境想第三句說。（八四〇頁上）有主作無主想，以無罪故。如盜戒：有主有主想，即識事三心，得三夷罪；二、有主無主疑，即疑事三心，得三吉；第三，有主作無主想，即不識事三心全無罪。故今除之，唯六句也。」（八四〇頁下）鈔批卷二二：「此是『轉想迷』也。此望後心，或得九、或得六句。謂若迷想作杌木及無主物，則始終無罪故。但有六句，如有主物作無主想，取無犯，以非緣罪境故。此既不犯根本，則無『不學』、『無知』相從也。」（八九四頁下）

〔一〇四〕或九句，人非人想，後心吉羅，生罪緣故　簡正卷一四：「鈔舉煞、戒境想第三句說。且煞戒第一句，人作人想煞，即識事三心，得三夷罪。二、人作非人疑，即疑事三心，心緣兩境。繼宗記義結六吉，如本迷疑人心邊三吉，又一半疑非人邊三吉也。三、人非人想，即不識事三心、三吉，故云『後心吉羅，生罪緣故』，成九句也。」（八四〇頁下）鈔批卷二二：「此謂迷想，對情境故，即有九句，不同前轉想作其非情。今此謂本欲殺人，轉作非人、畜生想，望後心吉，謂非人不合殺故。言生罪緣故，此則還得九句。上言有主、無主想，此則非生罪緣，故但六句。」（八九四頁下）

〔一〇五〕若兼止犯，得有八句，相從造事，亦得說九　資持卷中四上：「『若兼』下，三、就『後心』，無罪明八九。」（三四一頁下）簡正卷一四：「此段文重明上二六句，以止犯相從，謂成八、九。所以謂前迷本境唯六句，後迷無罪異境，亦唯六句，皆除下品。若添下半，疑不識犯上止犯罪，即成八句。句法相從，及造前事，亦成九句也。此明二兼以八、九。（江西五兼，即太多也。）」（八四〇頁下）鈔批卷二二：「如前作犯九句中，若論根本事上，但有六句。由下品『不識事』三句，無根本，但有止犯罪，更兼下品三句中後之二句，

名為止犯。是上六句，則成八句。若更論句法相從，取第七句則成九句，故言亦得說九。言相從造事，亦得說九者，謂是作犯明義，必造前根本事也，故曰『造事』。謂第七句，是相從而來。雖無『不學』、『無知』罪，此由作根本事，故云『亦得為九』也。立云：以由下品三句是『不可學迷』，無根本作犯罪者，則上六句是作犯句，我今除第七不犯句，將我作犯六句，又兼止犯兩句，則成八句，故云：兼止犯有八也。（八九四頁下）其第七句，雖無其罪，然又造前事竟相從來，又得立九也。上二句所以名『止犯』者，曇云：若就進修門中，則無此句。今就止犯，故有此句。」（八九五頁上）

〔一〇六〕**極為分別，不知鏡不** 簡正卷一四：「鏡，由明也。謂前辨據今古義：古師將二事以辨二九句，今師一事上以辨二九。如是今古相駈，極為分明，不委後人，於此明未勸審。思之。已上『作犯門』竟。」（八四〇頁下）鈔批卷二二：「立謂：鏡者，照也。鈔主意言：我於此持犯篇中，極為汝亦細分別，但不知汝，照不可好。思之。」（八九五頁上）資持卷中四上：「初句示前委曲，次句審問學者。下二字勸思。目視其文，耳聽其說，心思其義，此為學之大端也。文是色塵，說是聲塵，義即法塵。見聞局塞，所解麤疏，思測虛通，所得深細。雖根性各異，而大分多然，故勸思之，意令精考故也。上來諸文，止為『不可學』中事開犯結罪相有無，故茲辨示。文義詳委，囑累深切。古今講解，不知自誤。反謂諸文，皆是順古。沈罔祖訓，壅塞來蒙，願速改迷，無宜謗法。」（三四一頁下）【案】已上是第二作犯門。

〔一〇七〕**「作持」九句** 簡正卷一四：「謂抄玄（【案】『玄』疑『文』。）於『作持』中，理實立二九句：一、可學，二、不可學。若古師向『作持』中，唯立『可學』一九，無『不可學』。今抄文雖向下別立『不可學』一九。今標中未便異古，是故且言『九句者』也。」（八四二頁上）資持卷中四上：「古師唯立『可學』，今先依彼具出『可學』九，至後方立『不可學』九。欲使是非兩異，今古雙明，立破俱存，取捨無惑故也。（下『止犯』中，亦同比（【案】『比』疑『此』。）意。）」（三四一頁下）

〔一〇八〕**若從對「事」「法」以辨，實亦應有兩箇九句** 簡正卷一四：「『從』謂相從。自古相從於『作持』門，通對二教、事法兩種。『事』即制作衣鉢，及聽作房衣。『法』即教行法，聽門說淨處分法。理實合先將『事』對『犯』，立一九句，四一成品。次，便將『法』對『犯』立一九，亦四一成品。故云『若從對』等。」（八四一頁上）鈔批卷二二：「若從對『事』『法』以辨，實亦

應有兩个九句者，勝云：如上體狀門云：『作持』通對『事』『法』兩種，今則約事、約法，立二个九句，謂將『事』對『犯』，既有九句；將『法』對『犯』，亦有九句。今言『事』者，謂房量須識也。今言『法』者，白二教法，亦須識也。言『犯』者，殘、蘭、吉等須識也。但由句法，階降不殊，今約對『法』對『事』，故合明之，但作一九句也。皆謂作行犯中有『法』復有『事』，如造房是事，其房是事，處分是法。如前房上四重境想，約『事』約『法』不同。今對此『事』、此『法』，各有九句。今但合而明之，且約『法』上作可學九句，『事』則略而不出。又復，此中但明『法』句、不明『事』句者，由『事』句義同前『止持』中，約『事』作竟其相也。次，但約『法』作句，恐人未識，故今出結罪多少。例上可知。」（八九五頁上）資持卷中四上：「初科為二：初，敘略上三句，明『事』『法』句別。」（三四一頁下）

〔一〇九〕**但明用差別**　簡正卷一四：「『事』則房衣等事，『法』謂羯磨教行等法上法用也。」（八四一頁上）資持卷中四上：「『但』下，明略出法句。『明用別』者，此明『事』『法』異也，且如房戒，尺量是『事』，白二是『法』，長衣過日是『事』，說淨是『法』等。」（三四一頁下）

〔一一〇〕**階降不異**　簡正卷一四：「四一為階，多罪、少罪、無罪為降。『事』『法』二九，階降同故，合為一九也。」（八四一頁上）資持卷中四上：「此示作句同也。」（三四一頁下）

〔一一一〕**故合一九句，唯對「可學」以明**　資持卷中四上：「彰古局也。」（三四一頁下）簡正卷一四：「古於此門，無『不可學』，以皆進修故。不同婬、盜、煞等惡事，明白心中，一向一不可學，故云『唯對』等。（云云。）」（八四一頁上）鈔批卷二二：「此恐古師言。今宜不然，（八九五頁上）則通『可學』『不可學』各九句。故今即云：『不可學』法，迷亦文同九句，故知通『可學』『不可學』也。私云：前『體狀門』中明『作持』亦云『事』，唯『可學』與今失同，皆是古義。有人云『此應是昔解』。今不同之。若言同者，下何故言『不可學迷』亦有九句？故不同此也。」（八九五頁下）

〔一一二〕**今且列句，所以如上「止持」「可學事」中**　資持卷中四上：「『今』下，指例。初句，標今略示；『所』下，例前廣釋。上二句指同。言『所以』者，括前有四：一者，辨釋疑不識義；二者，顯罪有無多少；三者結宗，謂不犯本罪名為作持；四者分品，謂三品作持等。」（三四一頁下）簡正卷一四：「謂列『可學』一九，四一成品。如前『止持』『可學事』中，更不別也。言『所以』等者，

謂九句之中，辨不學、無知、有無、輕重分齊，如『止持』亦不別。鴻云：有無輕重，名『所以』也。『有』謂有罪，『無』謂無罪，『輕』謂吉羅，『重』謂提罪。更有：犯謂不犯。（八四一頁上）迷輕謂重，疑有疑無，疑輕疑重，如是所以，便有二十四罪：六提、十八吉羅。並止同止（原注：一無『止』字。）持『可學』中說竟。」（八四一頁下）鈔批卷二二：「謂今『作持』與前『止持』中初『可學事』中九句同也。此但順教作事，各謂前『止持』中，以識事識犯，不造惡，名『止持』。此一句為上品持戒。今我則亦然，謂以識法識犯，造事名作，此一偈（原注：『偈』疑『句』）為上品，故言此但順教而作之，與前為異。前則唯止惡名持，此則作善名持，故言異也。」（八九五頁下）

〔一一三〕**此但順教作事，與前為異**　簡正卷一四：「謂引（【案】『引』疑『此』。）『作持』中順教作衣鉢、造房舍、長衣等事，名作持。與前止持、息惡、離過、守戒為別。（首疏作持門竟。）」（八四一頁下）

〔一一四〕**就中分三**　簡正卷一四：「今師別立句法。初標。云就中分三者，立此句法有二意：一、古師將法就事，相合而明。又，指在『止持』中說其文太略，今師更於法上別明『可學』九句也。二者，但向法出句，不向事上明者。意道：約『事』與『止持』不殊，若約『法』立者，人由未見，今故於處分法上作之也。」（八四一頁下）資持卷中四上：「列句中。為圖示之。」（三四一頁下）

〔一一五〕**須乞白二**　鈔批卷二二：「謂若不識法者，謂言造房不須處分，或謂單白也。又不識犯者，謂言不乞，亦不犯殘。故知此九，從『可學』愚教來故不識，非謂是迷心，所以結根本罪也。」（八九五頁下）

〔一一六〕**初一句：識法識犯**　簡正卷一四：「此段鈔文，今師別立，非關古文，但依今師銷釋。鈔文九句，四一成品。亦准戒疏，約九『不學教人』配屬，每一句配一人。又須約九『學人』傍配之。且上品一句，正配利根中間止不學人。（旁配學之教一人。）」（八四一頁下）【案】可學九句，資持卷中四上（三三九頁上）圖示如下：

上品一句 —— 識法識犯（無罪）

〔一一七〕**識法疑犯，識法不識犯，疑法識犯，不識法識犯**　簡正卷一四：「中品四句，正配中根中間止不學四人。（旁配學半知、半未知四人。）」（八四一頁下）【案】可學九句，資持卷中四上（三四一頁下）圖示如下：

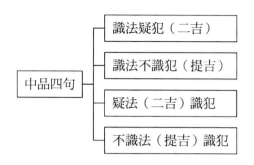

〔一一八〕疑法疑犯，疑法不識犯，不識法疑犯，不識法不識犯　鈔批卷二二：「『疑法』，謂疑造房為白二、為白四、為單白也？『疑犯』者，謂若不乞法，為犯殘、為蘭、為提吉？餘例知也。言不識法者，戒疏云：直單白，不須白二。雖知白二，不識通塞，亦是不識也。」（八九五頁下）簡正卷一四：「下品四句，正配利根或中根由來『不學』等人。（旁配初學、全未知人。）若鈍根學教人，盡形依止。（二罪全無。）鈍根不學人，（但有『不學』，無『無知罪』，非力少故。）已上二人，准漸頓門，不入句法之內。（八四一頁下）又，此三品九句，上品一句，『學』、『不學』二人全無罪；中品四句，有『疑』、『不識』、『不學』人，八罪，（二提六吉。）學教人，明『疑』不識全放。下品四句，一向『疑』兼『不識』，『不學』人十六罪，（四提十二吉。）學教人，明白心中，雖疑不識全放。若更約上、中、下挍之，上品一句：作持行成法犯，並明練無二罪，學、不學二人。（是上品『作持』行。）中品四句：持行雖成，於法犯上，帶疑不識；學人雖不結罪，然亦有疑等，不明不學人有疑由結八罪。（是中品『作持』也。）下品四句：持行雖成，於法犯上一向疑不識，學人雖無犯，以學未知，不學人結十六罪。（是下品『作持』也。）故戒疏云：並乞法造房，同號作持，由於犯法，迷而不學，故各有罪。（已上疏文。）」（八四二頁上）【案】可學九句，資持卷中四上（三四一頁下）圖示如下：

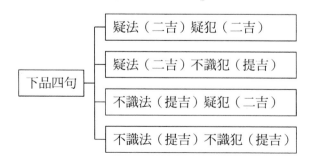

〔一一九〕「不可學」法迷，亦有九句　簡正卷一四：「今師別立『不可學』九中。言不可學法迷亦有九句者，謂『作持門』中事法，理實俱有『不可學』九，亦成二九，今但立『不可學』一九，唯向『法』上論者。一釋云：亦但明用差別，階降不異，將事合法，只作一九；或可但向『法』上立『不可學』迷，若事上迷疑於止犯門，後約『事』上，立不可學，意在翻止犯成持。即『作持』事上，亦有『不可學』九。又止犯門，但約事立，未約法論。意道：作持已向（八四二頁上）法上立了，翻作持成止犯。止犯中，法上亦有迷忘一九。此制作家，巧用文勢。（亦是略指，以類相從，始終交略義。）所以法上迷心一九，但向作持中，出前二行，不說由結十二罪者，謂止持作犯，非本位故。雖今師廣引徵難房，迷道理者，動犯上所結之罪，意許放之。然且未合懸放，故順古且結，遂指此改（原注：『改』疑『段』。）云對『法』有二九，後『作持』中，更為辨也。前既指後，後遂立之，正明放罪，故云『不可學法迷，亦有九句』也。」（八四二頁下）【案】不可學法迷九句，資持卷中四上（三四二頁上）圖示如下：

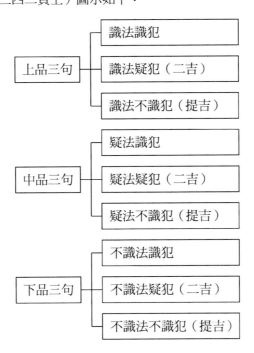

〔一二〇〕如前段後，九句說之　簡正卷一四：「謂前既云『作持』，合立不可學九，便合廣列句法，今慮文繁，指同『止持』不可學九，三三成品，無異也。然於句法，少有不同，前云『緣事』、『緣罪』各三心，此段云『緣法』犯各三心。

— 2145 —

『緣法』即約處分法，有『識』、『疑』、『不識』三心。『緣犯』即約僧殘犯，亦有『識』、『疑』、『不識』。（或有云：『法』即約造房戒境想，『犯』即約覆麤罪境想，各有三心，互相雙歷作句。亦得也。）今且依初解，歷成句者，應云：識法識犯、識法疑犯、識法不識犯。（上品三句。）次，『疑』為頭，歷應云：疑犯，疑法疑犯，疑法不識犯。（成中品三句也。）『不識』為頭，應云：不識法識犯，不識法疑犯，不識法不識犯。（成下品三句也。）此既今師別立，但於法犯，不識有疑，皆是迷心，同放罪也。如此互歷，依（八四二頁下）前段後九句述之。（反顯正『持、作犯』二門法上，十二罪並放矣。）」（八四三頁上）鈔批卷二二：「謂今文明『作持』『不可學』九句，如前『止持』中『不可學』九句無異，亦三三分之。今文不重作，但改『事』為『法』，此文正是破昔義。昔云：『作持』事唯可學，不通『不可學』。今明不然，皆有迷忘。故戒疏云：法雖可學，迷倒忽生，佛開不犯，不同昔解。是以律中，不處分處分想疑，皆非殘故。又，前答云：必如所引，後『作持』中更為辨也。正是指於此文。上釋作持義竟。」（八九六頁上）資持卷中四上：「前『止持』中，『指如後者』，即此所立『不可學』九，則明緣法，同有迷忘，法開犯結，與事不殊。以異昔人，局論可學故。戒疏云：法雖可學，迷倒忽生，佛開不犯，不同昔解。是以律中不處分想疑，皆非殘故。」（三四二頁上）【案】以上第三作持門。前「止持門」中「後作持中，更為辨」句所指，即是此句。

〔一二一〕次論止犯，或九或八　資持卷中四上：「前明八、九，即古所解。後明『二九』，方是今義。」（三四二頁上）簡正卷一四：「『次』謂次第，『論』謂論量。『或』者，顯不定也。通明止犯，總有三種：一、制聽教中『事』上止犯；二、『事』上法家止犯。此二皆九句，如止不乞處分法是。若對制教，約不學進修，前事止法而生，則有八句。所以爾者，謂既不學，便無『識法』、『識犯』，故但有八。此一九『八』，唯通『可學』，猶順古師。若准今師，更加『不可學』也。今既順昔，故云或九或八也。」（八四三頁上）鈔批卷二二：「自意云：若如約修造前事，而生止犯，則有九句。如造房不乞法、畜長不說淨，是『止犯』。以其或時了知教相，但不乞處分，此名『止犯』，唯殘罪，無『不學』『無知』之罪。此則由造前事，從根本有罪，而論有『識法識犯』之一句，應成九也。若就不學問人邊明止犯者，則無此一句以不對事修造，直爾止住（原注：『住』疑『犯』。）無別根本事可對，故不將『識法識犯』一句，以為『止犯』之數。由此一句無罪，不得置不學家止

犯中論，所以唯有八句。此入皆是『不學』『無知』之罪。此止犯中，更不列句，但翻前『作持』之九也。」（八九六頁下）

〔一二二〕九句　鈔科卷中四：「初，唯約可學明八、九。」（九二頁中）簡正卷一四：「牒前或九也。謂約聽門，止不乞法，犯根本僧殘，便成九句也。次列句，分三：初列上品四句，次列中品四句，後列下品一句。」（八四三頁上）鈔批卷二二：「先明九句。若八句至下，自明此中雖不列句，（八九六頁上）然皆是道蘭，其不學無知罪多少也。」（八九六頁下）【案】明「九句」，文分為二：初，「言九」下；次，「所以」下。

〔一二三〕上品四句，有十六罪　鈔科卷中四：「初，事法止犯具九句。」（九二頁下）簡正卷一四：「四句者，便是前來作持中下品四句。今移來犯門，便取罪多轉宛。上品既有四句，亦配四个由來不學人。（通上中根，如前已說。）已上四人不乞法，犯四根本。明白中，緣於處分事等有疑不識。又，結不學無知枝條十六罪，四提、十二吉。（約學教四人，亦同前述。）」（八四三頁上）鈔批卷二二：「今此所明九句，與前止持可學九句一同。今言上品十六罪，是前止持中，下品四句十六罪也。今於犯中明義，故將多罪為上品。言十六罪者，有四疑四不識，得四提、四吉。疑中八吉、十二吉，四提成十六也。」（八九六頁下）

〔一二四〕中品四句，有八罪　簡正卷一四：「句法請依『作持』中品列也。還約四个中根，中間止不學人說，犯四根本已。更有枝條，不學無知八罪，二提、六吉。（學人准配。）」（八四三頁上）鈔批卷二二：「二不識二疑，有二提、六吉，成八也。」（八九六頁下）

〔一二五〕下品一句，但犯根本一罪　資持卷中四上：「下品一句，舉法顯相，以明罪少，故為下也。」（三四二頁上）鈔批卷二二：「謂既識法識犯，則無『不學』『無知』之罪。如造房不乞處分，直犯根本一殘，故言結根本也。」（八九六頁下）簡正卷一四：「下品一句，犯根本一僧殘。（『學』『不學』二人，全無二罪也。）已上且約九人，以配九句，各得一殘。犯九殘已，更有二十四『不學』『無知』。問：『九句何必配九人？』答：『准戒緣（【案】『緣』疑『疏』。次同。）須配之。故戒緣云：今以句法，用收教相九人，造房中有迷悟，一人識達，犯法無疑，不結不學無知。餘之八人，隨相多少。（已上疏文。）已上，鈔文約九殘僧，一依首疏立也。相疏不許此義，彼破首疏云：准文驗九，上品應是四蘭，次品二殘、二蘭，下品一殘。』『文既僧殘、蘭偷（【案】『蘭偷』疑『偷蘭』。），何以九句皆犯僧殘？』『若無文起孤，義

成虛搆，若依境想，又乖文指，進退窮審，似當穿鑿也。東塔與鈔意同，卻破相疏云等。徑知昔義事罪識等，並約進修，非關制教。破者，不究斯旨，謂依境想。又，遂約境想，廣辨其非，此謂不了他宗立意，破不相當，虛名示顯。據斯一部，自反三隅。況所立中，繁雜牟楯。（云云如彼。）今引東塔反斥非者，意文道鈔（原注：「文道鈔」疑「道鈔文」）全依首疏，首義若破，鈔亦同非。故引彼文，即鈔內九殘定立也。」（八四三頁上）

〔一二六〕法　【案】底本為「怯」，據大正藏本及義改。

〔一二七〕所以顛倒前句不同　鈔科卷中四：「『所』下，對前顯異。」（九二頁下）資持卷中四上：「初徵對前作持，順倒別故。」（三四二頁上）簡正卷一四：「『前句』者，即『作』中下品四句。若在『作持』中，即最下品。（八四三頁下）今來止犯中，便轉為上品。又，識法諳犯一句，在『作持』中即為上品，今來此中，卻為下品，豈非移前向後、移後著前，非顛倒何謂！注文徵竟。」（八四四頁上）鈔批卷二二：「此明將欲釋于『所以』，先且自徵。『何故前『作持』中，『識法識犯』為上品、『帶識』及『疑』為中品、『不識』及『疑』為下品者，乃將『無罪』為上品，今止犯中，何意將多罪為上品、無罪為下品？』答云：『前約持中明義。用識法識犯無罪為上品，此就犯中解義，故側（原注：『側』疑『倒』。）翻之，以識事無罪為下品。』問：『既問解義罪多為上品者，前作犯中九句，何不類此？』答：『此皆持犯，自相對，亦不要盡。須將罪多為上品，立義一時不同。何足致或（原注：『或』疑『惑』。）？」（八九六頁下）

〔一二八〕以犯門解義，罪多為上品　資持卷中四上：「『以』下，釋所以。中品不動，上下通倒。文中但出上品罪多，中下漸降，則可知矣。問：『止犯既爾，作犯如何？』答：『兩犯是同，準須迴倒。而『作順』『止倒』者，（三四二頁上）欲彰順倒，皆無在故。」（三四二頁中）簡正卷一四：「言『犯門』等者，釋顛倒之所以也。意云：犯門解義罪多，卻轉作上品緣四句，得四殘罪，又加十六枝條，豈非多耶？識法犯句，但有僧殘，並無餘罪，即為下品，不同持門也。（中品無異。）『若爾，作犯門中，亦同犯位，何不取罪多為上品？』和尚解曰：『理合如然。但為作犯句法，指同止持門辨，並不論量上、中、下等，必若立之，亦應上四、下一。又，約古文罪多為上等，若據今師，不用亦得。故戒疏云：犯門解義罪為上，翻前持中，可以知也。』『順持解義，何為不得？』『恐多語久，自昏覺慧故。倒動之心若明，了亂亦

芳，如鳥群飛，自分牝牡。（已上疏文。）若准鴻記，此句出自齊朝道覆律師。彼亦不分可學、不可學，但就初篇說作犯一九。今南山第二九句，託第二篇，說作持一九，即此初九是止持。若止犯並在九中明。然今先明止持，即初九是。若止犯一八，此中教行一八是。後至首疏，始分可學為一九。於所營事上止犯，嚮他進修八句法上，止犯作（八四四頁上）之。作犯之中，既自離出可學九句，便無可嚮也。』（今時相取此釋。）」（八四四頁下）

〔一二九〕犯四根本僧殘，各加「不學」「無知」　鈔批卷二二：「此言來意，明欲成其罪多為上品之義耳。謂上品四句中，既各有『不學』『無知』罪，并四句中別，各有不乞處分造房之殘，豈非罪多耶！故曰非多何謂。』問：『其上品四句中，既有二句不識事，俱應合有二根本殘事，即是偷蘭。今言四根本殘其義何耶？』解云：『此是可學止犯句。由迷教故，故疑與不識，皆犯根本殘罪。向若是不可學法，迷則如來難也。大疏家亦破此四殘，如前問意。然是攝破正義，如答意也。』」（八九七頁上）

〔一三○〕對教行不學以明，則無「識法識犯」下品一句　鈔科卷中四：「『言』下，不學止犯唯八句。」（九二頁下）資持卷中四上：「次八句中，此謂隨對事法，心緣不解，結『不學』『無知』。犯門解義，必須有罪。既無根本，下品不立，故唯八句。」（三四二頁中）簡正卷一四：「『教』謂律藏，『行』謂對治。今於此教行法上，作不學意，便結止犯吉羅。此『止犯』是前三行上及此門之初，根本止犯上，枝條止犯罪。既此門自辨多少，識法識犯，根條並無，全成作持，不同前造房，止不乞法。雖識法犯，由有根本僧殘，為其罪體，亦成九句。今此約教行法以論，全無罪體，故不立之。但存八句，上品四句：一、疑法疑法疑（原注：『疑法』二字疑剩。）犯；二、疑法不識犯；三、不識法疑犯；四、不識法不識犯。結不學人十六罪，（四提十二吉。）中品四句：一、識法疑犯；二、識法不識犯；三、疑法識犯；四、不識法識犯。結不學人八罪，（二提六吉。）首疏止犯門已竟，於此抄文，且順古但立一八，未為究竟。故戒疏云：『有人解云，止犯位中，對教行不學，則唯八句，除法犯俱識。』（已上疏文。）准此語勢，既稱有人解，明知不許。若論今師不蘭事法，皆立九句也。問：『設欲依今，添古止犯一八，亦成九句，如何添之？』答：『約句法相從以說，亦成九句。或有解云：據不學人，止不學（八四四頁下）時，有吉羅罪為體，亦成九句者。』（任情思審。）」（八四五頁上）鈔批卷二二：「此釋上文，或九或八九，如前明。此正釋八。言對教行

者，教謂律藏，由不學此律義（原注：『義』疑『藏』。），即名止犯也。『行』
謂對治之行，以對非須起治心，此心名為行也。不起此心，名止犯也。今言八
句者，立云：其人是不學教人。既不學問，如何得『識法識犯』，故知止犯對
不學法者，但有八句耳。以生來不學聖教，豈能『識法識犯』，故無此一句，
此亦是古人解也。首疏云：言有立八句者，謂無『識犯』一句，此翻進趣修學，
已明止犯。（謂翻卻修學，即是不修學，以不學故，（八九七頁上）則無『識
犯』一句，故有八句。）既云止犯，由『不學』生，何有『識法識犯』，是以
但八？（此上是昔。別昔人作此解耳。）首云：今解，若翻譯以明止，唯八不
得九。（謂翻『解』是『不解』，即名『無知』。以『無知』故，別『無識法識
犯』一句，但有八也。）若翻修明止，即九句。（翻『修』是『不修』也。謂
隨行中作法也，謂此識教相，但不依則有九句，謂有『識法識犯』句也。）如
不受三衣說淨等，解而不作。云何不得有『識法識犯』？望根本不作法名『止
犯』，愚癡名『下品』也。四句各得一罪，上品四句，各得二罪，以犯門解義，
罪多為上。翻前持中無罪為上句法，迴據上可知其首疏意。若就修行解，止犯
則有九句。若就不學解止犯，但有八句。以不學之人，義無『識法識犯』也。
戒疏云，有人解云：止犯位中，對教不學，有唯八句，除法事俱識句也。對事
不學，九句通有，如造房舍、衣鉢。雖達相了知，何妨不乞處分受持加淨，皆
獲殘、提等罪是也。（上言對事者，對造房、衣、鉢之事也。）若對事明，亦
有兩个九句者，此生起約事上亦有『可學』、『不可學』九句意也。勝云：前既
言階降不異，合為一九句，此中何故更辨者？勝前但約法，難（原注：『難』
疑『雖』。）作持門中，生不可學九句，未對明故，此更重出。作持事中，亦
有『不可學』句。若不出者，恐人疑事，無不可學緣。（八九七頁下）古來諸
師，事上不隨不可學，故今的簡異古也。」（八九八頁上）

〔一三一〕若對「事」明，亦有兩簡九句　資持卷中四上：「言對事者，止犯有二：『事法
止犯』，此約造修；『不學止犯』，但望昧教法及不學，如上所明，故但標事。
以事例法，亦具二九，不學唯八，不通迷故。」（三四二頁中）簡正卷一四：
「今師新建者。謂上順昔，唯約所營法上出『止犯』一九，進修教行法上立一
八。若於事上，全未曾明，恐人疑云：將謂『事』上無不可學不結犯。（故更
立之。）又，前『作持』對事立句，順古唯明『可學』，未有『不可學』。今依
止犯事上，別立二九，翻成『作持』事上亦有二九句，意在四行事法，皆通二
九。次消抄文。言『對事』者，『對』聽教中長衣尺六、八寸，『事』對制教中

『自犯』及『他犯』。約制止事上所犯之罪，制令發露。於此事上，今須學知，皆名『可學』，愚教不了，名『可學迷』。若先解知，後緣不了，即『不可學迷』也。」（八四五頁上）鈔批卷二二：「有人云：作持、止犯二行，前已明『法』可學九句竟。今約『事』上，亦有兩个九句，更不出之。但類前可解，立（【案】『立』疑『云』。）：前止持中，亦合約事、約法，有兩个九句；『作持』中，亦有兩个九句；作犯、止犯，亦各有約法、約事，有兩个九句。有十六个九句、一个八句。謂『可學迷』及『不可學迷』者，此是略釋於兩个九句意也。言謂『可學迷』者，即上可學九句也。此迷教者，由不學故生迷。謂是可學事上，生可學迷，故云然也。言『不可學迷』者，即是從此已下，合有不可學九句，名不可學迷也，但略不出耳。以心境迷妄，非學能了，故聖不制罪，名為『不可學迷』。見犯不發，即是可學者，有人云：不學教止犯，明可學、不可學法句。如前釋竟。今此中明，應作前事止犯，如止不說淨，過日不肯改心說淨，即名可學九句，一向犯根本。若忘則是迷不犯也。此『學』句合有九句，犯根本故。不比前『不學』教，明則無初一句也。」（八九八頁上）

〔一三二〕**如不說淨，見犯不發，即是「可學」**　簡正卷一四：「指事釋也。如不說淨者，且明可學九，四一成品。上品一句，識事識犯，謂尺六八寸，知自他所犯事是識事，若知不說淨得提，不發露他罪得提，是識犯。雖皆識知，望止不說等，犯根本提，無『不學』『無知』罪。中品四句，疑不識處，結不學人，八無知罪，四根本提。下品四句，結十六罪，兼四根本。若學人，但結根本，無枝條也。（上辨『可學』竟。）」（八四五頁上）資持卷中四上：「『如』下，舉事證成。長衣、覆罪故犯，忘開並通二九。前云對事，後舉說淨、發露，乃是制法。由此二戒具兼事法，故得互舉。今且依法列句，事準作之，可學九句。（【案】如下圖示。）」（三四二頁中）【案】對「事」可學九句，資持卷中四上（三四二頁中）圖示如下：

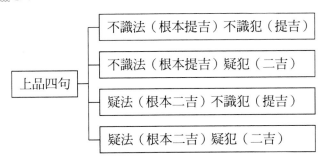

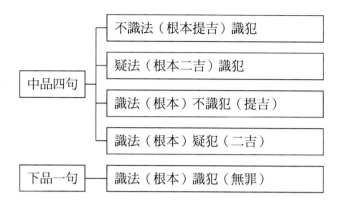

對「事」不可學九句，資持卷中四上（三四二頁中～下）圖示如下：

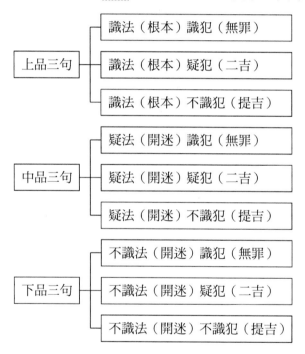

〔一三三〕若迷若忘，即「不可學」　簡正卷一四：「言『若迷』等者，釋『不可學』，亦緣事緣罪，各三心，三三成句。依今師（八四五頁上）義，事罪之上，疑不識處，皆是迷心，放二十四罪。上品結三根本提；中品三吉；下品轉想亦三吉──『根本』、或有、或無等。問：『若全無罪，何名止犯？』答：『雖則開迷，望止不順教作邊止犯，從根本得。』問：『此不說淨及發露等，是法何得云事？』答：『望長衣鉢及覆所犯事邊名事。』（不同諸家，思之。）已上既二九，翻就作持，亦立二九。（已上『止犯』意也。）」（八四五頁下）

－2152－

資持卷中四上：「戒疏云：如昔解云『止犯法中無不可學』，今言迷倒，隨位皆有是也。」（三四二頁下）

〔一三四〕**隨指一戒，達之，則類通法界**　簡正卷一四：「謂上之四行，隨指一戒，達之類通法界。且指一戒，令通四行者，如止煞不作，是止持；（有『可學』、『不可學』二九句。）觀行成時，是作持；（亦通二九。）止不修觀，是止犯；（二九。）若作前事，是作犯。（准上。）一戒既爾，萬境皆然。但明白成『可學迷』忘『不可學』也。對此略明今古句數。覆律師立『三九』一八句；（前三行都三九，『止犯』一行，但『一八』。）願律師，『五九』『一八』句；（『止持』、『作犯』各有二九；『作持』唯『可學』九。若論『止犯』，唯立『一八』句。）首疏立『六九』『一八』；（於前『五九』『一八』外，更加『止犯』『一九』也。）南山大師約文：『止持』，（『二九』；）『作犯』，（『二九』；）『作持』順古事上『一九』，（成五。）新建法上『二九』，〔成十【案】『十』疑『七』。）九句；〕『止犯』法順古一九一八，（成『八九』一八句。）依今對事，別明二九，（成『十九』『一八』句。）若更於古人，『止犯』『一八』。上約句法相從，不論有罪無罪，不要除之，添成九句，便成十一個九句。然不離二九，（八四五頁下）諸境通該。〔已上第一內【案】『內』當作『門』。）已竟。〕」（八四六頁上）鈔批卷二二：「立明：隨指一戒，作此分別。若識意竟，約一切戒作，並得通解也。上來四段不同，（八九八頁上）總釋第一『不學』、『無知』，歷位分別門義竟。」（八九八頁下）資持卷中四上：「指通中。初句，指前勸學。『隨』下，舉一類通。問：『今家句法總有幾句？』答：『若對四行，止持、作犯，對事各有『一九』；作持、止犯，並對事法，各有『二九』。共四箇『二九』。若依戒疏，四行並通事法，則八箇『二九』。若以二九，通對諸戒，則二百五十，戒戒皆具二九，乃至塵沙戒法，塵沙二九。又，一一戒下事法多別，隨事隨法，無非『二九』。類通法界，義在於此。」（三四二頁下）【案】「如此廣知」下一句，為「二、『既略敘』下例開句法」之總括之句。

二、方便趣果〔一〕者

然造修前境，必有三時〔二〕。是以大聖隨時而制，意令智士剋志不為〔三〕。略如上引〔四〕。

何者前方便〔五〕？

總論諸聚〔六〕。明了論中〔七〕：初篇、二篇，有三方便；第三、四篇，立二方便；第五篇中，但心起身口〔八〕，案，記云：「口」下，脫「思」字。唯

有根本，無方便〔九〕。若動身口思，案，記云：多「思」字，可移補。亦有遠近方便〔一〇〕。律中但明「成者波羅夷，不成者偷蘭〔一一〕」，亦不分輕重。廣如卷初明之〔一二〕。

今通會輕重，約初篇中「淫戒」以明〔一三〕。

如內心淫意，身口未現〔一四〕，名「遠方便」，此犯吉羅。故文云：或發心作、心念作〔一五〕也。「若爾，與單心何別〔一六〕？」答：「律制，動身口思心，名為期業〔一七〕。若單心者，制限大乘〔一八〕。」故善見云：凡人恒緣欲境〔一九〕。聖人若制心戒者，無有得脫之期。故律中，起心不動身口，但自剋責，還復好心，是名不犯〔二〇〕。二、動身口，未到前境〔二一〕，名「次方便」，犯偷蘭。三者，臨至境所，身分相交，未至犯處已來〔二二〕，名「近方便」，是重偷蘭。

已下諸聚，雖輕重、多少不同，大相可準〔二三〕。

何名方便？以上三緣，將至果處，或為七緣阻礙不成，故是根本家方便〔二四〕。「七緣」，義如後說〔二五〕。若無七緣，竝入果本〔二六〕。

本相如何〔二七〕？謂「入如毛頭」，名淫；「舉離本處」，名盜；「斷其命根」，名殺；「言章了知」，名妄。如是隨相已明〔二八〕。若結罪之時，竝攬前因，共成一果〔二九〕。不同他部，因成果已，更有本時方便〔三〇〕。

三、何者後方便〔三一〕？

謂所造事，暢決稱懷，發喜前心，未思悔改，復結其罪，通得吉羅。

【校釋】

〔一〕方便趣果　簡正卷一四：「謂前作、止二，犯根本罪。上『不學』『無知』，罪相已知。然根本之罪，要籍他成，故立此門具辨也。梵語『漚和俱舍羅』，此云『善權方便』，新云『加行』，即加功、用行，謂此方便，能趣果本，故云趣果也。」（八四六頁上）鈔批卷二二：「此明造罪之解，有其方便，兼復有果（原注：『果』疑『其』。）因方便故，進趣其果，謂根本罪，名為果也。」（八九八頁下）【案】「方便」文分為三：初，「何者」下；二、「本相如」下；三、「三何者」下。

〔二〕然造修前境，必有三時　簡正卷一四：「夫造境成犯，必有三時，謂：加行、根本、後起。」（八四六頁上）鈔批卷二二：「立謂：初、中、後為三。深云：方便、根本、後心也。」（八九八頁下）資持卷中四上：「初示三時，即方便、根本、成已也。」（三四二頁下）

〔三〕是以大聖隨時而制，意令智士剋志不為　資持卷中四上：「『是』下，顯制意。
　　　剋，猶約也。」（三四二頁下）簡正卷一四：「意令上上智士，不犯此一吉二
　　　蘭。次制『根本時』者，意令中品智士不犯。後制『後起時』者，意令下下智
　　　士，不犯吉羅。即令三品智人，專志不作。又，就加行，復分三時：初制起心
　　　時，制斯身口吉，意令上智之人，不犯此吉。次，制進趣時，意令中智，不犯
　　　輕蘭。後制境所時，欲令下智之人，不犯重蘭。雖犯此三，由未至根本，故名
　　　『智』士也。」（八四六頁上）鈔批卷二二：「謂根本及方便罪，並是大聖，隨
　　　機而制也。」（八九八頁下）

〔四〕略如上引　簡正卷一四：「指『優劣門』引善生經三時四位以明輕重，及『有
　　　心』、『無心』並是。」（八四六頁上）鈔批卷二二：「立謂：如篇聚中，明其方
　　　便相也。但心起身口。」（八九八頁下）

〔五〕何者前方便　資持卷中四上：「略如上者，前『優劣』中引律『小妄』三時之
　　　文。前方便，標問中通三方便，望後『根本』，俱名為前。」（三四二頁下）
　　　【案】初「前方便」文，分三：初問；二、「總論諸聚」下；三、「何名方」下。

〔六〕總論諸聚　簡正卷一四：「謂一一唯戒，通約五篇六聚以辨也。問：『既言諸聚
　　　偷蘭遮聚，（八四六頁上）何不見明三方便耶？』答：『准薩婆多中，亦有因蘭
　　　成果蘭。如盜四錢及非人重物，豈無方便！抄不言者，承上制作不述，亦可鈔
　　　約諸聚，自含偷蘭也。』」（八四六頁下）【案】「總論」下分三：初，「總論」；
　　　二、「今通」下；三、「已下」下。

〔七〕明了論中　簡正卷一四：「初二篇立三方便：二吉、一蘭。第三、四篇立二方
　　　便，皆吉。第五篇中不定，若不要期，偶然便犯，即無方便；若起身、口、思，
　　　亦有二吉。如前運心，欲於其時，不齊整著衣及上樹等，先結遠吉；後至樹所
　　　攀枝欲上，舛齊三衣是近吉；若過人頭反衣，不齊整結，根本吉。」（八四六
　　　頁下）【案】此處明了論指明了論疏，已佚。

〔八〕初篇、二篇，有三方便；第三、四篇，立二方便；第五篇中，但心起身口　資
　　　持卷中四上：「示相中。初科，前引了論。五篇三位，夷殘有三：提及提舍各
　　　二，吉羅中有無不定。上二句明無方便，即思心犯也。（彼論名輕吉，責心即
　　　滅。）『身口』字下，脫『思』字。」（三四二頁下）

〔九〕唯有根本，無方便　鈔批卷二二：「謂但有根本吉羅，更無方便罪也。曡云：
　　　此舉欲起身口之時，但心雖起，身口未動，但心作動意，故曰也。」（八九八
　　　頁下）

〔一〇〕**若動身口思，亦有遠近方便**　鈔批卷二二：「謂且上樹，發心欲上，是遠方便。臨至樹邊，手捉欲上，是近方便。若上是根本吉也。」（八九八頁下）資持卷中四上：「『若下』二句，明有方便，即惡作、惡說也。（彼滅名重吉，對人方滅。）『身口』下，多『思』字，可移補上。篇聚中引云：若但心地起無方便，若動身口有遠近二方便。引彼證此字誤，不疑。」（三四二頁下）

〔一一〕**成者波羅夷，不成者偷蘭**　資持卷中四上：「次引本律。且約初二兩篇雍住者為言。據文但云不成偷蘭、不分輕重，一不了也。（三四二頁下）又復不明罪數多少，二不了也；亦復不分諸罪差降，三不了也。」（三四三頁上）簡正卷一四：「謂律不於蘭中分輕重，但云：不成者偷蘭。」（八四六頁下）鈔批卷二二：「濟云：并部願律師執此文，不許有進趣方便，但名七不成。如欲殺人，進趣方便，未有罪名，由心未息，豈結蘭罪？但可增其不善。若至境所，緣差心息，不作根本，方結偷蘭，故曰不成者蘭也。」（八九八頁下）【案】四分卷一，五七二頁上。

〔一二〕**廣如卷初明之**　簡正卷一四：「『如卷』者，謂篇聚中，引十誦偷蘭分輕重、明了論中『唯結一品』是。」（八四六頁下）

〔一三〕**今通會輕重，約初篇中「淫戒」以明**　簡正卷一四：「今約四分，不成偷蘭，通其十誦，輕重兩蘭。會取十誦（原注：『十誦』疑『了論』。）兩吉、一蘭，於初篇立一吉，二蘭，成三方便。以了論吉體不異十誦輕蘭。會彼了論重吉，則無別也。以此會通，共成四分行事。」（八四六頁下）資持卷中四上：「以了論三方便，遠是輕吉，次即重吉，近犯偷蘭，亦不分輕重。四分無吉，但云偷蘭。今用十誦三品偷蘭分配二篇，止取了論一吉，故云『會通』等也。如初篇：遠吉、次中蘭、近上蘭，第二篇：遠吉、次下蘭、近中蘭。」（三四三頁上）

〔一四〕**如內心淫意，身口未現**　簡正卷一四：「謂初起心，欲作前事，身未行、口未說，是未、現，得吉。此據正起心時結，非謂息心結。」（八四六頁下）資持卷中四上：「上三句示相。『此』下斷罪。（今約故誤分吉。但是故心皆重，不用了論。）。」（三四三頁上）【案】「遠方便」文分二：初，「如內心」下；次，「若爾」下。

〔一五〕**或發心作、心念作**　簡正卷一四：「四分但云發心、心念，證上可知。」（八四六頁下）資持卷中四上：「『發心』即上方便，『心念』即果頭罪。」（三四三頁上）扶桑記引行宗：「問：『發心心念，為同為異？』答：『上是方便，期成彼事；下是果頭，如惡覺、默妄、染心看女等。』」（二七四頁下）【案】四分卷

四七，九一九頁下。

〔一六〕**若爾，與單心何別** 資持卷中四上：「初問，以菩薩『十業』，後三通制，今明心犯，大小濫故。」（三四三頁上）簡正卷一四：「謂前既言『發心』『心念』便犯者，律不制單心。今言犯，莫同大乘單意犯不？」（八四七頁上）鈔批卷二二：「立謂：難意云：如汝所『發心作』『心念』皆犯者，（八九八頁下）與大乘菩薩單心之犯何殊也？」（八九九頁上）

〔一七〕**律制，動身口思心，名為期業** 簡正卷一四：「謂此起『心』是要期身口、欲作前事之心，故得吉羅。」（八四七頁上）鈔批卷二二：「答意云：律制，動身口意心方犯，此『思心』不同大乘單心。大乘起心，不欲動身口亦犯，但起心初念即犯。二乘要擬動身口發心故，若直動心，不擬動身口者，無犯也。言『名為期業』者，疏云：因果相應，有同契疑，故曰期業。有人云：要心期作殺盜等事，故曰期業。戒疏云：此謂發心，將由身口，雖未動相，即名為犯。又云：制聲聞戒，於可制者言之。獨頭、心念，忽起緣非，不名為犯。重緣向念，可得思覺，而不制約，故是犯科。所以，律文心念作任情兩取。景云：心起，期與身口作業，故曰期業也。」（八九九頁上）資持卷中四上：「謂計度身口所作事故。此心麤著，判屬身口，心期身口，故名期業。」（三四三頁上）

〔一八〕**若單心者，制限大乘** 資持卷中四上：「『若』下，簡單心。疏約瞥爾，重緣分之彌善。」（三四三頁上）簡正卷一四：「若單心制限大乘，非此所說也，列證如文。」（八四七頁上）

〔一九〕**凡人恒緣欲境** 鈔批卷二二：「案善見論云：凡人心，恒緣於欲，未曾捨離，聖人若制身口以結罪，無有得脫者。是故聖人制戒，要內身心。是故律中說，無罪者，起心不動身口，是名無罪。若起盜心，當身（原注：『身』疑『自』。）尅責，還復好心。」（八九九頁上）資持卷中四上：「善見中，但以小機不堪深制，且禁七支，望息麤非，即名得脫。此文須通兩宗所計：若彼有部，定不制心，遠方便罪，猶須動色；了論、空宗，通制三業，但望瞥爾，名不制心。」（三四三頁上）

〔二〇〕**故律中，起心不動身口，但自尅責，還復好心，是名不犯** 資持卷中四上：「引律者，即同了論，不動身口輕，責心即滅。今此引證單心無犯，若據了論，明判輕吉。況復今文，令自尅責，那云不犯？學者請試詳之。」（三四三頁上）

〔二一〕**動身口，未到前境** 簡正卷一四：「明次方便。亦約下床、進步等，動用時結，非謂息意方結。」（八四七頁上）

〔二二〕臨至境所，身分相交，未至犯處已來　簡正卷一四：「釋近方便相狀。」（八四七頁上）

〔二三〕已下諸聚，雖輕重、多少不同，大相可準　鈔科卷中四：「『已』下，指例餘篇。」（九三頁中）資持卷中四上：「上且約婬示相，三戒準同，餘篇不明，故須略指。僧殘一吉、二蘭，提下三篇，例皆二吉，輕重、多少不同可見。然殘中三罪，一同初篇，提下二吉，止分遠近。遠則同前，復合次近，總為一吉。大相可準，其義如是。」（三四三頁上）簡正卷一四：「初二篇下，次近方便得蘭是重；下三篇方便，皆吉為輕。上二篇，立三方便為多；下三篇，立二方便為少。雖或輕或重，或少或多，皆約初起心欲作為遠，進步至中為次，到境所以為重。大途相狀，可准上婬戒上方便說也。」（八四七頁上）

〔二四〕以上三緣，將至果處，或為七緣阻礙不成，故是根本家方便　簡正卷一四：「三緣者，一吉、二蘭也。將至果者，將者，欲也。欲至果本，假上三罪而成。或為『七緣通』（【案】『緣通』疑『通緣』。）來隔，不至果所，故號『前三方便』。」（八四七頁上）鈔批卷二二：「立謂：三方便：一吉、二蘭。假三緣來趣果。若彼『七通緣』來隔，不得至果。故號前三為『方便罪』也。」（八九九頁上）資持卷中四上：「即用了論『成就』『隨順』二義釋之。初，即『成就』義。」（三四三頁上）

〔二五〕「七緣」，義如後說　鈔批卷二二：「即是下第三具緣。成犯中，（八九九頁上）有七門者，是名為『通緣』也。」（八九九頁下）簡正卷一四：「具緣中，七緣是也。非為闕緣、境強等七也。」（八四七頁上）

〔二六〕若無七緣，竝入果本　資持卷中四上：「『若』下，即『隨順』義。」（三四三頁上）鈔批卷二二：「謂既無七緣來隔，則成根本果罪，故曰果本也。」（八九九頁下）

〔二七〕本相如何　資持卷中四上：「前明根本之相。初句通問。」（三四三頁上）【案】此明「中方便」或言「中根本」。

〔二八〕如是隨相已明　資持卷中四上：「『如』下，總指諸篇。」（三四三頁上）

〔二九〕若結罪之時，竝攬前因，共成一果　資持卷中四上：「『若』下，明攬因成果。簡異他宗，使無濫用。」（三四三頁中）簡正卷一四：「簡五分、了論，攬因成果，後更有本時方便。僧祇、四分，攬因為果，後但有根本，即無方便。」（八四七頁下）

〔三〇〕不同他部，因成果已，更有本時方便　鈔批卷二二：「和上云：五分犯根本

已，更有方便罪在也。上來釋第二方便趣果門義竟。」（八九九頁下）簡正卷一四：「然於攬因之時，即有不定：（八四七頁上）有說三罪具足有之，有說起心犯吉；若進步者，攬吉成輕蘭；更至境所，攬輕蘭成重蘭；或交形舉離，攬重蘭成果本等。或有記中，作放箭喻說，即未敢依承。思之無理。」（八四七頁下）

〔三一〕何者後方便　資持卷中四上：「後方便中。不論篇聚重輕，並制一吉，故云通也。翻前方便，二、三不同蘭吉，有異故也。」（三四三頁中）簡正卷一四：「也造業成，發心喜悅，又結吉羅。通諸戒並，有此方便，故云通得吉羅。上且一解名。有釋云：若起暢快之心，結重吉；若不起喜悅心，又未改悔，亦結輕吉，謂此吉體食輕重，故云『通得吉羅』亦得。問：『自古不收後心吉羅為後方便，今師立之，未委馮於何教？』答：『准善生經文，有後起罪。又，四分小妄語三時有心等立之。自古不知，可謂微隱之相也。』」（八四七頁下）

三、具緣成犯〔一〕者

先明成犯意。

業不自成，成假修造，諸緣和具，方結罪福〔二〕。必片乖阻，擁結方便〔三〕。故律中犯相，竝託因緣〔四〕，為罪居六聚，懺法又別〔五〕。不同化教，但論成業，結犯已外，無論違制〔六〕。

今依諸戒，通別二緣〔七〕。

別具犯相，已如前隨戒釋訖。有人通立五緣，用解諸戒〔八〕者，非無此義，後進未知〔九〕。今立通緣，徧該六聚，七種不同〔一〇〕：

一、是五眾出家人〔一一〕。簡餘十三難等，受戒不得，無罪可作〔一二〕。或是五眾而造境未果，或自命終，或為他殺，或捨本戒，邪見、二形生等〔一三〕——竝非五眾，業思乃暢，無戒可違〔一四〕。

二、雖受五眾戒，而為重病——癲狂癡亂、痛惱所纏〔一五〕，雖作前事，竝無有過。若心了知是比丘者，隨前所犯〔一六〕。

三、期心當境〔一七〕。非謂對境之時，或有迷謬、境有錯誤，或無記、餘緣，或睡眠不覺〔一八〕，竝不正犯。若先作方便，後隨心三性，並結〔一九〕。十誦、伽論：若先作殺母方便已，自眠時母死，是無記心，得逆及重〔二〇〕。阿羅漢無記犯戒，若睡，覺即悔過〔二一〕；凡夫須準〔二二〕。智論：阿羅漢不為夢眠，但為四大，故少時息〔二三〕耳。

四、無命難〔二四〕。謂為怨賊、非人、惡獸斷命緣者，得犯前戒。若

是性戒，一向不開，豈得殺他、誑他，而自活命〔二五〕？唯淫一戒，開與境合，三時無染，以不損境〔二六〕；餘則唯制。文云：我為諸弟子結戒已，寧死不犯〔二七〕。若論遮戒，有開不開〔二八〕。道力既成，至死不毀，如「草繫」「海版」等例〔二九〕。出大莊嚴論。餘志弱者，命、梵二難，開下三篇〔三〇〕。以上二篇，是梵行本故。

五、無梵行難〔三一〕。謂若有童女、寡婦、伏藏，水陸多細蟲，同住多惡伴〔三二〕，如此之事，竝是犯緣。文云〔三三〕：若在此住，必為我淨行作留難。佛言：「即以此事去。」準此以言，對下三篇，體是威儀，不開性戒〔三四〕。就遮戒中：或是遮惡，或是事輕，或以輕遮重〔三五〕，若不開者，反上可知〔三六〕。毗尼母云，犯罪有三〔三七〕：一、緣，二、制，三、重制；一緩一急，三處決斷，是名律師〔三八〕。

六、稱本境〔三九〕。謂非道作道想〔四〇〕，無主物有主想〔四一〕，非人人想〔四二〕。如是各非本期，為異境來差，罪住方便〔四三〕也。

七、進趣正果〔四四〕。若住，即成方便〔四五〕，相有四分〔四六〕：一、由法隔，故為方便。一切諸諫戒〔四七〕，初白竟捨，遂諫故止，不成果用〔四八〕。二、懈怠息。欲造前事，緣壞離阻，或復強盛，不可侵陵，停廢本心〔四九〕。三、好心息〔五〇〕。謂將造過，忽憶受體，恐汙願求，對治防遏，令惡不續故也。四、心疑故息。不同想心，以至果故〔五一〕。今此疑者，起心當人，疑是非人〔五二〕，疑心不決，恐殺非人，遂即停止故也。

上所列諸「通緣」。又隨戒中取「別緣」〔五三〕，兩明二犯，得知因果、輕重、犯不犯相，方得入懺法〔五四〕。不須通漫，悔罪不出〔五五〕。

【校釋】

〔一〕具緣成犯　簡正卷一四：「謂前通明五篇根本上方便之罪，未審犯根本罪要假幾緣，故立此門，辨通緣相。若准繼宗記云：前云若七緣阻礙，即成方便。遂注云『七緣義如後說』，然未委知，故有此門來。」（八四七頁下）鈔批卷二二：「謂此下立其犯戒之緣，用通一切戒也。」（八九九頁下）資持卷中四上：「語含『通』『別』二種。『通』則遍該諸聚，名數齊均；『別』則隨局戒條，體相各異。凡於一犯，考以兩緣，則成不歷然，判斷有據矣。」（三四三頁中）【案】「具緣成犯」門，文分為三：初，「先明成」下；次，「今依諸」下；三、「上所列」下。

〔二〕業不自成，成假修造，諸緣和具，方結罪福　簡正卷一四：「意業不自成者，謂持犯兩業，不自然成就。或假修造者，必假籍修營造作，方可成就。諸緣和具方結罪福者，約通別二緣，和合具足，方成罪福。罪即犯，福即持。具如婬戒，通別都計十一，（別緣有四。）方犯波羅夷。（持衣等事，例准可解。）」（八四七頁下）資持卷中四上：「『業』下，正敘為二。初明，作業成不，上明緣具成業，『必』下明緣缺不成。罪即惡業，福即善業。此論成犯，正明罪業。但緣搆義同，故茲通示。」（三四三頁中【案】依簡正釋文，「意」字斷為本句首。資持釋文意字斷為上句末。此句及下為資持「正敘為二」之一。

〔三〕必片乖阻，擁結方便　簡正卷一四：「片者，少也、似也。通緣少似乖阻，別緣中少似乖阻，結蘭吉方便。（持行亦爾。）」（八四八頁上）【案】「擁」，底本為「概」，據大正藏本、貞享本、敦煌甲本、敦煌乙本、簡正釋文及弘一校注等改。

〔四〕律中犯相，竝託因緣　簡正卷一四：「謂律中約能犯心為因，造趣前境方便為緣，因緣兩成，方可名犯。若闕，不成。」（八四八頁上）資持卷中四上：「『故』下，次明化制不同。初敘制教。上二句指律制，因緣則總通別。或可二緣，不出心境，因即是心，緣即是境。」（三四三頁中）鈔批卷二二：「謂夫以犯戒，皆藉因犯緣，名為方便，然（【案】『然』疑『後』）至果。」（八九九頁下）【案】此句及下為資持「正敘為二」之二。

〔五〕為罪居六聚，懺法又別　簡正卷一四：「具緣入五篇收，闕者居六聚。攝（【案】『攝』疑『懺』。）法亦爾。」（八四八頁上）資持卷中四上：「『為』下二句，顯所以，即為二別。上句明制科楷定，下句顯六懺不互。」（三四三頁中）鈔批卷二二：「謂此方便及果之罪，居於六聚，故懺不同。若化教者，但論結成業果，不明方便等，無罪（原注：『罪』字原本不明。）無違教之罪。」（八九九頁下）【案】此句及下為資持「正敘為二」之二。

〔六〕不同化教，但論成業，結犯已外，無論違制　簡正卷一四：「謂化教但有業道，除結正罪外，無別違制之愆。制教則兩種次第，初吉，次輕蘭，近重蘭。後根本舛後心吉。若違此制，具緣犯根本，依篇懺；若不具，或蘭或吉，不定。（更有非說，不錄。）」（八四八頁上）鈔批卷二二：「明其化教，直論成業，結其根本業道之罪，更無方便違教之罪也。此上文意者，明其方便，居在六聚五篇之中，故須明識。擬約節，依篇聚懺，不得通漫同化教也。」（八九九頁下）資持卷中四上：「『不』下，次簡化教。彼明造業，亦是緣成，但不局名數，故

為異耳。對上二別，反為二通：一者，罪通十業；二者，懺通三世。」（三四
三頁中）

〔七〕**今依諸戒，通別二緣**　資持卷中四上：「初，總標依諸戒者，二緣並出律文、
戒本故。」（三四三頁中）簡正卷一四：「謂二百五十、三百四十八，一一戒
上，皆具『通』『別』二緣。『通緣』即如此門，『別緣』如隨相逐戒說也。」
（八四八頁上）鈔批卷二二：「此七是『通緣』，隨相中是『別』。此『通』『別』
二緣，互各有缺，須依二文，方得識相。如殺戒，『別緣』唯云一是二人想等，
不言是比丘，知誰為能殺者。（八九九頁下）又，不云佛制廣教後，知何是犯
時也。餘義付在臨時說者之口。」（九〇〇頁上）【案】「今依」下分二：初，
「今依」下；次，「一是五眾」下，又分七。

〔八〕**有人通立五緣，用解諸戒**　簡正卷一四：「謂願律師立五緣……將此五緣，貫
通諸戒故也。」（八四八頁上）鈔批卷二二：「立云：即并部願律師也。其五是
何？一、是比丘，即能犯人；二、有所對，即所犯境；三、有心；四、心境相
應；五、事成究竟。唯除婬、酒，闕無相應。今鈔云非無此義，太成漫該，故
不存此五緣也。礪依了疏立『三緣』，以釋諸戒：一、若人已受大比丘戒；二、
若如來已制廣教；三、若人不至痴法。賓云：依此『三緣』，今時一切比丘，
總應是犯。謂今僧尼曾受大戒，是廣教後，又不至痴法故也。今應更加一緣。
第四，隨所作犯，應言『通緣』有四：一、是大比丘；二、如來制廣教後；三、
若人不至痴法；四、隨所作犯。作此成立，收義始盡。」（九〇〇頁上）【案】
此引前人之說，以與道宣之說相對比。

〔九〕**非無此義，後進未知**　簡正卷一四：「諸戒將此五緣解，無不其理。」（八四八
頁上）資持卷中四上：「示有可取，不盡非故。後進未知者，彰其所失，未盡
善故。謂人多承用，曾未思審，用今對校，方顯是非。」（三四三頁中）簡正
卷一四：「如婬、酒二戒，不必有心，及心境相當，事成究竟，謂此二戒，俱
（八四八頁上）約境制。又婬、戒至犯即重，何有究竟？夫立通緣，遍通諸
戒，只於此二，便成不了。故云：後進未知。（上且一解。）或有釋云：『五緣』
之內，第一云大比丘。若爾，餘三眾應無過。又，五緣內，不說命、梵二難，
俱成不了，亦是後進未知。（通上二解，方成一義。）相部疏主立『三緣』：
一、若人已受大比丘戒；二、如來已制廣教；三、若人不至痴法。飾宗云：若
爾，今時比丘總皆是犯，更加隨所作犯。（今亦不取，此為通緣也。）」（八四
八頁下）

〔一〇〕**今立通緣，徧該六聚，七種不同** 資持卷中四上：「『今』下，次標今立。考下七緣，自有通局。如命、梵二難，不開夷、殘。又，下三篇不開性戒，何須此緣？然今對別，大約為言，故云徧六聚也。」（三四三頁中）簡正卷一四：「南山立『七緣』，用解諸戒，方可通收。如下列也。」（八四八頁下）

〔一一〕**是五眾出家人** 簡正卷一四：「異古人。古云：下三眾，律剩結也。今云戒戒通收，便云五眾。」（八四八頁下）資持卷中四上：「第一緣中。初句標緣，以大小雖殊，塵沙徧發，故通五眾，異上古師。餘文簡濫，初簡非眾。」（三四三頁中）

〔一二〕**簡餘十三難等，受戒不得，無罪可作** 簡正卷一四：「但有餘緣，障戒不生。身既無戒，亦無犯義。」（八四八頁下）

〔一三〕**或是五眾而造境未果，或自命終，或為他殺，或捨本戒，邪見、二形生等** 資持卷中四上：「『或是』下，簡是眾，文列五相，即是四捨。『並』下總結。業思暢者，除命終、他殺餘三種也。」（三四三頁中）簡正卷一四：「雖是五眾，遇四捨緣，或被他煞等，亦無犯義。」（八四八頁下）鈔批卷二二：「立謂：雖是五眾，欲造前事，未得究竟，便自命終，但有方便罪也。或為他殺者，且如本殺人，步步得蘭，至境所卻遭他害，但有方便罪。或捨本戒邪見二形生等者，立謂：由邪見故，即失善戒，故雖犯罪，無戒可違。二形者，未受時生，受戒不得，若受後忽生，戒體即謝。」（九〇〇頁上）

〔一四〕**竝非五眾，業思乃暢，無戒可違** 鈔批卷二二：「謂上來形差等，不名五眾。雖造前過，暢決本心，由無戒故，不名違制。」（九〇〇頁下）

〔一五〕**癲狂癡亂、痛惱所纏** 簡正卷一四：「如律，諸戒皆開此緣。」（八四八頁下）資持卷中四上：「『重病』即通標。『顛』下二句，別顯兩相。」（三四三頁中）

〔一六〕**若心了知是比丘者，隨前所犯** 簡正卷一四：「若心了知，隨作皆犯也。」（八四八頁下）資持卷中四上：「『若』下，正示緣相。顯上重病，皆不了知。」（三四三頁中）

〔一七〕**期心當境** 鈔科卷中四：「初，遮疑示相。」（九三頁中～下）簡正卷一四：「若期心不當境，通不犯諸戒。釋中，有二意：初，通簡非唯對境無心；二、約對境無心亦犯所以。」（八四八頁下）

〔一八〕**非謂對境之時，或有迷謬、境有錯誤，或無記餘緣、或睡眠不覺** 資持卷中四上：「『非』下，示相。又二：初，遮簡，文列對境四種『無心』，律文所開，據無方便。恐人妄謂一向無犯，故云『非謂』等。」（三四三頁下）簡正卷一

四：「此今師意也。非，由不也。不謂對境無（八四八頁下）心，一向不犯。若先作方便，後入無記、睡眠，而對前境作前事時，亦犯。不同古師，一向故有『非謂』之言。或迷謬者，除婬、酒戒，不假心當境也。境有錯悞者，由心有迷謬，於境有錯悞也。錯是境，差是心，謬是心取境差，非是境來差人。（廣如戒疏中說。）或無記餘緣者，如扶持木石，失手煞人；如睡眠、不學，或睡中動轉，致損傷，是心不當境，並不正犯。」（八四九頁上）鈔批卷二二：「立云：迷謬，約心有也。錯者，如本欲殺張，便錯殺王，境雖是別，望人皆重。又云：錯者，雙緣兩境，如張王相並，放箭射張著王也。悞者，如殺人，非人來替，謂言是人，因即殺之，名為悞也。疏云：錯據境差，悞據心謬，二境交涉，名之為錯。緣此謂彼，稱之為悞。或無記餘緣者，如扶持木石等，是無記。」（九〇〇頁下）

〔一九〕**若先作方便，後隨心三性，並結** 簡正卷一四：「既先安煞具，欲煞人，後入善、惡、無記三性，並結夷罪，豈非心不對境亦犯？」（八四九頁上）資持卷中四上：「『若』下，顯正。謂後對境，雖人餘心，由先方便，即心當境，故皆結犯。如隨相中，漏觸、飲酒等，及前通塞教人自業，戒疏沙彌任運等類。然此緣所立，正取期心，但始終相當，於義易曉，所以唯明後心無記耳。」（三四三頁下）

〔二〇〕**若先作殺母方便已，自眠時母死，是無記心，得逆及重** 鈔科卷中四：「『十』下，引教證成。」（九三頁下）資持卷中四上：「初明先期後犯。文據無疑，逆重即業，制二俱犯也。」（三四三頁下）簡正卷一四：「謂先語典刑：『與母一刀，令教快死。』後自睡眠，入無記性。前人用語命終，此得逆及重，以違恩養，故得逆蘭。及作人想，得夷重。」（八四九頁上）鈔批卷二二：「以違恩養，故得逆。以作人想殺，故犯重也。」（九〇〇頁下）【案】伽論卷一，五六六頁～五六七頁。

〔二一〕**阿羅漢無記犯戒，若睡，覺即悔過** 資持卷中四上：「『阿』下，引聖例凡。」（三四三頁下）簡正卷一四：「如長衣忘說淨，數數別眾食，不白入聚落，未睡遣未受具人出房睡後，偷入覺已，即須悔過。」（八四九頁上）鈔批卷二二：「案十誦云，優波離問佛：『羅漢為善心犯、為不善心犯、為無記心犯耶？』佛言：『羅漢有所犯者，皆是無記。』云何無記心？』佛言：『若羅漢不憶有長衣，數數食，別眾食，不白入聚落，不著僧伽梨入聚落，若睡時他持著高廣床上，若睡時他著女人林（原注：『林』疑『牀』。）上，若未睡時未受大人出

家房，睡眠時未受大戒人入房，覺見即悔過，是名羅漢所犯，皆是無記心也。」（九〇〇頁下）【案】十誦卷五一，三七六頁上。

〔二二〕凡夫須準　資持卷中四上：「然羅漢夢犯，本非方便，但取無記有犯，例成上義，故云凡夫須準也。」（三四三頁下）簡正卷一四：「准羅漢覺悔過也。」（八四九頁上）

〔二三〕阿羅漢不為夢眠，但為四大，故少時息　簡正卷一四：「目食曰眠，神遊曰夢，並是第六意識食。令前五識歸種，不行長養諸根大種。今羅漢已斷惑，則無五蓋之睡眠，但止息四大。若依身，應有食息息（原注：『息』字疑剩。），名之為睡。故智論云：睡有二者：睡而復夢；二者，眠而不夢。今即第二句也。」（八四九頁上）鈔批卷二二：「案智度論第九十云，夫眠有二種：一者眠而夢，二者眠而不夢。（九〇〇頁下）阿羅漢非為安穩著樂故眠，但受四大身法，應有食息眠覺，是故少許時息，名為夢也。」（九〇一頁上）資持卷中四上：「智論轉釋疑情，以無學結使已盡無睡眠故。準遺教論，有三種睡眠：一、從食起，二、從時節起，三、從心起。羅漢有上二，凡夫通三種。」（三四三頁下）【案】智論卷九〇，六九九頁上。

〔二四〕無命難　鈔科卷中四：「初，通示難相。」（九三頁下）資持卷中四上：「四、五兩緣，不通者戒。先須料簡。初，對上二篇，唯婬怨逼時，開命難，餘並無開；梵難一切不開。次，就下三篇，一切性戒俱不開。三、就遮戒，非下三句所收者，亦復不開。」（三四三頁下）

〔二五〕若是性戒，一向不開，豈得殺他、誑他，而自活命　鈔科卷中四：「初，性戒不同。」（九三頁下）簡正卷一四：「謂煞、妄二戒命難亦不開，唯婬戒怨逼即開，須三時不染方開。餘一切性戒，更無開文也。」（八四九頁下）資持卷中四上：「性戒中，初正明。又二：初總示性重，且舉殺妄，顯無開理。」（三四三頁下）

〔二六〕唯婬一戒，開與境合，三時無染，以不損境　資持卷中四上：「『唯』下，別簡婬戒。三時無染者，雖開還制，異遮戒故。不損境者，出開所以，簡異餘重，一向無開。」（三四三頁下）

〔二七〕我為諸弟子結戒已，寧死不犯　資持卷中四上：「『文』下，引證。即初戒釋同戒文。『我為』者，闢大慈門也。『結戒』者，授祕方也。寧死不犯，勸令守護，甚於命也。此證性惡，不開命難。據本文意，則通一切。」（三四三頁下）【案】四分卷一，五七一頁中。

〔二八〕若論遮戒，有開不開　鈔科卷中四：「『若』下，遮戒同開。」（九三頁下）

〔二九〕「草繫」「海版」等例　資持卷中四上：「『道』下，別釋。初釋上根不開，非教不開。但上根之士，重法輕生，護遮同性故也。『草繫』者，彼論第二云：昔有諸比丘曠野中行，為賊剝衣，賊懼比丘往告聚落，即以草繫之。諸比丘護戒，不（三四三頁下）敢挽絕。中有老比丘語諸年少云：『汝等善聽，人命短促，如河駛流。設處天堂，不久磨滅，況人間命而可保乎！既云不久，云何為命而毀禁戒？』（此言切要，故為具引。）『海板』者，論云：昔有諸比丘與估客人（【案】『人』疑『入』。）海採寶，船壞時，一年少捉一板。上座不得板，將沒水中。上座語年少言：『汝不憶佛制，當敬上座？』年少思惟：『如來實有斯語。乃說偈云：『為順佛語故，奉板遺身命，若不為難事，終不獲難果。』便即捨板時，海神感其精誠，接置岸上。論文緣廣，此略提名，不復具引，故云『等』也。（有云等『鵝珠』者，彼乃護『性』，非此中意。）」（三四四頁上）簡正卷一四：「謂專持淨戒，修定習慧，於無漏道，少分有力，至死不犯。此人遮戒，亦不開之。」（八四九頁下）鈔批卷二二：「鈔引此事意者，謂道力既成，至於遮戒，亦能持也。」（九〇一頁上）【案】大莊嚴論經卷三，二六八頁～二六九頁。

〔三〇〕命、梵二難，開下三篇　簡正卷一四：「但道力未成，遇命難緣，開下三篇中遮戒。『若爾，第二篇中遮戒，莫不開不？』答：『亦不開。如媒嫁令生婬欲，婬欲是障道之原、流浪根本；二房損財，兼妨修道業，亦不開之。』」（八五〇頁上）資持卷中四上：「『餘』下，明中下根通開。兼梵難者，探示後開，並下根故。又，復應知此明開不開者，即約機大判，後就下根自有開不開者，乃約教細分。」（三四四頁上）

〔三一〕無梵行難　簡正卷一四：「梵者，淨也。恐壞於淨行，故聽有犯。」（八五〇頁上）鈔批卷二二：「明既得此命梵難緣，開作前事。以有此命梵之緣，作不結罪，故引此來，謂成具緣、不具緣等義也。」（九〇一頁上）

〔三二〕謂若有童女、寡婦、伏藏，水陸多細蟲，同住多惡伴　鈔科卷中四：「初，通示難相。」（九三頁下）簡正卷一四：「童女、寡婦為不婬戒難，伏藏為不盜戒難，水陸多細虫為不煞戒難，惡伴、口過多為不妄留難也。」（八五〇頁上）鈔批卷二二：「立謂：所以伏藏能梵難者，謂有主屬主，無主屬王，比丘在邊，容貪心盜損故也。佛言：即以此事去等者，此約佛制安居。若不順，得罪，名為遮戒。今有上諸難緣，佛開直去。今引此文來，明其遮戒，有益得開也。」

（九〇一頁上）資持卷中四上：「婦女是婬緣，伏藏是盜緣，蟲即殺緣，惡伴
是破眾戒緣。」（三四四頁上）

〔三三〕文云　簡正卷一四：「安居法聚文也。有上諸緣，聽破安居去，無罪。」（八五
〇頁上）資持卷中四上：「文下引證，即安居中文，彼開破夏直去無罪故。」
（三四四頁上）【案】四分卷三七，八三四頁中。

〔三四〕準此以言，對下三篇，體是威儀，不開性戒　資持卷中四上：「初，簡上二篇。
『不』下，次簡性戒。」（三四四頁上）簡正卷一四：「准上文云：破安去者，
但開三篇中遮戒提吉等。若打、搏、飲用等性，一向不開。」（八五〇頁上）
鈔批卷二二：「下三篇，體是威儀，不開性戒者，立明：如打、搏、飲用二虫
斷命等，必定不開，由是性重戒故。或是遮惡者，如捉寶、傷地、壞生，體是
遮戒，若野火燒等。亦開比丘殺草、掘地、斷火。此為有益，故開救等也。或
是事輕者，如不攝耳聽戒、非時入聚、半月過浴，有緣益者，即開。」（九〇
一頁上）

〔三五〕或是遮惡，或是事輕，或以輕遮重　資持卷中四上：「『就』下，三、簡遮戒。
文列三句，今引律文開者，以義分對。言遮惡者，謂事非極惡，遮譏而制。（輙
教尼與尼坐、與尼行、同乘船、食家屏坐、與女露坐、觀軍三戒、入王宮等，
並開。）言事輕者，（『三十』中，離衣、奪衣；『九十』中，餘語、二敷、強
敷、牽出房、覆屋、一食過受、食前後至他家、驅出聚、過受藥、覆麤罪、與
賊期，二隨舉非時入聚，及眾學中二十餘戒。）言以輕遮重，謂恐臨重境，預
防輕過。（共女宿、未具宿、藏衣缽等。）如上三句，無非過輕，故開二難。」
（三四四頁上）簡正卷一四：「遮惡者，斫伐艸木、掘地等遮俗謗，故有難便
開也。事輕者，如『眾學戒』中，或有二難，開覆頭走、不白入聚落等。以輕
遮重者，『性』等四礙，不得會衣，則開遙捨，但得輕吉，免犯大提也。」（八
五〇頁上）鈔批卷二二：「立謂：如蘭若捉佗值，明不會衣，開遙心捨，遮其
墮罪，但犯吉罪，故曰以輕遮重也。」（九〇一頁上）

〔三六〕若不開者，反上可知　資持卷中四上：「或雖遮惡而事重故。如掘壞、畜、捉、
販、貿、背別、非、殘；足、索、不受等例。或雖過輕，而無開理。如三十中，
求畜製造諸衣戒等，及九十中水、擊、怖、半、疑惱、減年、諸衣過量之類。
本無命梵、陵逼之義，何有開者，請以諸意細尋注戒，更自攻討。」（三四四
頁上）簡正卷一四：「非上三類諸重（【案】『重』音『眾』。）遮，如飲酒等，
則不開也。或可有難，如上來即開，無難即不許也。（更有非說，如鴻記中。）」

（八五〇頁上）<u>鈔批</u>卷二二：「<u>立</u>謂：非遮惡戒，是事重等，皆不開也。」（九〇一頁上）

〔三七〕**犯罪有三**　<u>鈔科</u>卷中四：「『<u>毗</u>』下，引論證成。」（九三頁下）<u>資持</u>卷中四上：「次，引論證開不開意。緩急隨（三四四頁上）宜，故非一概。『緣』即緣起，如婬戒<u>須提那</u>。『制』即本制，如云『犯不淨行』。重制，後因比丘婬畜，復更前制，如云『乃至共畜生』。制必攝護為急，開為時緣名緩，一一戒下，皆具此義。如序廣引。」（三四四頁中）<u>簡正</u>卷一四：「證上善識開遮相也：一、緣起過者，二、制則初制，三、重制。則林中與畜生行非梵行，制滿足戒。緩者，聽捨戒還家，後得重來受戒。急則制畜同人也。」（八五〇頁下）<u>鈔批</u>卷二二：「案<u>母論</u>云：犯罪凡有三種：一者，初犯罪緣。如<u>須提那</u>子與本故二行欲，因此佛集諸比丘，名為緣也。二、制者，論云：二因犯故制者。若比丘行非梵行，波羅夷不共住，是制也。三、重制者，論云：即林中與畜生乃至死馬等行欲是也。」（九〇一頁上）【案】「重」，音「蟲」。<u>毗尼母</u>卷七，八三九頁上。

〔三八〕**一緩一急，三處決斷，是名律師**　<u>簡正</u>卷一四：「三處決斷者：一、緣起，二、戒本，三、廣解。是證前性戒不開是急，遮戒許開是緩，無難不開又急。如此決斷，是名律師等。」（八五〇頁下）<u>鈔批</u>卷二二：「論云：約上重罪，有二種因緣：一者緩，一者急。言緩者，若比丘欲捨戒還家行婬，佛即聽之；若後時樂在道者，聽出家與受具戒是緩也。又如<u>難提比丘</u>犯婬已，都無覆心，佛聽與學悔，此亦是緩。言急者，乃至畜生與人同犯，是急也。三處決斷是律師等者，論云：一、緩，二、制，三、重制是也。此上，名三處決斷所犯事也。復有三處決斷非犯：一、緣，二、制，三、重制。言緣者，佛未制戒時，初犯者是緣。言制者，初犯人制不犯罪是名制。言重制者，若比丘為強力所逼，共行婬等，若不受樂，此則不犯，是名重制。此三處決斷不犯。（餘一切戒例然。）<u>景</u>云：上引<u>母論</u>三階處斷者，欲明律師斷罪，於一切戒為人斷者，應觀前犯戒人。若有數犯，應從重斷。若性常謹慎，忽爾悞犯者，（九〇一頁下）應以輕科。謂護宜從急，斷罪從寬，是義也。」（九〇二頁上）

〔三九〕**稱本境**　<u>簡正</u>卷一四：「問：『稱本境，與前期心當境何別？』答：『不同前約想心差，此約前境差也。若稱本境，通犯一切戒。不稱本境，則通不犯根本，但有闕緣蘭吉。』」（八四九頁下）

〔四〇〕**謂非道作道想**　<u>資持</u>卷中四上：「『謂』下釋相。文舉三戒，境差方便，反顯不差，方成究竟。此與第三似同，而別比之可見。」（三四四頁中）<u>簡正</u>卷一四：

「舉初戒釋也。且婬戒正境有四：一、覺女，二、睡女，三、新死女，四、少分壞女。已上並是正道境，若往造，皆結夷罪。若半境女，或多分壞女，屬非道攝，若往造，犯殘。且如前境，本是少分壞女，無是正境。明白心中，又作正道想行，造行至中間，前境已變，作半壞或多壞也，即屬正正境。今（八五〇頁下）於彼非正道境，恒作正道境想，與境合時，當著非道，不犯根本夷重，但得二蘭罪行。至中途境變之時，結一境差蘭。從境變後，於不正境，亦作正境想，與境合時，無當非道，非道差本心，又得一蘭。」（八五一頁上）

〔四一〕**無主物有主想**　簡正卷一四：「此句亦雖明，謂約有遺物，在自己地分之上，失物主未決捨，此物境便同有主。今見此物，作有主想，向前盜之，行到中間，前失主已作捨心，此物境冥，然是無主。今於無主境上，常作有主想，舉離處不結夷罪。准有中途，變為無主，物時境差，蘭；從物變後，虛起有主想，舉離時，亦有起有主心邊，吉羅，不類婬戒結蘭。故下文云：婬夷轉想及迷，並得夷蘭也。唯婬外漏失戒，結蘭。諸後心俱吉也。」（八五一頁上）

〔四二〕**非人人想**　簡正卷一四：「謂前境是人，又作人想煞，至中間被非人來替處，於彼非人上恒作於人想。下刀煞時，煞著非人，非人命斷時，不結夷罪。但有前心境差，蘭；約中間換境時，從換境後，虛生煞人之心，但得吉，此吉亦約人境差者。若非人異境，全無罪。何以謂？全無心故也。」（八五一頁下）

〔四三〕**如是各非本期，為異境來差，罪住方便**　簡正卷一四：「『各非』已下通結。如婬戒正道是本境，非道是異境；盜戒有（八五一頁上）主是正境，無主是異境；煞戒人為本境，非人為異境。已上三戒，並為異境來替，但結方便，境差蘭罪也。此門境差之義，最為相深。止依一家廣明，是可丞為龜鏡。」（八五一頁下）

〔四四〕**進趣正果**　簡正卷一四：「雖具前六，若未進趣至果未犯，故立此緣。若中間住，便是闕緣也。問：『未委住止，相貌如何？』鈔答云：『相有四分（去聲呼。），謂闕緣之相，有四般分齊。』」（八五一頁下）鈔批卷二二：「謂犯究竟根本，名正果也。」（九〇二頁上）

〔四五〕**若住，即成方便**　資持卷中四上：「『若』下，反釋四義，以通諸戒。初，總示。」（三四四頁中）鈔批卷二二：「謂未犯根本，即住也。」（九〇二頁上）

〔四六〕**相有四分**　鈔批卷二二：「私云：於此進趣中，分為四緣。何者為四？一、法隔，二、懈怠息，三、好心息，四、心疑故息。有此四緣，來善還成，住於方便。四段不同，今即是初。」（九〇二頁上）

〔四七〕一切諸諫戒　鈔批卷二二：「如『十三』中，下諸諫戒，由僧設諫，隨一法竟，不捨一蘭，故言『法隔』。若至三法竟，通成果罪；若未至三即捨，是住方便也。」（九〇二頁上）資持卷中四上：「前二事隔，後二心止。又，初三好心，餘非好心。」（三四四頁中）

〔四八〕遂諫故止，不成果用　簡正卷一四：「謂諸諫戒，未至第三練（【案】『練』疑『諫』。）時，隨被法隔，即止不至果用。若白竟，便捨。雖無蘭罪，亦有方便吉。故律云：白未竟，吉羅也。尋諸記文，未曾有此說。」（八五一頁下）

〔四九〕欲造前事，緣壞離阻，或復強盛，不可侵陵，停廢本心　簡正卷一四：「懈慢怠墮，不遂前事緣壞者，如安煞具，後忽失，或壞、刀斷、弓折等。離阻者，被餘緣來，差不至果位。如欲煞人，恐事彰露等。『強盛』即約彼境，強盛害之。不得等心便停，止不肯再，為名慢怠也。」（八五一頁下）資持卷中四上：「『緣壞離阻』，謂緣差也。疏云：如欲殺盜，往逢異人，或恐有事，或要期未遂，（即此離阻。）或刀杖毀壞。（即此緣壞。）言強盛者，疏名『境強』。如行殺盜，反遭加害等。」（三四四頁中）鈔批卷二二：「『緣』謂如安殺具，忽然失壞、刀折等緣。又如婬中，境亡是也。或復強盛，不可侵陵等者，立明：如欲殺人，行到境邊，前人強壯，不可如此。『強壯』字，屬殺；若『侵陵』字，屬婬戒也。謂本欲行婬，婬境不受，故曰不可侵陵也。」（九〇二頁上）扶桑記引行宗釋「疏云如欲殺盜」：「無相四：一、非本所期，二、慮他所獲，三、殺具有闕，四、如不見前增等。」（二七六頁下）

〔五〇〕好心息　簡正卷一四：「好善心，即心也。戒疏云：如欲造罪，身口雖發，未至究竟，忽起善心，便止前業，雍礙不則暢，但居方便。問：『此是善心生，何得卻云息？』答：『約善心生能息惡。今從所息處彰名。』」（八五一頁下）鈔批卷二二：「亦云『善心息』也。首疏問曰：『此乃善心生，云何言息？』答：『實是善心生。此心是能息，惡心是所息。今從所息處彰名，故曰也。』」（九〇二頁上）

〔五一〕不同想心，以至果故　簡正卷一四：「勵（【案】『勵』疑『礪』。）云：（八五一頁下）如本境是人，今想心當人時，想心決徹，至成果時，人想煞心，二俱不息，而得究竟夷罪。若對本境，起疑心時，疑緣兩境，恐煞非人，遂便停止，但結方便。自古章疏，相承於此約第六境差，兼第七好心，息疑心、境強息等，作境差蘭義。首疏十八蘭，相疏三十八蘭，東塔八蘭。（具如義圖中，此不在敘錄。）南山七蘭，具在鈔文七緣是也。（將此七緣，用通一切。）」（八

五二頁上）鈔批卷二二：「此謂想心本欲殺人，轉想作非畜而殺，故結不定。今疑心不了，便即停住，住方便蘭也。」（九○二頁上）

〔五二〕起心當人，疑是非人　鈔批卷二二：「謂前境實是人，（九○二頁上）但起心疑是非人，以無欲殺非人之心，即便停住，但得本人方便蘭罪也。」（九○二頁下）

〔五三〕又隨戒中取「別緣」　資持卷中四上：「初令依用，謂須兩緣，可決犯懺。」（三四四頁中）鈔批卷二二：「即如上七緣者是也。」（九○二頁下）

〔五四〕兩明二犯，得知因果、輕重、犯不犯相，方得入懺法　簡正卷一四：「兩明二犯者，『通緣』中犯、『別緣』中犯，（已上鴻解。）或可『通緣』『別緣』，共明『作犯』；『通緣』『別緣』，共明上（【案】『上』疑『止』。）犯。若兩緣中明『作犯』，如鈔所論；若兩緣共明『止犯』，如不乞法造房，亦須假通別，故云兩明『二犯』。（此釋亦通也。）二緣有闕，是因非果；二緣若具，是果非因；至果便重，在因則輕。如是委知，方可入懺。」（八五二頁上）鈔批卷二二：「兩明二犯，得知因果、輕重、犯不犯相等者，謂將此『通緣』與隨相中『別緣』計會，斷其止作二犯，方得知其為住因、為至果，成根本罪，故言得知因果輕重也。謂必須具此通別兩緣，乃得成止作二犯，故曰也。又解：二犯者，以通別二緣相校。緣具者成重，緣不具者成蘭，故曰二犯也。」（九○二頁下）

〔五五〕不須通漫，悔罪不出　資持卷中四上：「『不』下，止濫。」（三四四頁中）簡正卷一四：「若不明因果重輕，悔罪通漫也。」（八五二頁上）

四、境想不同〔一〕

五門〔二〕：一、須制意〔三〕，二、汎明境界〔四〕，三、有無〔五〕，四、定互多少，五、解輕重。

言制意〔六〕者

若不制境想，則犯罪溆漫〔七〕，輕重不分〔八〕，有無莫顯〔九〕。故諸戒末，佛竝具張，縱有缺文，但多是略耳〔一○〕。

二、明犯境〔一一〕

位階且五〔一二〕：一內報，二外事，三約法，四對時，五約罪。

言內報者，謂人、天、非、畜〔一三〕。若四境齊犯，謂如初戒〔一四〕；或各升降，如盜、殺等〔一五〕。又，就人中，道俗分別〔一六〕：俗者，如販賣、食家有寶等；道者，如謗、覆、說、打、搏、疑、藏等；通道俗

者，如二宿〔一七〕、淫〔一八〕、觸〔一九〕、二麤語〔二〇〕等。然於道中內外，外局衣食，內如「毀」「兩」〔二一〕。又，內中通大小，大如謗、奪，小謂減年〔二二〕。又，具中形報：隨順之提，局是比丘〔二三〕；同路、乘船、作衣、讚食，事專尼眾〔二四〕；如謗、覆、說，義該兩眾〔二五〕。餘通可知〔二六〕。又，形報中，色心分別〔二七〕：如「淫」唯色〔二八〕，死屍犯故，文言：道，道想，此通四趣〔二九〕；漏失同然〔三〇〕，境仍是寬〔三一〕。自有約心為境〔三二〕，如觀、許等想〔三三〕，染心衣食〔三四〕。大略須知，更不具分〔三五〕。

二外事中〔三六〕。如掘地、草木、不受、殘宿、勸足、酒等〔三七〕，亦可長衣鉢類〔三八〕。通內外者，如盜、奪、蟲水等〔三九〕。

三法者〔四〇〕。有四：一自所稱作，媒、麤語、二妄、毀呰等〔四一〕；二他所作法，處分、諸諫等〔四二〕；三是治法，謂隨舉等〔四三〕；四法相道理，謂十八法等〔四四〕。

四約時者。如日暮〔四五〕、非時〔四六〕、夏蕆〔四七〕、二三宿〔四八〕、殘宿、內宿〔四九〕、明相決了等〔五〇〕。

第五約罪者，覆、說之類等〔五一〕。

三、明有無〔五二〕者

約僧律本，合二十六戒中有〔五三〕，餘者略無〔五四〕。謂初四戒〔五五〕、二篇六戒〔五六〕、「三十」中一戒〔五七〕、「九十中」十五戒〔五八〕。對有三十五〔五九〕，謂二房含七〔六〇〕，盜、媒、麤、壞生，各有二重〔六一〕故也。尼中非無，且削略之〔六二〕。已如初述〔六三〕。

次言無者，通對前五〔六四〕：

一內報無〔六五〕者。或是「理無」，如漏失戒，觸緣斯犯，何須境想，以階犯位〔六六〕？或可「略無」，以道想，若疑，但得蘭罪〔六七〕。故條部律云：非道想，不疑，殘〔六八〕。故知是略。二定「略無〔六九〕」，如謗〔七〇〕、奪〔七一〕、兩舌、毀呰〔七二〕、嫌罵等〔七三〕，局此境犯，應有境想，文無者略〔七四〕。

二外事「略無」〔七五〕。如屏露二敷、露然、藏衣等〔七六〕。

三法中「理無」〔七七〕。以無所對法故，如殺、盜等〔七八〕。言「略無」者，如大小二妄〔七九〕，及諫〔八〇〕、隨舉〔八一〕等；如僧祇二隨，咸有境想〔八二〕，故爾；媒、麤等反此，故有法想〔八三〕；亦可觀作觀想、諫作

諫想〔八四〕，非法等竝是「理有略無〔八五〕」也。

時者〔八六〕。如洗浴〔八七〕、二入聚落〔八八〕，亦是「略無」。

罪「略無」者。如尼覆戒〔八九〕；餘戒「理無」，以不對罪〔九〇〕故。

第四，多少〔九一〕者

境想之法，或「四」或「五」〔九二〕。恐人未練，且依殺戒，立相列之〔九三〕：初句，人作人想，心境相當〔九四〕。二、人非人疑〔九五〕，境定心疑〔九六〕。三、人非人想〔九七〕，境定心差〔九八〕。四、非人人想〔九九〕，境差心定〔一〇〇〕。五、非人人疑〔一〇一〕。境差心轉，雙闕二緣〔一〇二〕。五句如此〔一〇三〕。

所以多少者，但由第三「人非人想」，此一不定，故或「四」或「五」〔一〇四〕。

所以爾者〔一〇五〕？昔解〔一〇六〕，若輕重相對，定有第三，故即成「五」〔一〇七〕。如淫戒，轉想及迷，竝得夷、蘭〔一〇八〕。若殺、妄、摩觸、二麤語等，轉想，蘭、吉〔一〇九〕；本迷，亦吉〔一一〇〕。故須第三，以成五階〔一一一〕。若犯不犯，二境相對，不處分、盜等〔一一二〕是也。盜戒即「四」〔一一三〕，有主、無主想〔一一四〕故。不處分具「五」〔一一五〕。不處分、處分想〔一一六〕。「五」謂轉想，有前心蘭〔一一七〕故；「四」約本迷，二境全無罪〔一一八〕故。以此義「五」〔一一九〕，若犯不犯，或「四」或「五」〔一二〇〕。

又解〔一二一〕：重輕之中，位有三種〔一二二〕。若轉想定「五」，迷或「四」「五」〔一二三〕。云何或「四」「五」〔一二四〕者？如對二趣犯境起迷，由有吉羅故，為斯具「五」〔一二五〕。想對無情，一切無犯，是以但「四」〔一二六〕。如似覆、說，類前亦爾〔一二七〕。若對下三，輕重應五，然落開通，此是全謂非罪而覆、說者，無犯〔一二八〕故。然是本迷，或「四」或「五」〔一二九〕。若準此義，犯不犯位，亦有三別〔一三〇〕：如上重輕，應本定「五」，進就不犯故，即成或「四」「五」〔一三一〕者。今犯不犯，如盜戒中，本是或「四」「五」〔一三二〕。今退就犯中，對非畜二物作想，轉迷俱「五」，亦成三位〔一三三〕。

此即二對理齊，文中綺說〔一三四〕。謂殺、妄、觸等，就輕重以辨，盜約犯不犯以說，故「殺五」「盜四」〔一三五〕也。

又，且此謂犯中有輕重者，如前所論〔一三六〕。若掘地、不處分、非

時、勸足等，犯中無輕重義者，但有或「四」「五」〔一三七〕。餘準可知
〔一三八〕。

又復，上來如此釋者，通約本異二境論之，故言定「五」，或「四」
「五」句〔一三九〕。若唯據本境，犯之有無〔一四〇〕者：一切境想，「四」即
齊四，謂本迷故〔一四一〕；「五」即俱五，謂轉想〔一四二〕故。但文中互說
〔一四三〕。用斯犯等，皆據「本境」「本想」〔一四四〕；若「異境」「後心」，律
竝不結其罪〔一四五〕。如非人疑想，偷蘭者，是本想蘭〔一四六〕也。後作非人疑想
之時，但得吉羅〔一四七〕。具足五緣，殺非人，蘭；今作人想，亦吉羅也〔一四八〕。

故約略銓敘境想之義，可對諸戒，類明持犯〔一四九〕。

五、次釋其文〔一五〇〕

五階之位，如前所列〔一五一〕。

以犯不孤起，託境關心，以成其業〔一五二〕。但以境有優劣、是非，
心有濃淡、錯悞〔一五三〕：或心境相應，犯齊一品〔一五四〕，而業有輕重，
八品未均〔一五五〕；或心不當境〔一五六〕；人非人想疑，非時時想疑；或境不稱
心〔一五七〕，非人人想，無主主想；境犯心不犯〔一五八〕，地非地想；心犯境不犯
〔一五九〕。非地地想。有斯差降，境想明須〔一六〇〕。

業位既定，四句之中輕重，亦須分判「五位」〔一六一〕。於上五階，一
具、四闕〔一六二〕：初句，心境相當，通犯究竟〔一六三〕。二、人疑，及第
五非人疑〔一六四〕。前疑重，以本緣人心不捨，臨殺有半緣人心〔一六五〕
故；後疑輕，雖半心未捨，殺時境非本期〔一六六〕故。三、人非人想；四、
非人人想〔一六七〕。前想重，結本方便，心境相當〔一六八〕；後想輕，以殺
時單有本心，無本境〔一六九〕故。

又更重明〔一七〇〕。本境中，疑重想輕〔一七一〕：以心境相稱故重〔一七二〕，
單境無心故輕〔一七三〕。後異境中，想重疑輕〔一七四〕：以生人想，與方便
不異，故重〔一七五〕；輕者，雙闕二緣〔一七六〕故也，非人闕緣境〔一七七〕，
疑心闕本期〔一七八〕。故分斯兩位，結罪屬本心〔一七九〕。

且解如此〔一八〇〕。

【校釋】

〔一〕境想不同　簡正卷一四：「前約根本罪上，已辨具闕兩緣。然根本罪上，例有
　　　境想之義須明，若略不論，則罪相悠漫，故次辨也。更有非說不錄。釋名者，
　　　『境』謂犯境，『想』謂內心取像。夫持犯二業，必託境關心，故名境也。所

以唯標境想，不言境疑（八五二頁上）者，一解云：夫對境要且先取像，內心不決，方號境疑，故不標顯，亦可合標境疑文中。人非人疑、非人人疑，今存略故，不可具頒也。此門異古人境想道理，皆於隨相『煞戒』下廣明。今抄主移來持犯中說者，意欲圖一切戒上，凡有境想，皆寄此辨。或有有者，或有無者，或道理不合有，或律文內略無，或少或多，或輕或重等。（云云。）」（八五二頁下）【案】本門名鈔科作「境想分別」，文分為二：初「五門」下；次，「言制」下，分五門。「想」，底本為「思」，据大正藏本、簡正釋文及弘一校注改。

〔二〕**五門**　資持卷中四上：「境想五句。初句皆重，後四俱輕。又第三一句，有罪則出，無罪則除。輕重有無，對文可釋。」（三四四頁中）

〔三〕**制意**　鈔批卷二二：「謂以制境想意者，使識知成犯之相、輕重義也。」（九〇二頁下）

〔四〕**汎明境界**　鈔批卷二二：「文中既對殺戒明境想，但合明殺戒之犯境。今傍說五篇，故曰汎也。立謂：『五篇戒中，將何為犯境？』『謂約所對為犯境。境通內外，謂情非情也。既多差別不同，故須明之。』」（九〇二頁下）

〔五〕**有無**　鈔批卷二二：「謂五篇中，戒（原注：『戒』疑『或』。）有境想，或無境想，故須明其無所以也。」（九〇二頁下）

〔六〕**制意**　簡正卷一四：「『謂有何所以制於境想？』答：『若不制境想，尅定於罪，則無由得知有無、輕重罪之分齊。由制此境想句法，便知輕重有無。謂律五句之文，初一句夷，下四句各蘭。前前罪重，後後罪輕。就五句中，下四句各有方便，無根本。或約本迷，如煞戒。第三句，迷着非畜，有罪境，則有吉羅。若迷杌木，無罪境，全無罪等。因此境想，方可得知也。』」（八五二頁下）

〔七〕**犯罪澂漫**　鈔批卷二二：「立謂：澂是澂澂，漫是漫漫。爾疋云：（九〇二頁下）悠者，遐也，行之遠也，亦長也。謂若不制其境想，分別輕重，雖犯眾罪，不知罪之輕重、犯與不犯，則浩漫無准。」（九〇三頁上）

〔八〕**輕重不分**　鈔批卷二二：「立謂：如欲殺人，轉想作非畜殺，則但得蘭。若人作人想，心境相當，方乃得夷。此則約想，皆有輕重。今若不立四句、五句境想裁之，何能識此輕重也。」（九〇三頁上）

〔九〕**有無莫顯**　鈔批卷二二：「且如想殺，對非畜則有後心吉，名之為有。若想疑，對非情、杌木無主想等，則無罪，故曰無也。」（九〇三頁上）

〔一〇〕**故諸戒末，佛竝具張，縱有缺文，但多是略耳**　資持卷中四上：「『故』下，指

所出。上二句示其通具，下二句點其所缺。委辨如後。」（三四四頁中）簡正卷一四：「二百五十，一一戒下，並列五句境之文。『若爾，何故今律本內二十六戒即有，餘戒並無？』鈔答云：『縱有缺文，但多是略耳。謂今律文，所有無境想句法處，不是本來無，但是翻釋家恐繁故刪之，或是部主見繁不列也。』」（八五二頁下）鈔批卷二二：「謂律本中二百五十戒，若理合有者，當戒（【案】『戒』疑『在』。）下文，辨相之中，皆明境想四句、五句等，並佛金口所說也。縱有缺文，但是略者，謂指律文，或有戒缺無境想者，應是略也。問：『境想或四句、五句中，皆有疑心，即是境疑。何乃獨言境想，不立境疑耶？』答：『文不可具顯，且言境想也。』」（九〇三頁上）

〔一一〕犯境　簡正卷一四：「欲明犯相，先辨境界，（八五二頁下）總有五般（【案】『般』疑『階』。），略收將盡。後於此境上，約律以辨有無。」（八五三頁上）「明犯境」，文分為二：初，「位階」下；次，「言內」下，分五。

〔一二〕位階且五　鈔批卷二二：「謂凡所犯戒，必對前境，方成犯相。所以有五不同：一、內報者，即約情境，人、天、非、畜等，以為犯境。二、外事者，即非情也，如草、木、地、水、衣、鉢、食、飲等事，以為犯境。三、約法者，謂對法以為犯境。四、對時者，謂約其時以為犯境。五、緣罪者，謂對罪以為犯境。」（九〇三頁上）資持卷中四上：「次門五階。篇聚境想，數過塵沙，五位總收，罄無不盡矣。又復，此五不出二境，初總有情，四開非情。四中，二、四並世法，五即制教。第三兼二，對下自明。」（三四四頁中）

〔一三〕內報者，謂人、天、非、畜　簡正卷一四：「謂有情名『內』，酬彼往因名『報』。『非』字，收鬼、獄、修羅也。初戒四境名犯，以約境制故，餘則不定。煞、盜、妄，對人境俱重為昇，對非畜俱輕為降。」（八五三頁上）資持卷中四上：「內報六位，從寬至狹，別對諸戒，簡練精詳，在此而已。人不見之，但云『萬境』。不知何境？境作何相？況復自有一境通多戒，如情中尼女、非情衣食等；自有一戒而攝多境，如盜及漏失，通情非情等；自有一戒攝一境，如外道食入王宮，牙角兜羅之類。是且舉一條，諸餘例顯，用前三句，照會諸戒。通局之相，如指諸掌。初四境中，初句示境，即是六趣，或總三趣。」（三四四頁中）
【案】「內報」文分為二：初，「言內報」下，分六；二、「大略須」下。

〔一四〕若四境齊犯，謂如初戒　鈔科卷中四：「初，犯境通四趣。」（九三頁下）鈔批卷二二：「『四境』即上所列人、天、非、畜，並是犯也。初戒謂婬戒也，以於此四境作婬齊犯。」（九〇三頁下）資持卷中四上：「『若』下，且對初篇。四

境無論男女，人中不簡道俗、（三四四頁中）大小、內外。初戒齊犯。」（三四四頁下）

〔一五〕**或各升降，如盜、殺等**　資持卷中四上：「餘三戒，人境同夷，非人並蘭，畜則殺提，盜妄俱吉，故云昇降也。」（三四四頁下）鈔批卷二二：「謂殺人夷、非人蘭、畜生提。盜則人物夷，非人物蘭，畜吉。大妄同盜，故言昇降。降，由下也。昇者，高也。」（九〇三頁下）

〔一六〕**就人中，道俗分別**　鈔科卷中四：「『又』下，局人分道俗。」（九三頁下）簡正卷一四：「於『前四』中但約人趣，自有道俗販賣戒。與『九十』中，強坐戒等，唯對俗人為犯境。大小二謗戒、覆麤戒、說麤戒、打搏比丘戒、疑惱戒、藏他衣鉢戒，此唯局道眾。」（八五三頁上）鈔批卷二二：「謂人中，既有道有俗，或將道人為犯境，或將俗人為犯境。俗者，如販賣、食家、有寶等者，如販賣戒，共五（原注：插入『五』字。）眾貿易，無犯；共二俗販賣，則犯墮罪。食家強坐戒，是約俗為犯境。道者，如謗、覆、說、打、搏、疑、藏者，以是謗他出家人得殘。以殘（原注：插入『以殘』二字。）『謗』他出家人，得提，故『九十』下文云：以無根僧伽婆尸沙法謗者波逸提，即其義也。『覆』者，覆他麤罪者是也；『說』者，向非具人說麤罪也；『打』者，嗔心打搏比丘也；『疑』謂疑惱戒也；『藏』謂藏他比丘衣鉢也。此上皆約道為犯境也。通道俗者，謂道俗二眾，俱得名為犯境。」（九〇四頁上）資持卷中四上：「又如摩、觸、媒、麤，對趣差別，尋前隨相。道俗中，三位：初，唯對俗等取乞衣、增價、忽切、乞綿、乞縷、勸織、為女說法、學家過受之類。二、唯局道，謗收無根、假根及殘三戒，覆麤罪、說麤罪、打比丘、搏比丘、疑惱、藏衣鉢等，取奪衣、嫌罵、知事別眾勸、足擊、擽驅出聚等。三、通二者，與女宿，通尼女；與未具宿及二麤語，並通白衣及下三眾。婬、觸可解。或有境通而制別者，如屏露坐、同道行尼女各戒是。」（三四四頁下）【案】此句及下為「正明」分六之二。

〔一七〕**二宿**　鈔批卷二二：「『二宿』謂是與女同宿，及與未具人同宿。此二戒，道俗齊犯。如與俗女宿提，與尼宿亦提；（九〇三頁下）與俗人過二夜宿及與沙彌過二夜宿，並提。」（九〇四頁上）

〔一八〕**婬**　鈔批卷二二：「『婬』者，俗女及尼，俱是犯境。」（九〇四頁上）

〔一九〕**觸**　鈔批卷二二：「『觸』謂摩觸俗女及尼，同犯。」（九〇四頁上）簡正卷一四：「『觸』即摩觸戒。」（八五三頁上）

〔二〇〕二麤語　鈔批卷二二：「『二麤』：一是麤語，一是歎身索欲。此二戒，尼及俗女齊犯，故曰通道俗也。」（九〇四頁上）

〔二一〕然於道中內外，外局衣食，內如「毀」「兩」　鈔科卷中四：「『然』下，局道通內外。」（九三頁下）資持卷中四上：「『外』即『外道』，自手與食，唯此一戒，故云局也。『內』即『內眾』，毀呰、兩舌，並對比丘。」（三四四頁下）簡正卷一四：「簡除俗眾，唯約『道』論中，自有『內道』、『外道』。外局衣食者，謂僧自手與『外道』食，犯。尼同僧犯。躬記不正，不敘。內如毀兩者，『毀』是毀呰，『兩』是兩舌。此唯局內。」（八五三頁上）鈔批卷二二：「謂更於道中內外分別也。『內』謂內心及身分等，『外』謂身外衣食也。外局衣食者，如嗔心奪他衣，又如食尼讚食，又如『三十』中取尼衣、浣衣、讚食、指授食，此皆約外事為犯境。賓同此解。有人云：『道』中分內外者，謂『佛道』及『外道』也。外局衣食者，謂僧自手與『外道』食，犯提；尼自手與『外道』衣食，俱提。此約『外道』為犯境。看下文意，既云『內中通大小』，明知就『內道』『外道』明也。（此解好。）賓亦云：舊人將衣鉢、飲食等解此文，此大錯也。以衣鉢等是外事攝，此約內報，何論衣鉢？則章門雜亂也。直是約『外道』為犯境，如與『外道』衣食也。內如毀兩者，『毀』謂毀呰，『兩』謂兩舌。此約『內道』為犯境。」（九〇四頁上）【案】此句為「正明」分六之三。「外局」，底本無「外」，據大正藏本、貞享本、敦煌甲本、敦煌乙本、簡正和鈔批釋文及弘一校注加。

〔二二〕內中通大小，大如謗、奪，小謂減年　鈔科卷中四：「『又』下，局內通大小。」（九三頁下）資持卷中四上：「謗、奪如上。小中更兼隨擯沙彌。」（三四四頁下）簡正卷一四：「局內眾中，約大小論也。謗奪者，謗戒、奪衣鉢戒，唯對大比丘犯。與減年受具戒，結和尚提，准對沙彌犯。」（八五三頁上）鈔批卷二二：「謂更於內中分別也。大如謗、奪者，謂唯謗大比丘殘，奪大比丘衣提。若謗、奪下眾，但犯小罪。此二戒，望大戒為犯境。小謂減年者，（九〇四頁上）謂若為年未滿二十沙彌受具，和上提，餘僧吉。此即用沙彌為犯境。沙彌是下眾，望大僧稱為『小』也。」（九〇四頁下）【案】此句為「正明」分六之四。

〔二三〕隨順之提，局是比丘　資持卷中四上：「初，局比丘。『隨順』即隨舉比丘，且舉一戒，餘者同上。」（三四四頁下）鈔批卷二二：「謂於具戒中，明男女之殊曰『形報』也。此正約僧及尼分別。謂僧尼俱是具戒，故云『具』也。隨順之

提，局是比丘者，謂比丘隨順被舉，比丘得提。若比丘（【案】此處疑脫『尼』字。）隨順被舉，尼但犯吉。故大疏云：僧隨尼吉，尼順僧夷。今此文意謂：提則局是比丘，為犯境。若尼順被舉，僧違，尼三諫犯夷。非此所論。」（九〇四頁下）【案】形報分三，即下文：局比丘、局尼眾、通兩眾。此句為「正明」分六之五。

〔二四〕**同路、乘船、作衣、讚食，事專尼眾**　資持卷中四上：「局尼眾。『同路』即期行，餘名自顯。更加與衣、浣染衣毛等。」（三四四頁下）與尼作衣戒、受尼讚食戒，雖對尼為犯境也。」（八五三頁下）鈔批卷二二：「『同路』謂與期同道行也。『乘船』謂與尼期同船也。『作衣』謂為尼作衣也。『讚食』謂食讚歎食也。此四戒，局尼為犯境。」（九〇四頁下）

〔二五〕**如謗、覆、說，義該兩眾**　資持卷中四上：「二麤，僧尼皆提。」（三四四頁下）簡正卷一四：「鴻釋云：謂約僧尼互為犯境。尼戒本中，無別緣起，直列出之。故知大小二謗，俱互殘提；說、麤，俱互得提。若覆、麤，尼覆四重，犯夷；尼八重，結提。若覆殘已下，俱互得提。（相承中解。）今解意別。謂：此謗、覆、說，二眾通是我犯境，非謂互也。如覆、謗說，大比丘俱提，望大比丘是我犯境。若謗、覆說，大比丘尼亦犯提，望大比丘尼是我犯境。意道：此三上戒，通二眾犯，故云『義說（【案】『說』疑『該』。）兩眾』。若互論者，約一邊為境，恐與鈔相違。（思之有意。）」（八五三頁下）鈔批卷二二：「謂僧謗僧及尼，尼謗尼及僧，俱殘。小謗大，亦俱提。故知大小二謗，俱平（原注：『平』疑『互』。次同。）殘提。賓述：覆僧及尼麤罪，俱提。賓云：尼八夷中，覆麤夷戒，及大僧覆麤戒，並云除覆，餘人吉，故知尼覆四夷、八夷，並得夷。僧覆四八，但犯提罪。然尼單提，復有覆麤戒，直列戒本。故知僧殘已下，覆之俱平（原注：『平』疑『互』。次同。）犯提也。向非具人說僧及麤罪，俱平提也。僧尼相謗，覆說皆犯。此既通二眾，以為犯境，故曰『義該兩眾』。」（九〇四頁下）

〔二六〕**餘通可知**　簡正卷一四：「除上三戒外為餘也。更有通該二眾，為犯境，不盡標列，故云可知也。（思之。）鴻記云：如煞、盜、婬等，通二眾。以尼戒本中，無別緣起，直列戒本，同犯易識，故曰可知。（此應不正。）」（九〇五頁上）鈔批卷二二：「餘一切通用僧尼為犯境者，故曰通也。即如發起四諍，僧尼互發，皆提是也。如賓記可尋，於此錄出。」（九〇五頁上）

〔二七〕**形報中，色心分別**　鈔科卷中四：「『又』下，局報分色心。」（九三頁下）簡

正卷一四:「上據『形報』,即一切情之形,皆是異熟。今熟『形報』之中,更『約色』『約心』,以論犯境。」(八五三頁下)鈔批卷二二:「謂前犯境,是人、天、非、畜,名為『形報』,以人、畜等,是報形故也。就此『形報』中,約不過五陰。五陰中,不過色、心,亦曰『名色』:一陰是色,四陰是心。今婬戒直約色身為犯境,不假內心。如人、畜、四趣死,但是正道,皆犯。此約身為犯境,身即是(【案】『是』後疑脫『色』字。)故。」(九〇五頁上)【案】此句及下為「正明」分六之六。「形報」下,分二,以約色、二約心。

〔二八〕「婬」唯色　簡正卷一四:「『如婬』至『寬』者,約色也,謂五蘊之中,唯色一蘊為婬犯境。死屍是色,猶犯根本,但使正道,不論想疑,皆犯。此通人、天、非、畜,以此證不假心之四蘊也。」(八五三頁下)鈔批卷二二:「如婬唯色,不約彼心,死境無心,就作亦夷,故曰死屍犯。故引死屍者,欲顯婬境,但是對色,不假心也。」(九〇五頁上)資持卷中四上:「婬屍既犯,不必假心。」(三四四頁下)

〔二九〕道,道想,此通四趣　簡正卷一四:「道道想,亦是證色為犯。」(八五三頁下)鈔批卷二二:「謂人、天、非、畜四趣也。今引律文言『道道想』者,此證前境唯色之義,皆要是正道,縱有想疑,亦犯。若非正道,道想、道疑,不犯根本,故知婬定約色為境也。」(九〇五頁上)資持卷中四上:「『文』下,引證,即婬戒境想。初句謂但是正道,不問死活。四趣合作四境,覺、睡、未壞、少壞,婬通四趣,已見初科。此中所明,在文不貫。」(三四四頁下)【案】「道,道想」即「道作道想」。

〔三〇〕漏失同然　簡正卷一四:「然,是也。謂漏失戒,同是為犯境。」(八五四頁上)鈔批卷二二:「謂漏失同婬,還用色為犯境,不用心也。高云:此言有少濫也。漏失有六境,中有空、風,豈是『色』耶?然風是龍氣,亦得色空,定非『色』也。」(九〇五頁上)資持卷中四上:「亦色為境。婬唯內色,漏總六境。」(三四四頁下)

〔三一〕境仍是寬　簡正卷一四:「謂上婬戒,雖約色猶狹,此漏失更廣。內色、外色、空中、水中、風中、逆順等,並是犯境。」(八五四頁上)鈔批卷二二:「謂漏失雖同用色為犯境,然漏失之境,更寬多也。謂觸境皆犯,不問情、非情,皆得約為境界也。如內色、外色、(九〇五頁上)水、風、空等,並是犯境,故稱寬也。婬局情境,非寬是狹也。」(九〇五頁下)資持卷中四上:「內外中間,水、風、空處,今就內色,以論四境。多分壞、白骨間,皆漏失境,故云

『仍寬』。若據摩觸，亦通四女。觸屍亦殘，理同婬判。」（三四四頁下）

〔三二〕**自有約心為境** 資持卷中四上：「『自』下，次，明心中。」（三四四頁下）簡
正卷一四：「蘭色取心，以自己能犯心，望他人心，是所犯境也。」（八五四頁
上）鈔批卷二二：「立謂：自約『內心』為犯境，以『前心』是想。若『後心』
望『前心』，若違『前心』，即犯。故知『前心』是犯境也。（此解定非當。）
若言『後心』望『前心』為犯境，以違故是犯者，則二百五十戒，何戒不約
自心，獨標觀許等？故今正解，應是約『他心』為犯境。所以知者，故下文
云：『染心衣食，大略須知。』豈不約前人心有染故，受是犯耳？」（九〇五
頁下）

〔三三〕**如觀、許等想** 簡正卷一四：「『觀』謂發四許戒，『許』謂迴僧物戒。已上約
他心為境，且如眾僧如法滅諍之心，比丘作善觀想，後更發舉，望眾僧有善，
觀滅諍心邊結提。故文云：『觀』作『觀想』，提。若『許』雖滅，眾僧猶作不
善觀，滅心比丘縱作觀想。更發者，但得方便吉羅，便闕眾僧善觀滅心之境
也。『許』作『許想』，前人許僧物已決定，比丘復作許想。若迴，犯想（原注：
『想』一作『提』。）。若許僧心未決定，縱為許想迴者，不犯。謂闕前人許心
之境故。」（八五四頁上）鈔批卷二二：「謂四諍事如法滅已，重更發起，云：
『汝前滅諍時，不善觀、不成觀、不善解、不善滅，不成滅因，起他諍故。約
此為犯境，皆約他心。』勵（【案】『勵』疑『礪』。）云：不善觀者，道僧不
識四諍體相起之因本，言被闇心斷理，故曰不善觀。『觀』謂（原注：『謂』下
疑脫『觀察』二字。）。若作如是觀者，不成正觀。不善解者，道僧不達七藥
體相差別義故，曰不善解。『解』謂決了。若作如是解者，畢竟無終盖（原注：
『盖』字未詳。【案】『盖』疑『益』。），不成正解。（『越買』反。）。不善滅
者，道僧不識藥病相對，除滅之軌，違理判諍，故曰不善滅。作如是滅者，不
能究竟消殄，故曰不成滅也。景云：如滅諍中，善解七藥，能治四諍，作此觀
想，而不滅者，名為得罪。看此解意，似如不為滅諍得罪，此解難依也。（九
〇五頁下）言『許』者，如『三十』中『迴僧物戒』。若知他心中許，迴則犯
罪，望他許僧之心，為犯為犯（原注：『為犯』字二疑剩。）境也。」（九〇六
頁上）資持卷中四上：「『觀』即發諍戒，『望』僧能觀心成犯，『許』即迴僧物
望，施心成犯。」（三四四頁下）

〔三四〕**染心衣食** 簡正卷一四：「約尼知男子有染心於己，而與衣食，心境相當，取
便犯。若男子為福故施，無染心，縱使作染心，亦不犯，謂闕染心之境。」（八

五四頁上）鈔批卷二二：「此是尼戒境想四句：一、染污心染污心想，殘；二、染污心疑，蘭；三、不染污心不染污想，吉；四、不染污心疑，吉。此約受染心男子衣食犯，則用彼男子心為犯境。故疏家制意云：凡結患之重，莫過情欲，束心謹意，猶恐不禁。豈況知他有染，縱心而受？既荷其恩，脫有陵逼，事成難免，損處非輕，故須聖制也。觀此制意，是約男子心為犯境。立又一解，亦是比丘染心，受尼衣食故也。」（九〇六頁上）資持卷中四上：「『染心衣食』，即尼受染心男子衣食，犯殘，取彼染心為境。」（三四四頁下）

〔三五〕大略須知，更不具分　資持卷中四上：「上句結前，下句示略。」（三四四頁下）簡正卷一四：「前文始從四趣，終乎色心。大途約略包羅亦盡已外，更有不可子細其分判也。」（八五四頁上）

〔三六〕外事中　簡正卷一四：「此段一向約非情名『外事』。」（八五四頁上）

〔三七〕如掘地、草木、不受、殘宿、勸足、酒等　鈔批卷二二：「如掘地、草木者，此約外物，非情上為犯境。言『不受』者，即不受食也。」（九〇六頁上）資持卷中四上：「草木即壞生，及草上便、唾。入錢寶等物，畜、貿、盜、捉，成犯。又，水為境，（三四四頁下）如水中戲、大小便。火謂然火。又，水、風、空、盜、漏，皆犯。『不受』等『九十』，及『眾學』等諸食戒，並食為境。又，『食』局正食者，如足別背，餘通正不正。或局時藥，過受、索美食是局。七日者，畜長藥是局。盡形者，四月藥是通。四藥者，即不受、非時等。長衣鉢，二離、月望、急施等。據事兼時，且從物論，故云『亦可』也。此應更收毛、綿、乞求等諸戒。若約四事，衣藥如上。房如二房、覆屋、牽出、安像等，臥具、二敷、兜綿之類。」（三四五頁上）

〔三八〕亦可長衣鉢類　簡正卷一四：「『亦可』等者，謂衣鉢過十日犯，理合約時為犯境。今取衣鉢為外事，引在此明，故鈔文有『亦可』之詞也。『若爾，殘宿亦約於時，何無亦可之語？』答：『此約食殘宿為境，不約成殘宿。』」（八五四頁下）鈔批卷二二：「高云：所以言亦可者，以長衣鉢，理須約時限明犯，不合定在此門明之，故曰『亦可』也。若准此判上殘宿，亦合；約時明犯，不合。此文明之。」（九〇六頁上）

〔三九〕通內外者，如盜、奪、蟲水等　資持卷中四上：「上明單外境，『通』下明兼二境。盜兼主物，奪衣連比丘，蟲水即二物。取衣、作衣、浣、打等，皆可準說。」（三四五頁上）簡正卷一四：「盜戒約主是『內』，財物是『外』；奪衣，衣是『外』，比丘是『內』；（躬記不正。）虫是『內』，水是『外』。此則『內

報』『外事』,合為犯境。」(八五四頁下)鈔批卷二二:「如盜、奪等者,如戒
(原注:『戒』疑『財』。)物是非情,屬『外事』。然物主是情,屬『內心』,
故曰通內外也。景云:盜物是『外』,盜人是『內』。(此解惡。)奪衣者,立
謂:衣是『外事』,衣主是『內心』。景云:若著身衣,從身上奪名『內』,(九
〇六頁上)不著在身而奪名『外』。文云:奪衣物是『外』,奪人是『內』。(未
詳。)言『虫水』等者,謂水則是無情,屬『外事』;虫是有情,屬『內報』。
景云:飲則是『內』,用澆直則是『外』;亦云飲水即是『外』,虫入口即是『內』
也。」(九〇六頁下)

〔四〇〕**法者** 鈔批卷二二:「用法為犯境,有四門不同。」(九〇六頁下)

〔四一〕**自所稱作,媒、麤語、二妄、毀呰等** 簡正卷一四:「謂比丘口中自說之法為
境,如媒、嫁、麤語等是。」(八五四頁下)鈔批卷二二:「謂但是比丘口中自
說之法,以為犯境,向若不說此法則不犯也,如書、指印等。此是違法等故
也。亦云自受男家語,往報女家等,皆是法也。言『麤』者,謂僧殘中『麤語
戒』也。此自稱所作之法,約此法為犯境也。言『二妄』者,即詐稱得道,及
『九十』初戒。此二妄,皆是自所稱法。言『毀呰』者,此亦自說故犯。令他
作者,非犯也。」(九〇六頁下)資持卷中四上:「『等』取兩舌、口綺、譏教、
尼拒、勸發諍等。」(三四五頁上)

〔四二〕**他所作法,處分、諸諫等** 簡正卷一四:「望僧所秉法,為他如處分法是。」
(八五四頁下)鈔批卷二二:「此謂處分,并諸諫,是僧之所作。約此所作之
法,以為犯境。言『處分』者,造房、乞處分白二法也。今若不乞此法犯殘,
故約此白二之法,以為犯境也。言『諸諫』者,如破僧伴助、惡性、污家,雖
作前事,未犯僧殘,由僧設諫,不受故殘。今約僧所秉諫法,以為犯境也。」
(九〇六頁下)資持卷中四上:「僧諫有五,殘四提一,及與屏諫。」(三四五
頁上)

〔四三〕**治法,謂隨舉等** 簡正卷一四:「知他舉治法在身,今隨順望彼身中,舉治法
為犯境。」(八五四頁下)鈔批卷二二:「此明眾僧作法,治於前人。而今比
丘,(九〇六頁下)隨順此被舉人,即約前人有此被治之法,以為犯境也。」
(九〇七頁上)資持卷中四上:「更收擯沙彌,滅諍中自言覓罪,亦可說也。」
(三四五頁上)

〔四四〕**法相道理,謂十八法等** 資持卷中四上:「十八法,即破僧犯境,更兼同誦五、
六語,及『眾學』諸說法等。」(三四五頁上)簡正卷一四:「法相者,名數之

法，並是法相。於此法上辨邪正道理。佛說『九正』，調達說『九邪』。破僧起諫，觀此十八法，則知邪正道理相違，知彼比丘是法語、非法語等。今若學此非法、破正法，即因法相止生犯，以為犯境也。」（八五四頁下）鈔批卷二二：「即破僧揵度中，調達向俗人說法、非法等，有九對，得十八法也：一、法，（八正道法，泥洹近因名法，調達說為非法也。）二、非法，（『五邪』是也，不能軌生真解，是非法也。彼說以為法也。）三、毗尼，四、非毗尼，（亦云『律非律』，互說亦爾。）五、犯，六、不犯，（夫言髮爪，佛制剪務，而今調達髮爪有命，若不制剪，說為不犯。如心念作惡，理雖有違，凡夫未制，名為不犯，調達說為犯也。）七、輕，八、言重，（輕者遮過，調達見壞樹葉墮長壽龍中，便言殺一切草木，其罪最重。初篇業重，一形永障，以見須提初作不得重罪，即言一切婬盜，悉皆是輕也。）九、有餘，十、無餘，〔亦云：有殘、無殘，犯下『四篇』，非是永障，是其『有殘』說為『無殘』。無殘者，謂犯『初篇』永喪道牙字（【案】『牙字』疑『業』。），曰『無殘』，說為『有殘』也。）十一、名惡，十二、不麤惡，（母論云：初二篇方便，若口無慚愧，心犯濁重偷蘭，名為麤惡，說為非麤惡。提罪已下，及餘蘭等皆非麤惡，說為麤惡。）十三、應行，十四、不應行，（亦云：常所行、非常所行。八正、五邪互說也，謂『五邪』應常行，『八正』不應行也。）十五、制，十六、非制，〔五篇禁戒，金口點演，名之為『制』，為（【案】『為』疑『名』）非制；『非制』者，即五邪法，非佛金口，名為非制，說以為制。〕十七、說，十八、非說。（『四禁』是重，餘篇是輕。此是正教，名之為說，以為非說。『重』『輕』倒說，此非佛教，名非說而說。）今由作此倒說，即犯。故約此十八法，以為犯境。」（九○七頁上）

〔四五〕日暮　簡正卷一四：「『日暮』為教尼非時，即非時食戒。」（八五四頁下）鈔批卷二二：「如教誡尼，說法至日暮是也。」（九○七頁上）資持卷中四上：「教尼日暮非時食、夏歲不安居，尼提、僧吉。制出律中，（有以歲為減年，非也。以人年歲，非時境故。）」（三四五頁上）扶桑記：「會正：夏時不安居，未滿二十歲，與受大戒。資覽：會正夏歲為二歲也。」（二七七頁下）

〔四六〕非時　鈔批卷二二：「謂非時食戒，此上則約『時』為犯境。又如『非時』不屬入聚，皆約『時』為犯境也。」（九○七頁上）

〔四七〕夏歲　簡正卷一四：「夏不安居，犯吉，不依第五律師犯提。或可偷夏，唱大受利，亦得歲者，未滿五歲，離依止及度人。或釋云：二歲學六法，與受大戒，

尼提、僧吉。」（八五四頁下）鈔批卷二二：「立謂：（九〇七頁上）夏中不作四種安居，僧吉、尼提。又，時未滿五夏，離說師也。又解：夏中過受雨浴衣、急施、過前等也。言『歲』者，比丘未滿五歲，度弟子犯罪。尼未滿十二歲，不得度人。景云：謂減年與受具戒，作如上，得提。此皆約年歲為犯境。私云：如善見偷夏，唱大得物重，此亦是約施為犯境。」（九〇七頁下）

〔四八〕二三宿　簡正卷一四：「一、與未受具人過三宿，二、軍中過三宿。」（八五四頁下）鈔批卷二二：「皆約時也。謂（【案】『謂』疑剩。）一謂與未具人同宿過三夜，二謂有緣至軍中過三夜，故言二今（原注：『今』字疑剩。）三宿，皆約時為犯境。〔觸觸（原注：『觸觸』二字未詳。）無夏歲及二三宿。〕」（九〇七頁下）扶桑記引資覽：「有二義：一、二個三宿，所以記出兩戒。」（二七七頁下）

〔四九〕殘宿、內宿　鈔批卷二二：「皆約明相時為犯境。」（九〇七頁下）

〔五〇〕明相決了等　簡正卷一四：「『等』即等取離衣、長衣、藥盆等也。」（八五五頁上）資持卷中四上：「言『明相』者，示犯分齊。及二入聚，又長望二離，減六年、求雨衣、洗浴等。」（三四五頁上）

〔五一〕約罪者，覆、說之類等　簡正卷一四：「如『覆麤戒』及『麤戒』等，取覆尼八重，亦得提。」（八五五頁上）鈔批卷二二：「謂覆他麤罪、說他麤罪。約此所覆所說之罪，以為犯境。亦得約自覆六聚罪，以為犯境。」（九〇七頁下）資持卷中四上：「約罪中。類取覆藏、默妄。」（三四五頁上）

〔五二〕有無　簡正卷一四：「謂上約犯境，有其五句境想。今據律文，僧尼戒本，或有境想，或無境，故次明之。」（八五五頁上）鈔批卷二二：「謂比丘僧『五篇』戒中，幾戒省境想，幾戒無境想。」（九〇七頁下）資持卷中四上：「以律諸戒出沒不定，故須辨之。然今學者，不看本律，臆度暗指，錯謬妄說，都迷此門，始終又意。今為具引律中句法，然後尋文，渙然冰釋，勿謂繁費，深愍後學，事不已也。」（三四五頁上）【案】「有無」文分為二：初「約僧」下，依文明，又分二；次，「次言無者」下，依義明，又分五。

〔五三〕約僧律本，合二十六戒中有　鈔科卷中四：「初總示僧戒。」（九三頁上～中）鈔批卷二二：「謂准約僧律本中，但二十六戒，出其境想。餘戒不出，應是略無，或復理無故也。」（九〇七頁下）資持卷中四上：「初句，顯具示同僧故。」（三四六頁下）【案】「約僧」下分二：初，「約僧」下；次，「尼中」下。

〔五四〕餘者略無　資持卷中四上：「次句指略，明非用故。」（三四六頁下）簡正卷一

四：「或是『理無』，或定『略無』。」（八五五頁上）

〔五五〕初四戒　鈔批卷二二：「並有境想也。」（九〇七頁下）資持卷中四上：「『初篇』，四戒有五重。（三四五頁上）……準文中，初科單對合數，並見圖中。準下明『無』，還用五位顯『有』：一，內報有，（四夷五重，摩觸、麤語，後一；歎身、媒嫁，後一；迴僧物、發諍。共十一重。）二、外事，（無主房後三，有主房後二，掘地、壞生中二，尼讚食、足食勸、足殘宿、不受、飲酒、飲用虫水，通內外，且收外中，共十六重。）三、約法，（麤語、媒嫁各前一，二房各前一，共四重。）四、約時，（教尼日暮非時食共二重。）五、約罪。（覆麤、說麤二重。）」（三四五頁下）（【案】參見資持卷中四上，三四五頁上～三四六頁下表列。

〔五六〕二篇六戒　簡正卷一四：「摩觸、二麤、媒、二房也。」（八五五頁上）鈔批卷二二：「謂一、摩觸，二、麤語，三、歎身，四、媒嫁，五、有主房，六、無主房。此六有其境想。」（九〇七頁下）

〔五七〕「三十」中一戒　簡正卷一四：「迴僧物戒。」（八五五頁上）鈔批卷二二：「謂迴僧物戒，有境想也。」（九〇七頁下）

〔五八〕「九十」中十五戒　簡正卷一四：「一、說麤罪，二、堀地，三、壞生，四、用虫水，五、教尼日暮，六、食尼讚食，七、自足食，八、勸足食，九、殘宿食，十、非時食，十一、不受食，十二、飲酒，十三、飲虫水，十四、覆麤罪，十五、發四諍。已上二十六戒現定，律文具有境想。問：『婬戒不通境想，疑何故有此句法？』答：『防巧情故，謂言作非道想不犯，故須簡也。』」（八五五頁上）鈔批卷二二：「礪偈云：掘壞非不酒，覆說兩虫足，讚勸殘暮發。賓云頌曰：說地生虫水，（說麤、堀地、壞生、用虫水。）日暮讚兩足，（足，勸足也。）非殘不受酒，（非時殘、宿、不受、飲酒。）飲虫并覆諍。（覆麤、發諍。）首疏偈言：飲用二虫并斷畜，掘地壞生及非時，不受殘宿教過暮，飲覆讚勸自足諍。解云：一、飲虫水，二、用虫水，三、殺畜，四、掘地，五、壞生，六、非時食，七、不受食，八、食殘宿食，九、教尼過暮，十、飲酒，十一、覆他麤罪，十二、食尼贊食，十三、勸足食，十四、自足食，十五、發四諍。此十五戒，律中有境犯（原注：『犯』疑『想』。）也。」（九〇八頁上）【案】簡正釋文中「已上二十六戒」，義即「初篇」四戒、「二篇」六戒、「三十」中一戒、「九十」中十五戒之總和。

〔五九〕對有三十五　簡正卷一四：「謂上約二十六戒，現在句法，於二十六中更有重

境想，共成三十五也。」（八五五頁上）鈔批卷二二：「對謂於前境也。有云：
對事差別，更有境想，故曰也。明其如上所列二十六戒，其中有重境想者，謂
『二房』含七，剩得五對，盜、媒、矗、壞、生，又剩得四對。此并房五，總
剩九。將九配前二十六，即是三十五對也。」（九〇八頁上）

〔六〇〕二房含七　簡正卷一四：「七重境想句法也。無主房有四：一、不處分，二、
過量，三、難處，四、妨處。故律文云：一、僧不處分不處分（八五五頁上）
想；二、僧不處分處分疑；三、不處分處分想；四、處分作不處分想；五、處
分不處分疑。（初句殘，四句蘭。）過量五句，亦爾（云云）。『難處』五句：
難處難處想；二、難處難處疑；三、難處非難想；四、非難處難處想；五、非
難處難處疑。『妨處』五句亦爾（云云）。有主房，除過量，餘三准上作之。（云
云。）『無主』四重，『有主』三重，并前成七本二外，剩得五重也。」（八五
五頁下）鈔批卷二二：「如前房（【案】『前房』即『無主房』。）有四重境想，
謂不處分一重境想、過量一境想，妨一、難一、後房三重境想，故言『二房含
七』。一重境想，各有五句余（原注：『余』字未詳。）。律云：一、若僧不處
分不處分想，殘；二、若不處分不處分疑，蘭；三、若不處分作處分想，蘭；
四、若處分作不處分想，蘭；五、若處分作不處分疑，蘭。（九〇八頁上）『過
量』五句亦爾，比之可知。其『妨難』各亦五句：初，有難有難想，吉；二、
有難有難疑，吉；三、有難無難想，吉；四、無難有難想，吉；五、無（原注：
插入『無』字。）難有難疑，吉。『妨』五句，比之可解。後房前房（【案】『後
房』即『有主房』。），三重境想，各有五句，同前無異。」（九〇八頁下）

〔六一〕盜、媒、矗、壞生，各有二重　簡正卷一四：「『盜戒』二重者：一、人物人物
想等（云云）；二、有主有主想等。（云云）。『媒嫁』二者：一、人女人女想等；
（云云。）二、媒嫁媒嫁想等。（云云。）『二矗語』二者：一、人女人女想等；
二、矗語矗語想等。（云云。）『壞生』二者：一、種子種子想等；（云云。）
二、生艸木生艸木想等。（云云。）已上四戒，各剩出，得一重成四，兼前五
成九。九對二十六，正成三十五也。（不同記云『三十五對』，又云『想』與
『疑』為對也。）」（八五五頁下）鈔批卷二二：「前約『盜』五及『過』五也。
上是重位，為一境想；次，約盜四已下輕位，為一境想。各有四句，律云：前
約過五錢作之，一、有主有主想盜五錢，若過五，夷；二、有主有主疑，若盜
五、若過五，蘭；三、無主，主想，盜五，若過五，蘭；四、無主作主疑，若
盜五，若過五，蘭。次，約減五錢為一位，亦有四句：初，有主有主想，盜減

五，蘭；二、有主有主疑，盜減五，吉；三、無主有主想，盜減五，吉；四、無主有主疑，盜減五，吉。言『媒二重』者，初，且約媒嫁想，為一重境想；約人女想，為二重境想。各有五句，律云：初，媒嫁媒嫁想，殘；二、媒嫁媒嫁疑，蘭；三、媒嫁不媒嫁想，蘭；四、不媒嫁媒嫁想，蘭；五、不媒嫁媒嫁疑，蘭。次，約人女想，五句者：初，人女人女想，媒嫁，殘；二、人女人女疑，蘭；三、人女作非人女想，媒嫁，蘭；四、非人女作人女想，媒嫁，蘭；五、非人女人女疑，媒嫁，蘭。言『麤』者，初，約麤語麤語想等（九〇八頁下），有四句；次約人女人女想，有五句。初四句者：麤語麤語想，殘；二、麤語麤語疑（原注：插入『語』等四字。），蘭；三、非麤語麤語想，蘭；四、非麤語麤語疑，蘭。次約人女，有五句者：一、人女人女想，殘；二、人女人女疑，蘭；三、人女非人女想，蘭；四、非人女人女想，蘭；五、非人女非人女想，蘭。言『壞』者，各有二重者，初約五生種，如柳、榴及諸葉不等，就地離地壞，俱提，為一重境想；次約非生種，如塚、槐、竹篅（原注：『篅』字原本不明。）之例。若就地壞，提；若離地壞，無罪。以為一重境想，各有五句，五者：一、若生生想壞，提；二、若生生疑，吉；三、生作非生想壞，吉；四、非生生想，吉；五、非生疑，吉。次，明後五者，但約就地壞為異，餘得罪同上。」（九〇九頁上）

〔六二〕尼中非無，且削略之　資持卷中四上：「初句顯具示同僧故。次句指略，明非用故。」（三四六頁下）簡正卷一四：「謂尼對僧二十六戒中，十戒無境想，謂：婬、觸、麤語、歎身、二房、讚食、日暮、足食、勸足，此十既與僧殊，故無境想。餘十戒與六，大僧同，可知。麤、摩觸、染心、衣食，別有境想，成十八戒有，故云『非無』。鈔欲離繁故，且削略之。」（八五五頁下）鈔批卷二二：「立謂：戒，尼五篇中與僧同戒者，於僧上二十六戒中除十个戒。頌曰：婬觸二房麤，歎讚教足勸。一、婬，二、摩觸，三、無主房，四、有主房，五、麤語，六、歎身，七、讚歎食，八、教授日暮，九、足食，十、勸足食，尼無此諸戒。餘十六戒，與大僧同：殺、盜、妄、媒、迴、說、掘、壞、非、殘、不受、二虫、酒、覆他麤、發諍。謂殺、盜、妄為三也，四、媒嫁，五、迴物，六、說麤罪，七、掘地，八、壞生，九、非時食，（九〇九頁上）十、殘宿食，十一、不受食，十二、飲酒，十三、十四、飲用虫水，十五、覆他麤罪，十六、發諍。此是可（【案】『可』疑『大』。）僧同者，境想如此。其不同者，唯二戒有境想，謂『摩觸戒』及『受染心男子衣食戒』也。『摩觸』五句：一、人

男人男想；二、人男人男疑，蘭；三、人男非人男想，蘭；四、非人男作人男
想，蘭；五、非人男疑，蘭。『染心衣食』，四句：一、染污心染污心想，殘；
二、染污心染污心疑，蘭；三、染污心染污心想，吉；四、不染污心疑，吉。
將此二不同戒，配前同戒有十六，成十八戒有境想也。對有二十一，謂盜、
媒、壞、生，各有二重，長得三不（【案】不？）三，配十八，是二十一。今
鈔不明，故言削略。」（九〇九頁下）

〔六三〕**已如初述**　簡正卷一四：「如前云：『縱有缺文，但多是略耳』，故云『如初述』。」
（八五五頁下）鈔批卷二二：「謂上云約僧律本是也，謂今且約僧戒明也。立
云：如前制意中，明縱有缺文，但多是略耳。」（九〇九頁下）資持卷中四上：
「指前制意，義具文略故也。若據尼戒本，對僧二十六除九戒，即婬、麤語、
歎、身、二房、讚食、日暮足、食勸足，（婬中不出下八，並不同戒。）餘十
七戒，并『染心衣食』，並具出境想。」（三四七頁上）【案】「已如初述」見前
「制意」節文。

〔六四〕**通對前五**　簡正卷一四：「謂前五位明其犯境。今據律中，除二十六戒外，餘
皆無句法。今還對前道理辨無，或道理無，或部主及譯者略卻。」（八五六頁
上）鈔批卷二二：「謂律本三篇戒中，所以無境想者，或是理無，謂道理令無，
今更釋所以也。言通對前五者，謂上第二汎明境界門中有五位，今明無境想義
還約五位而明，『略無』『理無』等，故言『通對前五』也。」（九〇九頁下）
資持卷中四上：「明無中，除前戒外，自餘二百二十四戒，律並不出，故準前
五境，辨其所以。無有二種：義不可立，名『理無』，事必須具，名『略無』。
『理無』又二：一、犯境通遍，理不須立，如漏失是；二、對戒境別，理不可
立，如婬、盜無法想是。『略無』亦二：通理略者，名『或略無』，如漏失或
（【案】『或』疑『戒』。）；『一向略』者（【案】『一』疑『二』。）（三四六頁
下），名『定略無』，如謗奪等。準此，『理無』亦應有二：一、『或理無』，即
漏失；二、『定理無』，如餘戒無罪想。如是先分，入文易見。」（三四七頁上）

〔六五〕**內報無**　鈔批卷二二：「此約情明故，還呼人為內報，同前也。解或是『理
無』，如漏失觸緣斯犯等者，故失不淨戒，約一切情非情境。然色風水，皆得
為境，豈有境差，而辨輕重，或開不犯耶？故不須明境想，此是理無。」（九
一〇頁上）

〔六六〕**或是「理無」，如漏失戒，觸緣斯犯，何須境想，以階犯位**　資持卷中四上：
「『或』下，釋。又為二。初明『理略無』。理無可會。」（三四七頁上）簡正

卷一四：「如漏失戒，對一切情、非情等境皆犯。何要句法？蘭之故，理略無也。」（八五六頁上）鈔批卷二二：「言以階犯位者，謂漏失觸境，即階其犯位也。」（九一○頁上）

〔六七〕或可「略無」，以道想，若疑，但得蘭罪　資持卷中四上：「『略無』中，先準婬戒後二句為例，即非道道想，及疑在婬為境差，漏失即想差。反例須有。」（三四七頁上）簡正卷一四：「謂前漏失戒，合有境想。言非道作非道想，若疑但得蘭罪者，謂雙約本異二境說，方可子細。『非道』是本境，（分多、半分壞女是也。）是僧殘家境故；『正道』為異境，（少壞女等。）是波羅夷境。今前境是『非道』，初往造時明白，亦作非道想，行至中途，轉作少分壞女『正道』之想；或可『正道』疑之時，且結『非道』家想，差方便蘭。從轉想了，作『正道』想、疑，與境合時，無是『非道』，虛起『正道』想邊，又結蘭罪。明知，『漏失』合有境想，文無是略。若准鴻記，非道想、疑，但是初戒闕緣蘭，不犯殘者。（但收得『後心』，虛起正道蘭。全未論本境上罪。）應云：一、非道非道想，殘；二、非道作道，疑；（『前心』本境蘭，『後心』本異，二境各蘭，並謂有半心，故雙結也。）三、非道作道想；（『前心』本境蘭，『後心』異境蘭。）四、道非道想；（『前心』異境蘭，『後心』本境亦蘭，異境上得夷。）五、道非道疑。（『前心』異境蘭，『後心』本境亦蘭，謂虛起疑心，故異境上便結夷罪。）謂此漏失，以『非道』為本境，『正道』是異境也。（八五六頁上）理合但約本境前心說，前一得殘，後得四蘭。若本異雙說，本境一殘七蘭，異境兩蘭兩夷，不得單約異境異境（原注：『異境』二字疑衍。）。」（八五六頁下）鈔批卷二二：「此更釋上漏失戒，亦可今有境想，如於三趣正道作非道想、疑，而作漏失，望漏失邊，但得闕緣。當知和（原注：『和』字疑剩。）今有境想。今故引條部律中明其有也。此言『或』者，謂『容可』爾，是不定詞也。謂何妨有境想也。以道想若疑者，立謂：上雖言『理無』，今言不然，亦是『略無』。如漏失，非道作道想，若疑，但得闕緣，蘭。故知食有境想，即下引條部『非道』作『非道想』，又不疑，只得殘，定是『略無』，謂據條部中，既有此言，或容有境想，故言或可『略無』。上言以道想若疑者，謂非是『正道』作『正道』想，疑。於中漏失，名為心不稱境，故得『闕緣蘭』也。若『非道』『非道想』不疑，方得殘，乃是心境相應。若作道想，非殘境故，成『闕緣蘭』也。立謂，條部云：非色（原注：『色』疑『道』。）色（【案】『色』疑『道』。）想，蘭；非道道疑，蘭。雖有想疑，皆謂約本境上作句，

無異境句也。」（九一〇頁上）

〔六八〕**非道想，不疑，殘** 資持卷中四上：「後引條部明文為證。謂非道作非道想，『不疑』，即是漏失，心境相當，故知必有想、疑等句。（準疏上是古解，下即今義，疏中不取。此猶雙存。）」（三四七頁上）

〔六九〕**略無** 鈔批卷二二：「謂道理今有，律無是『略』。」（九一〇頁下）

〔七〇〕**謗** 鈔批卷二二：「『謗』謂謗戒，但局謗大僧及尼，殘。謗下三眾，則將故，應（【案】『應』前疑脫『理』字。）今有，境想今無，是『略』。」（九一〇頁下）

〔七一〕**奪** 鈔批卷二二：「『奪』者，謂奪大比丘尼衣，得提。奪下三眾，但去（原注：『去』疑『吉』。）。理今有境想，文無是『略』。」（九一〇頁下）

〔七二〕**兩舌、毀呰** 鈔批卷二二：「對下四眾，得吉羅，但對大僧得提，故今明有境想。」（九一〇頁下）

〔七三〕**嫌罵等** 鈔批卷二二：「謂罵知事人也。若知事知事想，可得提。若知事非知事想疑，今輕應有，境想文無，是『略』。」（九一〇頁下）

〔七四〕**局此境犯，應有境想，文無者略** 簡正卷一四：「局此境犯者，如謗大比丘及尼，得殘；奪比丘衣、兩舌、毀呰比丘、嫌罵白二差者，得提。若對餘眾，得吉，應合蘭之。文無者，是『略』耳。」（八五六頁下）鈔批卷二二：「謂局是所謗、所奪、所毀等，比丘之犯境也。若差別是闕緣，今輕既有輕重，應須境想。今為文無是略。」（九一〇頁下）

〔七五〕**外事「略無」** 簡正卷一四：「『屏』『露』兩敗（【案】『敗』疑『敷』。）僧物，是便犯，應云『僧臥具』。僧臥具等作非僧物想，即不犯。露地燃火即犯，覆處不犯。藏大比丘衣即犯，下三眾但吉。並合有之，文無是『略』耳。」（八五六頁下）資持卷中四上：「『外事』及『時』，唯一『略無』，法罪兼『二無』。或可上二局約當境，望餘戒不通，皆有『理無』。如婬、觸等，不對敷具，不限時節。準如罪中，並通此說。」（三四七頁上）

〔七六〕**如屏露二敷、露然、藏衣等** 鈔批卷二二：「謂約非情外事也。謂『露敷僧臥具』及『屏敷僧臥具』，此二今有，境想文無，是『略』。只如露處露處想、覆處覆處想等也，可僧物非僧物想等、屏處屏處想疑等、敷作不敷想疑等，是也。『露然』者，露地然火戒也。謂露地露地想疑，然火然火想疑等，或可作露處想，不犯。『藏衣』等者，謂藏他衣也，合云藏作不藏想，則不犯之。法中理無。」（九一〇頁下）

〔七七〕**法中「理無」** 資持卷中四上:「(麤語、媒嫁,各前一,二房各前一,共四重。)」(三四六頁下)【案】本節分二:「理無」和「略無」,「略無」又分四。

〔七八〕**以無所對法故,如殺、盜等** 簡正卷一四:「如煞、盜二戒,但命斷離處即犯,不約法論,故對法『理無』也。『若爾,如教人煞、盜,豈非是法?』答:『正口教時,未成犯故,待彼身業作時方犯,亦非法也。』」(八五六頁下)鈔批卷二二:「謂如殺、盜等戒,無別所對之法,豈得約法辨其境想!(九一〇頁下)如似龜體無毛,何得問龜毛之長短!盜本無法,何得約法明想?但是對事明『境想』也。有云:殺、盜對法,無境想者,亦是隱其法邊,偏約事上,以明境想。且如教人殺、盜,假言彰口,約此口言,豈非是法!如『教作不教想疑』等也。今言『無』者,直取自作,隱其教人之業,或可定『理無』。然雖教人所教之作其前事,亦無法可對也。景亦云:此舉無法,一往而言,且如歎死犯殺,豈非法耶?」(九一一頁上)

〔七九〕**大小二妄** 資持卷中四上:「初,列諸戒。『二妄』即自稱法。(『大妄』但出人、非人句,不出法句。)」(三四七頁上)鈔批卷二二:「有云:明大妄,今有對法明境想。今律文中,但是對前趣所誑之人明其境想。准今有法,以明境想。『境』謂『聖法聖法想疑』等句也。小妄,即自語之法不犯。要誑又(原注:『又』疑『人』),方今約自語之法當有境想,文無者『略』。且隱法邊,直明所誑之人,以明境想。礪有此意。」(九一一頁上)簡正卷四:「大小二妄,既約言了結罪,即合有『法境想』,謂:聖法聖法想、妄語妄語想等,合有『略無』也。」(八五六頁下)

〔八〇〕**諫** 資持卷中四上:「『諫』是他作法。」(三四七頁上)簡正卷一四:「諸諫者,謂『四違諫』。『隨舉』即隨順,被比丘及沙彌並約他所作法為犯境,謂『諫作諫想』、『舉作舉想』等合有,境想文無,『略』耳。問:『大妄語,據(八五六頁下)律已有想境,前文亦云初篇四戒,今何言無?』答:『前約事對所誑人以論,如人作人想誑。若於法上,全未曾說,故重明也。』」(八五七頁上)鈔批卷二二:「謂諫戒,皆僧為作法竟,故在此門中明也。謂對此作諫之法,今有境想,『諫作諫想疑』等句文無者,是『略』也。」(九一一頁上)

〔八一〕**隨舉** 資持卷中四上:「『隨舉』即治法。」(三四七頁上)鈔批卷二二:「謂比丘惡見生,僧為作治法,隨順此惡見比丘,應有境想。謂對此被治得法之人,舉作舉想疑等句,文無是『略』。」(九一一頁下)

〔八二〕**僧祇二隨,咸有境想** 鈔批卷二二:「諸隨順被舉比丘、隨順被舉沙門,此由

眾僧法故，（九一一頁上）而隨得提。故須約法，須有法家境想，此律『無』者，略也。祇文具有境想。案祇文云：隨順被舉比丘，境想四句：一、舉不舉想，隨順無罪；二、不舉舉想，隨順吉；三、舉作舉疑，隨順提；四、不舉不舉想，無罪。隨擯沙彌，亦有四句：一、若駈不駈想，無罪；二、不駈駈想，吉；三、駈作駈疑，提；四、不駈不駈想，無罪。（引祇文者，證今有也。）」（九一一頁下）簡正卷一四：「但祇無『疑』句，唯有『想』句，鈔引此文，彼既有，證此文無，但是『略』耳。」（八五七頁上）【案】此釋文中「二隨」者，即指一比丘，二沙彌。僧祇卷一八，三六九頁上。

〔八三〕**媒、麤等反此，故有「法想」**　資持卷中四上：「次引『媒麤』，反例『二妄』。由同有語法，而『二妄』皆無，媒麤獨有，故云『反此』。」（三四七頁上）簡正卷一四：「謂律中媒、嫁、麤語，今有『法想』。今文無者，定是『略』也。」（八五七頁上）鈔批卷二二：「高云：謂今此反上『理無』，又以文有，反上『略無』，故曰『反此』也。上無『理無』，如殺、盜等，由無法可對，故於此約法門中，名為『理無』著（原注：『著』字未詳。）。若大小二妄，及諫、隨舉等，皆是約法。今有境想，文無者『略』也。今媒、麤者，則約法上有境想，不同前『理無』及『略無』，故云『反此』。謂麤、媒等，有所對法，可為『境想』，故反上盜、媒等『理無』之文也。如媒、麤等，並有兩重境想：一、約事，二、約法。明境想，如前辨數中述也。有人解與解上解（【案】此句疑有冗字。），今明云『媒麤』，反此故有法想者，謂其媒麤則是約法為『境想』，故知『無』者是『略』也。如『媒』中前五句云『媒嫁媒嫁想疑』，則是約法也。『麤』中四句云『麤語麤語想疑』等，則約法為境為（【案】『為』字疑剩。）想也。此解同前，亮釋為正也。」（九一一頁下）

〔八四〕**亦可觀作觀想、諫作諫想**　簡正卷一四：「謂律發『四諍戒』，是他所作（原注：『作』下一有『法』字。），具有法想。謂發之人，作如法想，即觀作視（【案】『視』疑『觀』。）想，發舉得提。謂眾僧善觀滅諍，自又作善觀相，發舉。既得提，即證諸諫亦是他所作法。眾僧如法諫我，我又作如法諫想，故心違者，方結殘或提，故云『亦可』等。」（八五七頁上）鈔批卷二二：「謂是發『四諍戒』。律有境想者，是約諍事作耳，亦合約法作，應言『觀作觀想，滅作滅想疑』等勿（原注：『勿』字未詳。【案】『勿』疑『句』。）也。則是約法明境想，文中雖『無』是『略』。『諫作諫想非法』等者，謂諫戒，皆是僧所作法。今約此法，合有境想、諫想疑等也。」（九一二頁上）資持卷中四上：

「後引發諍，別例諸諫。由僧斷諍，類同設諫。斷諍既具，諫亦須有。」（三四七頁上）

〔八五〕**理有略無** 簡正卷一四：「謂若眾僧如法滅諍，比丘不善觀想等，亦不犯根本，但方便吉。即證諸違諫，眾僧雖作如法羯磨諫，我但謂非法諫想等，亦應同彼，不犯根本，但方便吉。此則將彼諫戒他所作法，既有句法，例（八五七頁上）此諸諫，同是他所作法，理合有之，文無，『略』耳。」（八五七頁下）鈔批卷二二：「謂十八法等，今有境想，應言『法法想疑』，乃至『輕重犯非犯』等類爾。今有文言，無是『略』也。」（九一二頁上）資持卷中四上：「『非法等』，示諫作句也。以諫通如非，交絡互歷，應云：如法如法想，殘；如法如法疑，蘭；如法非法想，蘭。」（三四七頁上）

〔八六〕**時者** 簡正卷一四：「如十五日外為『時』；十五日，先曾浴了，今更浴，是『非時』。應云『非時非時想』等。（云云。）或有云：熱時等，亦得。」（八五七頁下）資持卷中四上：「（教尼日暮、非時食，共二重。）」（三四六頁下）

〔八七〕**洗浴** 鈔批卷二二：「謂亦合有境想、非時非時想疑等，律無是『略』。」（九一二頁上）資持卷中四上：「洗浴，即半月浴過也。」（三四七頁上）

〔八八〕**二入聚落** 鈔批卷二二：「謂食前後不囑同利入聚，及非時入聚。今約時明境想，應云『非時時想疑』等也。」（九一二頁上）簡正卷一四：「一、非時入聚落，二、食前後入聚落，亦合約時明境想，應云『非時非時想』，（云云。）『食前食後』等。」（八五七頁下）

〔八九〕**尼覆戒** 簡正卷一四：「鴻云：謂此戒有『麤罪麤罪想』『麤非麤疑』等，合有境想。文無亦略也。」（八五七頁下）鈔批卷二二：「明尼戒中，尼覆他麤夷罪。今明境想，應言『麤罪麤罪想疑』等勿也。文不（原注：『勿』字、『不』字疑衍。）無是略。所以得知？如戒本『九十』中，覆他覆（原注：『覆』疑『麤』。）罪，提。具有境想，尼覆他麤，何得不有！問：『此中何舉尼戒者？』解云：『僧覆他罪想，文有境想，故不得云僧略無也。』」（九一二頁上）資持卷中四上：「上明略無，以戒本中唯『覆說』二戒對罪為境。僧戒皆有故，取尼覆，明『無』。」（三四七頁上）

〔九〇〕**餘戒「理無」，以不對罪** 簡正卷一四：「鴻云：除卻『覆麤』『說麤』二戒有境想，餘戒道理實無，謂無罪可對，不同此二，以罪為犯境。（故云：不以對罪故。）鈔釋云：尼覆他重罪，唯此一戒有餘『理無』，以不對罪故。（若准此說，意云：『覆罪』與『本罪』重，名為對罪。餘戒，僧尼俱有，得罪為犯。

要且不相對故，故云以不對罪故也。恐未似前解，思之也。）問：『何故但舉尼覆戒，不約僧耶？』答：『本謂尼覆罪，無境想，故偏舉之。若僧覆戒，文中自有，何勞更述！』」（八五七頁下）鈔批卷二二：「立謂：除『覆』『說』二戒之外，其餘科一切戒，有何罪而可對？故不得將罪為犯境，而明境想也。」（九一二頁上）

〔九一〕**多少** 簡正卷一四：「『五句』境想是多，『四句』為少。問：『前云定互，此但云多少不着者，定互者何』？答：『若依鴻解，前標互者約古人，標釋中通今師。如古人約（八五七頁下）輕重相望，定五犯，立不犯相形，或五便言定互。今師輕重門及犯不犯門，二位之中，並有四、五，故無定互。（若依此解者，今難云：且今師輕重、犯不犯二位之中，並立三位：一者，定五，二、或四，三、或五。煞、盜二戒，五即齊五，四即齊四。若要煞四、盜五，亦得；要令煞五、盜四亦通。非如古人，煞定五、盜定四。謂二對理齊，文中互說煞五、盜四，此豈非今師定互多少之義！何故妄說古人即有定互、今師但云多少耶？）今意不然。但云：近上廣標，故下略牒，制作存略，無別理也。」（八五八頁上）

【案】「定多少」釋文分二：初，「境想之」下；二、「故約略」下。

〔九二〕**境想之法，或「四」或「五」** 鈔批卷二二：「此明境想之句或四或五，多少不同也。五句曰多，四句曰少。初且依律列句，下則條句多少。」（九一二頁下）資持卷中四上：「第四門，敘由。中三：初，敘立門意，即前圖中四五不定，須辨所以，使通教意。」（三四七頁上）【案】本段分三，初，「境想」下簡列；二，「恐人」下分列；三、「五句如此」句結示。

〔九三〕**恐人未練，且依殺戒，立相列之** 簡正卷一四：「具（【案】『具』疑『且』。）依煞戒者，婬不通境想。盜，律文但四句，唯煞戒具足有五句，今依釋之。又，此五句境想，或約一人說，但前後五度造趣，或約五人說，每句配一人，亦得初句人作人想。」（八五八頁上）鈔批卷二二：「所以約殺戒為輕重位，約盜戒為犯不犯位。此五句中，前一是果，後四是因也。」（九一二頁下）資持卷中四上：「『且』下，列示句法。且約一戒，示其相狀。比前律句，小有不同。前第二云人作人疑，第五非人非人疑，或恐疑涉兩境，故此易之。或不見律，（三四七頁上）傳誤寫錯。請以諸戒句法比之，皆無異轍。雖通上釋，從律為正。」（三四七頁中）

〔九四〕**心境相當** 簡正卷一四：「謂前境是人，又作人想，即心境想當。故律云：人作人想煞，波羅夷。此一是果，無方便。」（八五八頁上）

〔九五〕**人非人疑** 鈔批卷二二:「謂本欲殺人,至彼人邊,忽疑是為(原注:插入『為』字)非人為人?然境因實是人,以心猶預,故曰疑也。以實是人,名為境定,妄疑非人,名為心差,得闕緣蘭。」(九一二頁下)【案】「二」,底本為「三」,據大正藏本及義改。

〔九六〕**境定心疑** 簡正卷一四:「律云:人疑偷蘭遮,亦無『非』字,謂本疑煞人,至彼人邊,疑是非人。以前境實是人,名境定,本期心轉,疑是非人,名為疑心,結本人境上方便。」(八五八頁上)

〔九七〕**人非人想** 鈔批卷二二:「亦同前句,但想心為異耳。」(九一二頁下)

〔九八〕**境定心差** 簡正卷一四:「謂前是人,名境定。本期煞人,行至中途,轉作非人想,差本人想之心,名心差。(已上三句,本境並在。)」(八五八頁上)【案】「差」,音「釵」,意為改變、流轉。「定」即「不差」,「差」即「不定」。或差或轉,故為闕。下同。

〔九九〕**非人人想** 鈔批卷二二:「本擬殺人,非人來替處,心緣非人,謂言是人,便即殺。殺以作,人心不改,故名心定。既是非人來替,名為境差,亦得闕緣蘭。」(九一二頁下)簡正卷一四:「謂本疑煞人,非人來替處,心緣非人,為是於人,便作人想。」(八五八頁上)

〔一〇〇〕**境差心定** 簡正卷一四:「煞心不改,(八五八頁上)名心定。被非人來替境,故云境差。亦結本境闕緣,蘭。」(八五八頁下)

〔一〇一〕**非人人疑** 鈔批卷二二:「是應云『非人非人疑』。」(九一二頁下)

〔一〇二〕**境差心轉,雙闕二緣** 簡正卷一四:「具足應云:非人人疑,謂本疑,然人被非人來替處,即是闕境,名闕二緣。故下文云:非人闕緣境疑,心闕本期,此亦約境差。心轉轉時,結本境上蘭。(已上二句,緣異為本境,五句之內,一果四因,並是本境罪。)」(八五八頁下)鈔批卷二二:「謂本欲殺人,非人替處,至非人邊,即起疑心:為人為非人?境亦差,心亦轉,故曰雙闕二緣。於非人上,生疑是心『轉』。既是非人替本境,名為『境差』。」(九一二頁下)資持卷中四上:「『雙闕』者,非人是『境闕』,疑即『心闕』。」(三四七頁中)

〔一〇三〕**五句如此** 簡正卷一四:「結示令知,是依文中煞戒,具列五句之相如此也。」(八五八頁下)鈔批卷二二:「此上五句,『前三』是本境、『後二』是異境。(須識『本』、『異』,下文懸指。)就五句中,前二後二,得罪則定,唯第三句得罪不定故。或有此句,若『轉想』則成五,『本迷』則成四。由茲一

句，得罪不定。故下文解言：或四、五等是也。（九一二頁下）若識此意，境想可解。五句如此者，謂法上別句文也。」（九一三頁上）

〔一○四〕**由第三「人非人想」，此一不定，故或「四」或「五」** 資持卷中四上：「次，簡辨中。徵意乃推第三，不定所以，不可濫上。『故』下古今兩解，皆為評此第三一句。自餘四句，一向永定，故不在言。」（三四七頁中）簡正卷一四：「『謂徵五句中，故何（【案】『故何』疑『何故』。）盜戒但四、煞戒具五？何以或多或少不定耶？答：『但由第三句人非人想，此句不定。且五句，前後四句決定有罪，唯第三句有無不定。（不要約前三人說，亦好。）只如煞戒，謂轉想有前心蘭及本迷，着非畜有罪境者，亦吉羅，即成或『五』。若本迷杌木，無罪境，此句無罪體不立，但成或『四』，致令不定，此是約今師。但向一戒上，釋成多少。義一戒既爾，萬境皆然。不同古人，向二戒上辨多少，定執律文煞五、盜四也。」（八五八頁下）鈔批卷二二：「所以多少者，將欲解釋，先徵出其所以也。賓云：欲解此門，要知兩義：一者，了知三重相對；二者，懸談此門意趣。只（【案】『只』疑『云』。）三重相對者：一、重輕兩境相對，只（原注：『只』疑『且』。）如『人境』望『非人境』，二境相對為境者，殺皆有罪，名曰重輕門也；又，對畜生，應知亦爾。二者，犯不犯二境相對，且如『有主』對『無主物』，不與而取，名犯不犯門也，不處分等，應知爾。三者，本異二境相對，於中有兩：一者望戒，以說本異。如殺人戒，人為『本境』，縱使始終，迷人為畜，離望本期，畜是本境。今由望戒，即人為本，與上相違，名為『異境』。二者，望本期心以說本異。如本期心欲殺人境，今還對人起殺方便，稱稱（原注：『稱』疑『之』。）為本，起方便後有境差來，始名『異境』，故應了知『本期』『望戒』二種本異。二者懸談此門意趣者。古師一向定判殺、婬、觸、麤語等為『重輕門』，盜、覆、說等為『犯不犯門』。然覆說中，麤想者，非麤一向謂令非，故知亦是則犯門。今師破彼定判之失。且如殺人，人對畜等可是重輕。若對無不（原注：『無不』疑『杌木』。），即犯不犯，故知不定也。盜對無主是犯不犯，對非畜物是重輕，（九一三頁上）亦是不定也。或有唯是犯不犯門，如處分非時等。又，應了知，據律現文境想，唯據本期，本異結罪，亦是唯結本境。鈔中何辨古今意者？欲攝多義，據『本期』及以『望戒』兩種『本異』，既明本罪，亦兼異非，隨應當知。」（九一三頁下）

〔一○五〕**所以爾者** 簡正卷一四：「意道：有何所以第三句不定，便有或四或五耶？

答中，初，敘昔人說非；二，『又』下，顯今師說是。」（八五八頁下）

〔一〇六〕昔解　資持卷中四上：「彼立二義，總判諸戒。初約轉想本迷俱有罪者，名輕重相對。重謂轉想，輕即本迷。二取轉想，有罪本迷；無罪者，名犯不犯相對。犯謂轉想，不犯即本迷。」（三四七頁中）簡正卷一四：「謂雲、暉、願之所解也。古人約輕重相對，唯立一位，定有第三句。如婬正道為重，非道為輕；（八五八頁下）如煞人為重，非、畜為輕。將此輕重二境相對，約本迷轉想，俱有第三，便成定五，但立一位。若犯不犯相對本迷，據不犯有四轉想，據有犯便五，只立二位。又，須知犯不犯輕重義，人、非、畜、杌木四境，前三是犯，後一不犯。又，前三中，人境是重，下二則輕。就前三中，重輕相對，定有第三，成於五句。若犯不犯相對，第三不定，便成或四、五也。」（八五九頁上）

【案】「昔解」一節分二：初，「若輕重」下；二，「若犯不犯」下。

〔一〇七〕若輕重相對，定有第三，故即成「五」　鈔科卷中四：「初，輕重相對，成定五。」（九四頁下）簡正卷一四：「且如煞戒，辨輕重相對者，約人非人說。人是重境迷作，非人是輕境。即此二境，生罪不同，為輕重也。輕重雖殊，俱是罪緣，定有第三。此一既立，故成五句，故云『若輕重』等。」（八五九頁上）鈔批卷二二：「謂昔人云：若論重輕相對，則定有五句，謂如婬戒中，境想第三句云：非道想，亦夷；若殺、妄等，則但得蘭。以此重輕相對而論，故有五句。如婬夷轉想，及本迷並得夷蘭者，如本欲行婬，轉想道作非道想，但與境合即夷，此望境結也。謂此婬、酒，不開想疑故。」（九一三頁下）【案】此處資持釋文中所言「二門」，即「如婬戒」下和「故須第三」下所示。

〔一〇八〕如婬戒，轉想及迷，並得夷、蘭　資持卷中四上：「『如』下，收諸戒。婬戒轉迷並夷蘭者，從境制故俱夷，非道想邊俱蘭。（準婬無輕重，酒戒亦爾。轉迷俱提。）」（三四七頁中）簡正卷一四：「謂婬約境制，轉想本迷，二俱結罪。第三，立定五句。且約轉想論者，謂本期正道，臨至境所，起非道想。與彼合時，還當正道，攬前方便，結一夷愆。望中間起非道想時，得一想差蘭故，雙結二罪。若約本迷說本迷，作非道想時，得闕緣蘭。合正道時，從境得夷。與轉想一種，故云並結夷蘭。已上大途相承釋竟。〔若准繼宗記中，似有異也。謂本期正道，行至中途，起非道想，與境合時，還當正道，結一夷兩蘭。謂正道故，得夷。言兩蘭者，前如初作道正（【案】『道正』疑『正道』。）想，中間轉作非道想，正轉想時，結正（八五九頁上）道家想，差一蘭後，心虛起非道想邊，又結非道家想差一蘭。此且約轉想說也。若約本

迷，正道作非道想，與非道台（【案】『台』疑『合』。）還當正道，正道得夷。本迷非道邊，虛起非道想，闕蘭也。與轉想一種，並得蘭也。今祥（【案】『祥』疑『詳』。）中釋，亦是一途也。〕（八五九頁下）鈔批卷二二：「言蘭者，謂作非道想上結其漏失，境差闕緣之蘭。以其作非道想，即是擬漏失，合結殘。以殘邊闕境，但得蘭，謂實是正道。今作非道想，如於少分壞女上行婬，謂言多壞女也。少分壞即夷境，多分壞即殘境。於中漏失，是境差闕緣。本迷亦爾。迷於正道，作非道想，但入即夷，亦望境結也。蘭、吉者，亦於迷心上結。謂本迷於道作非道想漏失，以境差故，但蘭無殘。酒酒婬夷，轉想本迷，夷蘭者夷。（九一三頁下）謂據七方便中，是想疑疑夷。以婬戒不開，想疑故得夷也。言蘭者，謂七方便中境差蘭也，要須識本意。若境定心差，即曰『想疑』。若境差心定，即曰『境差』。別謂差於心，故曰『境差』。前句是心差，於境曰想疑，通名闕緣也。故下文云：殺、妄、摩觸等轉想蘭吉者，據七方便中，蘭即想疑蘭，吉即境差吉也。望後非人畜生邊得吉，是境差也，境實是也。轉想及迷，謂言非畜，望非人邊，豈非境差？但是異境後心吉，即名境差。若本境上論得蘭者，皆名想疑。若望本境，蘭也，是心差其境。若望異境之，吉，是境差其心也。」（九一三頁下）

〔一○九〕若殺、妄、摩觸、二麤語等，轉想，蘭、吉　簡正卷一四：「且約煞戒轉想說。如本擬煞人，亦作人想，臨至境所，轉作非人想，結本境前心蘭，緣非人想，時有差吉。（中約轉想說。）本迷亦吉者，但於異境上，虛起心吉，餘忘（【案】『忘』疑『妄』。）等，例解也。（若依繼宗記云：後心虛起非人想。又，得非人家境差吉，不許轉作想差吉也。此約轉想，若約本迷說，始終作非人想，不轉本境無作。但緣非人想邊，亦是非人家境差吉也。此解應有理。）」（八五九頁下）鈔批卷二二：「且約殺明。如欲殺人，臨至境所，轉作非人想，即結前方便蘭，此是想疑之蘭，約斷非人命邊，又得吉也。此吉是非人邊闕緣，境差之吉，是殺非人方便罪也。妄者，亦爾，謂本欲誑人，臨至境所，轉作非人想誑，此是想疑，結本人家方便蘭。約誑非人，又得境差方便吉。觸者，本欲觸人女，臨至境所，轉非人女觸，得本人家想疑方便蘭，約非人女邊得境差吉。二麤者，本歎於人女，說麤歎身，臨至境所，轉為非人女想歎說等。（九一四頁上）但得人家方便蘭，望非人女邊又吉。此五個戒，並約轉想，對非畜故。望前心本境上結蘭，後心異境上結吉。若約轉想，兀及無主物等差別，則但合前有心本境上，想疑之蘭，則無後心異境之吉，乃成犯不犯門之義，故須對非

畜想轉也。」（九一四頁下）資持卷中四上：「二麤即麤語，歎身。『等』取媒、嫁、（媒、麤並人想，五句。）殺等六戒，並緣非人，皆有輕重。轉想蘭吉是重，（前心蘭，後心吉。）本迷唯吉，即輕。」（三四七頁中）

〔一一〇〕本迷，亦吉　鈔批卷二二：「此既本望本境無異（原注：『異』疑『罪』。）。但望異境有吉。此既言本迷亦吉，則知無方便蘭，則是非畜境差吉也。謂本來即迷人作非畜等，就斷非畜命邊，但得闕境方便吉。以無心殺人，人死（原注：『死』字原本不明。）故無罪，望非人又是闕境。以不具故，即是境差，故但吉也。」（九一四頁下）

〔一一一〕故須第三，以成五階　資持卷中四上：「『故』下，結示定五。此門兼上婬、酒，總收八戒。」（三四七頁中）簡正卷一四：「結成五句意也。謂據轉想本迷，對非、畜等，有罪境約轉想辨，或蘭或吉，並有第三，以成五句也。（已上敘古人，輕重義竟。）」（八五九頁下）鈔批卷二二：「謂約如上諸戒而明義者，雖輕重不同，莫非有罪，則有第三句。以此句有罪，故成五句。」（九一四頁下）

〔一一二〕若犯不犯，二境相對，不處分、盜等　鈔科卷中四：「『若』下，犯不犯，成或四、五。」（九四頁下）簡正卷一四：「謂約犯不犯境想，對作境想，便成或四、五『二位』。不乞處分造房戒及盜，以明四、五。」（八五九頁下）鈔批卷二二：「二境即如下明：一、約不處分，一、約盜戒，故言『二境』。此位即成或四、五，謂將犯不以相對，故成或四、五。如盜戒則無第三句。若立第三句，應言有主、無主想，則全無罪，故不立第三。此約本迷，故但四句。若如不處分者，此約轉想，則有五句，謂第三句云不處分、處分想則蘭故，（九一四頁下）即成五句。」（九一五頁上）資持卷中四上：「犯不犯中。初標示。『不處』等者，二房七重，掘地、壞生二重，日暮非時、媒嫁法想。此等，諸戒律中並約轉想，前心有罪，故有五句，則名為犯。若約本迷，始終無罪，止有四句，則為不犯。盜、戒二重，麤語、法、想、迴僧物、二麤罪、二虫水、尼讚、食足、勸殘宿不受、發諍。此等，律據本迷無罪，止出四句名不犯。若據轉想，須有五句。」（三四七頁中）

〔一一三〕盜戒即「四」　簡正卷一四：「謂盜戒即四句，第三句有主無主想不犯，以本迷故。全落開通，唯成四句：有主有主想，夷；二、本迷有主無主疑，吉；三、本迷無主有主想，吉；四、本迷無主有主疑，吉。」（八五九頁下）資持卷中四上：「『盜』下，顯相，略舉二戒，餘皆例準。初，盜戒注中，即示律文不出之句。以非罪緣，本迷無罪，故無此句。」（三四七頁中）

〔一一四〕**有主、無主想** 鈔批卷二二：「一切是第三句，與此句無罪，故推此一句置於開通文中，所以盜戒，唯四句耳。」（九一五頁上）

〔一一五〕**不處分具「五」** 簡正卷一四：「謂第三句，不處分、處分想有犯，謂轉想，結前心蘭。此句既立，亦成五句：一、不處分不（八五九頁下）處分想，殘；二、不處分處分疑，前心蘭、後心吉；三、不處處分想，前心蘭、後心無罪；四、處分作不處分想，前心蘭、後心吉。（此句難會，章記不明。今略辨之，如造房時，本無心乞法，臨成之日，卻發心從僧乞處分。處分竟，卻轉作不處分想，致有前心蘭、後心吉。下句例此說，此是細處，少有人明。）五、處分作不處分疑，前心蘭、後心吉。五句如此。」（八六〇頁上）鈔批卷二二：「謂約轉想，結前心蘭。下當解也。所以約盜及處分二境明者，為律文中，盜戒約本迷但有四句，不處分是轉想故有五句，今依律文出。若約理而論，只將一境作轉想，本迷亦得，今欲通律文。故須引二境來。」（九一五頁上）

〔一一六〕**不處分、處分想** 資持卷中四上：「注顯律本現有之句，轉想前心有方便罪，故立此句。」（三四七頁中）

〔一一七〕**「五」謂轉想，有前心蘭** 簡正卷一四：「謂不處分，理合結根本僧殘。」（八六〇頁上）鈔批卷二二：「謂卻結上不處分之位也。謂其不處分具五句者，是約轉想也。此明何故具五句，由有本方便之蘭，明其本方便不乞處分，後轉作處分想。雖不犯根本殘，仍有前心蘭罪也。」（九一五頁上）

〔一一八〕**「四」約本迷，二境全無罪** 簡正卷一四：「全無罪者，謂盜戒四句，約本異二境全不犯。一有主物迷，作無主想，於有主物邊，一境無夷；又，作無主想，又無吉羅，望境有本迷是一。故云二境全無罪也。（已上敘古人犯不犯義竟。）。」（八六〇頁上）鈔批卷二二：「約上盜有四句，由本迷故，無方便罪，所以境想無第三句。言二境全無罪者，猶是結上，盜約四句，是本迷也。二境者，本異二境也。若有主本迷，作無主想不犯，此曰本境；若實無主想無犯，此曰異境。故言二境全無罪也。」（九一五頁上）資持卷中四上：「二境者，本主無心，無主無過。此門總收二十戒。（媒、麤，通二門。）」（三四七頁中）

〔一一九〕**以此義「五」** 鈔科卷中四：「『以』下，結示。」（九四頁下）資持卷中四上：「『此義』即上輕重義。『五』上合有『定』字。」（三四七頁下）簡正卷一四：「次，總結二位。言『以』至『五』者，結輕重及犯不犯也。謂以重輕相對，義故『五』。更借此兩字，應云：以此犯不犯義，或四或五二門之中，方立三位。」（八六〇頁上）鈔批卷二二：「只是實更重結上『不處分』

是轉想故，以此義故，具五句也。有人云不然：上言五謂轉想，以是結竟，何須重結？必如先解。下云若犯不犯或四、五，重結何處？（九一五頁上）何故將此以義？故則獨是重結不處分也。若犯不犯，則通結盜有犯不犯者。既結盜有犯不犯，亦今結不處分有犯等。為古師無此兩句故，便（【案】『便』疑『使』。）解者不正耳。故今正解。此總明二門竟，將此兩句來結此義。『五』卻結前輕重門，謂念作如此兩門明義，前輕重定『五』也。」（九一五頁下）

〔一二○〕若犯不犯，或「四」或「五」　鈔批卷二二：「則是卻結後犯不犯門或四或五不定也。本迷則四，轉想則五也。又解，重輕之中位有三種者，謂此下破上古人所說義也。今約上殺位輕重中，自有三種，謂定五、或四、或五，為三種也。謂律文雖約殺戒作輕重門，將盜戒作犯不犯門，蓋律文互舉耳。考理而言，各有三位，前雖『重輕』定五、『犯不犯』或四或五，此下從『又釋』（【案】『釋』疑『解』。）已去，則欲和會兩文一種，皆得三位。高云：此師意破前也，謂我於一門之中，即具有三位，謂：『輕重門』及『犯不犯門』，各有轉想，之（原注：『之』疑『定』）五；『迷』或四、五，故成其三。不同前古師。於二門中，今也（原注：『也』字疑剩。）成三位也。上古師約『輕重門』定有第三，故成五，若『犯不犯門』，則或四、五，故二門共成三位也。」（九一五頁下）資持卷中四上：「或四五者，隨就一戒為言，非謂『盜』『房』相對而說，傳誤久矣。（三四七頁中）（須知，上論轉想、本迷，唯說第三一句。恐忘故，重示之。）今解似取他義，故不標，今此師大判第三一句。若望轉想，一切俱有，故為定五。若是本迷，有結罪者，則為或四五。若無罪者，則一向四句，不具三位。」（三四七頁下）

〔一二一〕又解　鈔科卷中四：「『又』下，示今解。」（九四頁中）簡正卷一四：「次敘今師義。言又解者，今師重釋也。謂上古德所立，於輕重中立一定五，如犯不犯，便立或四或五二門，共立三位，未為盡理。是故，今師只向古人輕重門中自立三位，約轉想立定五；本迷，或四或五；俱成三位。又於古人犯不犯門，古師本約轉想即犯，便成或五（八六○頁上）；本迷即不犯；以成或四。今師退就犯中，轉想、本迷俱犯，即成定五，亦成三位，全異古也，別釋也。」（八六○頁下）【案】「又解」下分二：初，「又解」下；二、「又復上」下。初又分三：初，「又解」下；次，「此即」下；三、「又且」下。

〔一二二〕重輕之中，位有三種　鈔科卷中四：「約本異二境通三位。」（九四頁中）資持卷中四上：「輕重中。初總示，通三位。」（三四七頁下）簡正卷一四：「謂

如煞戒，人境即重，非、畜即輕。今於輕重中，總標三種轉想，定五；迷，或四、五不同。古師一向定五，今師三位俱通。故輕重之中，位有三種。」（八六〇頁下）鈔批卷二二：「謂此下破上古人所說義也。今約上，殺位輕重中自有三種，謂定五、或四、或五，為三種也。謂律文雖約殺戒作『輕重門』，將盜戒作『犯不犯門』，蓋律文互舉耳。考理而言，各有三位，前雖『重輕』定五，『犯不犯』或四或五。此下從又釋已去，則欲和會，兩文一種，皆得三位。高云：此師意破前也。謂我於一門之中，即具有三位。謂『輕重門』及『犯不犯門』，各有轉想之五；迷或四、五；故成其三。不同前古師，於二門中，今也成三位也。上古師約『輕重門』定有第三，故成五。若犯不犯門，則或四、五。故二門，共成三位也。」（九一五頁下）【案】本節正明三位，分二：初，「重輕」下；二、『若對下』下。

〔一二三〕若轉想定「五」，迷或「四」「五」　簡正卷一四：「言若轉想定五者，謂人非人想煞，臨至境所，轉作非、畜、杌木想，猶得前心方便想差，蘭罪。第三既立，便成定五，即如婬夷，轉想及迷，並結夷蘭。古人同之。定五，如煞、妄、摩觸等，轉想結前心蘭。今師約此轉想，決定有罪定五，未論迷心，迷心有無未定，以所定五之中未說。言迷或四五者，總標兩位也。」（八六〇頁下）鈔批卷二二：「若轉想定五者，此解上文。謂轉想結前心蘭，故定五也。（九一五頁下）如殺人進趣，步步得蘭。後至彼境，即作非人想。若止不殺，則有前方便蘭。若殺，亦有前方便蘭，故定有五。迷或四五者，是其外本迷則有二：謂若對非、畜想，迷約異境，猶有吉罪，故是或五；若對無情杌木，則無罪。此即但四，故曰或四。」（九一六頁上）

〔一二四〕云何或「四」「五」　簡正卷一四：「且煞戒，律文轉想，自有五句，古師局執，約『轉想』、本迷『輕重想』對，唯立定五，無或四五。今師便於輕重門中，更立或四、五者，未審約何義立。故先徵云：云何或四五也。」（八六〇頁下）鈔批卷二二：「四、五之意，其相何以，故曰『云何』。欲釋其迷，或四五之義也。若對非畜起迷，後心有吉，還成五句，對杌起迷無犯，所以唯四。」（九一六頁上）資持卷中四上：「『云』下，別明或四、五。初中，準前八戒，婬、酒唯定五，則無或四，餘六通三位。問：『輕重門中必約有罪，今通或四，即是無罪，何名輕耶？』答：『本迷無犯，亦約造事。教相所開，不妨輕義。』別明中。轉想定五，易故不明。迷或四、五，難故須釋。」（三四七頁下）

〔一二五〕如對二趣犯境起迷，由有吉羅故，為斯具「五」　資持卷中四上：「『如』下，

引釋。初，就本位以明，上約非、畜明，或五。如對人作非人想、或畜生想，皆是罪緣，故有吉罪。」（三四七頁下）簡正卷一四：「謂約第三句說。如前境是人本迷，作非、畜想，於人境上雖無罪，且有煞非、畜心邊，吉羅。第三句立便成，或五也。」（八六〇頁下）鈔批卷二二：「即非人、畜生，曰二趣也。殺此二趣，亦得罪，故曰犯境。」（九一六頁上）

〔一二六〕**想對無情，一切無犯，是以但「四」** 資持卷中四上：「下約無情明或四。如人作杌木想，皆非罪緣，故無有罪。此通六戒，俱有三境，故不別舉。」（三四七頁下）簡正卷一四：「謂煞戒第三句本迷，人作杌木想煞，人境無夷，杌不（【案】『不』疑『木』。）無吉。此本異二境，（八六〇頁下）全無罪故。此句不立，但成或四。（本迷四句，前一是夷，下三唯吉，如前說。）」（八六一頁上）鈔批卷二二：「謂迷想謂兀，殺則無犯，故有四句。」（九一六頁上）

〔一二七〕**如似覆、說，類前亦爾** 簡正卷一四：「謂破古人將覆說在『犯不犯』或四或五中，明今將來『輕重門』中類前煞戒，轉想定五，本迷或四、五，今覆說亦爾。若轉想有前心吉，即成定五。本迷有二：若迷作下三篇覆說者，由有吉羅，便成或五；若迷全謂非罪而覆說，即第三句全無罪，便成或四。與前煞戒三位不殊，故云『亦爾』。」（八六一頁上）鈔批卷二二：「此下破古師立覆說，唯是『犯不犯門』。今辨覆說對下三篇成『輕重門』，此破古判之失也。謂將此覆說二戒同前『重輕門』殺戒明，或五句，義理相似，故云『類前』也。謂如說麤、覆麤，若全謂非罪而說故無犯，若作下三篇罪想而覆說者，即合得吉，亦應五句。今此覆說既四句者，類前言想對無情，一切無犯，是以但四。類上此言，故曰『類前亦爾』。律中，據謂作非罪而覆說，但有四句。若作下三篇說，理今有同上本迷或四五者也。（九一六頁上）上則迷想對非、畜，即有五句，若想對無情則四句，今覆說亦然。若想作下三篇說，則有五句，若全謂非罪，則唯四句，義類相同。」（九一六頁下）資持卷中四上：「『如』下，次引後門類說，覆說四句，亦通三位。說麤戒，云除麤罪；（夷殘。）以餘罪說，（提等。）吉羅。（覆麤文同。）上二望下，故云『對』也。此則迷重為輕，有犯吉罪，合為五句。開通即不犯文。彼云：非麤罪想說，不犯。（覆麤亦同）。此則迷有為無，一向無罪，故但四句。」（三四七頁下）

〔一二八〕**若對下三，輕重應五，然落開通，此是全謂非罪，而覆說者，無犯** 鈔科卷中四：「『若』下，犯不犯三位。」（九四頁下）簡正卷一四：「應先問曰：『覆說三位，類前煞戒者，初轉想定五易知，若或四五，其如何？』『鈔答云，

對下三，輕重應五等者，意道：若對下三篇覆說，猶有吉羅。第三句立，則具五也。若迷上二篇，麤罪全作，非五篇罪想而覆說者，此則落間通中，全無犯。第三句不立，但成或四，故云然是本迷等。』（八六一頁上）資持卷中四上：「『上二』望下，故云『對』也。此則迷重為輕，有犯吉罪，合為五句。開通即不犯文。彼云：非麤罪想，說不犯。（覆麤亦同。）此則迷有為無，一向無罪，故但四句。」（三四七頁下）鈔批卷二二：「然落開通，此是全謂非罪而覆說無犯者，此意道，覆說二戒，律中開通，據意中，謂全無犯之者，若覆若說，故開無罪。我今盜戒，將有主無主想，亦推置後開通文中，明不置第三句中者，為其無罪。猶如覆說，謂非罪而說，亦在開通文中也。欲明覆、說二戒，要是全作非罪想覆說者，則落開通。若作下三篇想，而覆說亦吉，故知覆亦有或四五也。」（九一六頁下）

〔一二九〕然是本迷，或「四」或「五」　資持卷中四上：「『然是』下，結示。更兼轉想定五，還成三位。」（三四七頁下）鈔批卷二二：「謂更結上覆說二戒之罪義。今或四或五者，由是本迷故也。謂前人實犯重，今本迷作非罪而覆不犯，是故但四。若本迷，作下三篇想而覆說者，則吉，是故有五。故言或四、五也。若准此義，犯不犯位，亦有三別。」（九一六頁下）

〔一三〇〕若準此義，犯不犯位，亦有三別　資持卷中四上：「次門，三位。初，標示同前。」（三四七頁下）簡正卷一四：「謂上覆說二戒，本是犯不犯。今引來輕重中，約義類其煞戒，同有三位之義。今將古人所執，犯不犯門中，如煞戒等，亦合有境想定五，本迷或四、五之三位也。」（八六一頁上）鈔批卷二二：「謂准上所論覆說之義。古師雖作犯不犯位，（九一六頁下）然此犯不犯位亦合有五句，同其重輕位中具五句也。言亦有三別者，謂犯不犯位中，亦合有輕重定五，迷或四、五。」（九一七頁上）【案】本自然段是第二「犯不犯門」，上段為第一「重輕門」。本句為標示文句。

〔一三一〕如上重輕，應本定「五」，進就不犯故，即成或「四」「五」　資持卷中四上：「『如』下，對昔顯今。前師偏立，今並反之。初，示前門。『如上』即指前昔解。諸戒不犯在後，故云『進』也。」（三四七頁下）簡正卷一四：「謂如上煞戒，人境重，非、畜輕，古人約此輕重相對，轉（八六一頁上）想本迷，皆有罪，故作『定五』故。云『如上重輕，應本定五，進就不犯』者，謂煞境有四：一、人，二、非人，三、畜生，四、杌木。前三犯，後一不犯。今就人境上，作非、畜二趣，犯境起迷，猶有吉羅，故成或五。今更進就最後杌木不犯境起

迷想者，全無罪故，便成『或四』。今師向古人輕重門中，據本迷說，得成『四』『五』二位。今雙牒來，以為成例，故云即成『四』『五』者。(『輕重門』中，既爾今約古師盜戒犯不犯，對轉想即五，本迷即四，今還就犯中轉想，本迷俱五也。)」（八六一頁下）鈔批卷二二：「如上重輕應本定五者，謂生起『犯不犯門』意也。謂上『輕重門』說有三位，我今明『犯不犯門』亦合三位也。其『犯不犯門』亦合有輕重，『輕重門』亦合有犯，故得齊有三位也。……言如上重輕應本定五者，謂今『犯不犯位』亦同『重輕位』中，約轉想有『定五』。若近就不犯中，想對無情，則成『但四』。若想對有主物，故亦成五，故知『犯不犯門』亦有三位也。今言如上重輕者，重牒前重輕門意。上重輕位，約轉想既『定五』，若近就不犯中想對無情，則成『但四』。若想對非、畜，故又成五。言『應本』者，呼律文為『本』也。進就不犯故即成或四五者，謂近向後開通文也。如讀經書，向後曰進。今謂向後開通文中，名為『進就不犯』也。然此輕重想，對第三句作非人想，在犯位中。今若作兀想，即是從『犯中』進就『不犯位』中，故曰『進就不犯』等也。」（九一七頁上）

〔一三二〕今犯不犯，如盜戒中，本是或「四」「五」　資持卷中四上：「『今』下，正明今位。如『盜戒』者，亦指前解。」（三四七頁下）鈔批卷二二：「此約盜戒中，若進向下文，唯開通中無主想取，異提；想取，不犯。『不犯』謂本迷，故四句。若約轉想，則有前方便蘭，故五也。故言盜戒本是或四、五也。」（九一七頁上）簡正卷一四：「言『今犯』至『俱五』者，律文：有主想是犯，無主想是不犯。轉想即五，本迷唯四。今犯不犯，以盜戒本中或四、五。」（八六一頁下）

〔一三三〕今退就犯中，對非畜二物，作想，轉迷俱「五」，亦成三位　鈔批卷二二：「謂更卻退向上辨相文中，即是犯位也。今將『有主物無主想』之一句，雖先在開通中，（九一七頁上）今卻將此句皈前，則言人主物作非人、畜生物想取，轉想有前心蘭，復有後心吉，故得成五。若本迷，猶有後心吉，故亦須五句，故言作轉想迷俱五也。言作想者，賓云：本迷也。謂對人物，作非、畜二物之想也。言轉迷者，賓云：轉，想也。亦謂前境實是人物，往彼盜之，臨至境所，迷想作非、畜二物取，名為『轉想迷』也。有人云：作想轉迷者，有二解：初言『作想』是通標也，『轉』謂轉想也，『迷』謂本迷心。次解，『作想』謂本迷也，『轉迷』即轉想也，謂作非畜物想，不問『轉想』與『本迷』，皆有後心罪也。作想、轉迷俱五者，謂轉想、本迷俱得罪，故成五句。

亦成三位者，此結上『犯不犯位』中亦有轉想，定謂五，迷或四、五，故言三位。」（九一七頁下）資持卷中四上：「犯文在前，故云退也。對非、畜罪緣，如有主物作非人物想、或畜物想，皆吉。轉迷俱五者，『轉想』是本，或五，今為定五；本迷或五，即今所加；更兼本四；即三位也。此門據鈔，止收盜及覆說，自餘境無輕重，止有二位，如後料簡。結示中。初句示位同，謂並通三位。」（三四七頁下）簡正卷一四：「今退就犯中，成定五也。謂卻從後不犯境，退向前犯境也。律釋相中，本盜人物，轉為非畜想，有前心蘭，故成五。若迷作非畜物想，猶有吉羅，亦成五位也。『作想轉』是轉想五，『作想迷』是本迷五，故云『俱五』。言亦成三位者，謂『犯不犯門』，古師本立或四、五，今師通加定五，亦與前『轉重門』（【案】『轉』疑『輕』。）中不殊，故云亦成三位也。」（八六一頁下）【案】本句為「正明三位」一節之結語。

〔一三四〕此即二對理齊，文中綺說　鈔科卷中四：「『此』下，結示理齊。」（九四頁下）簡正卷一四：「結二門之意也。上『輕重』并『犯不犯』俱有三位，故云『二對理齊』。『若爾，何故律中云煞五盜四？』（八六一頁下）鈔答云：『文中綺說。但律文之內，綺互而說。盜則偏約本迷，煞則偏約轉想。至於道理，二對三位，實齊古德，不究律文，影略之語，遂執一隅，煞定五、盜定四，二門共立。今向二對理齊中，煞、盜二戒各三位者，轉想定五、本迷五，本迷（【案】『迷』後疑脫『或』字。）五，本迷或四。取慔於後。且轉想定五者：一、人作人想煞，夷；二、人非人疑，（前心蘭，後心二吉；）三、人非人想，（前心蘭，後心吉；）四、非人作人想，（前心蘭，後心吉；）五、非人作人疑，（前心蘭、後心二吉。）已上一夷、四蘭、六吉，都十一罪，是轉想定五。二、本迷或五者：一、人作人想，夷；二、人非人疑，（結本、異二境，雙結有二吉；）三、人非人想，（異境一吉，本境不犯；）四、非人人想，（本境無犯，異境吉羅；）五、非人人疑，（本、異二吉。）三、本迷或四者：一、人作人想煞，夷；二、人作杌木疑，（本境一吉，異境無罪；）三、杌木作人想，（本境一吉，異境無罪；）四、杌木用人疑，（本境一吉，異境無罪。）次，約盜戒三位。一、轉想定五：一、有主有主想，夷；二、有主無疑，（前心蘭，後心吉；）三、有主無主想，（前心蘭、後心吉；）四、無主有主想，（前心蘭、後吉；）就中，此句前心蘭稍難，更指事釋，如人遺物，在己地分物，主心未捨，則是有主，比丘明白，心中作有主想盜，行至中途，物主作捨，心境卻變為無主；比丘作者，主想心，（八六二頁上）不改舉離處時，但有後心吉，無根前心蘭，

是境差蘭也;(鴻記但云前心蘭,不明來處,故不了也。)五、無主有主疑,(前心蘭、後心吉)。都八罪,一夷、四蘭、三吉,是轉想定五。二、本迷或五者:一、人物人物想,夷;二、人物非人物疑,(二吉,本異雙結也;)三、人物非人物想,(唯有異境,一吉);四、非人物人物想,(唯有本境,二(原注:『二』一作『一』。)吉。)五、非人物人物疑,(二吉,本異益結。)第三,本迷或四者:一、有主有主想,夷;二、有主無主疑,(本境吉、異境全無罪;)三、無主有主想,(准本境,一吉也;)四、無主有主疑,(本境一吉,異境無犯。)已上煞、盜二戒,轉想本迷定五,或五或四,並成三位,結罪多少,更無昇降。但文中,影略互舉煞五盜四故也。」(八六二頁下)鈔批卷二二:「謂『輕重』為一對,『犯不犯』為一對,故名『二對』也。『輕重對』中,今若約對兀木想殺,還成或四,得有三位。『犯不犯對』中,若約對非、畜物盜,還成或五。既各有三位,其理是齊,故曰二對齊也。今律文中,盜則偏約本迷故四,殺、妄則偏約轉想故五。即律文綺互而說,故曰文中綺說也。」(九一七頁下)資持卷中四上:「次句,明文互。謂盜四約本迷無罪,轉迷二五(三四七頁下)則在殺戒,殺五約轉迷有罪,本迷無罪在盜戒。影略互舉,故云綺說。」(三四八頁上)扶桑記:「影略:東野云:疏直出古解無徵問辭,鈔有徵問不出古解,故云影略。」(二六一頁上)

〔一三五〕殺、妄、觸等,就輕重以辨,盜約犯不犯以說,故「殺五」「盜四」　資持卷中四上:「『謂』下,釋上文綺。」(三四八頁上)鈔批卷二二:「此結上綺互所以也。謂殺、妄等,就『輕重門』辨,故殺有五句;盜,『犯不犯門』以辨,故有四句。故殺五盜四者,謂結文也。」(九一八頁上)

〔一三六〕且此謂犯中有輕重者,如前所論　鈔科卷中四:「『又』下,料簡不具。」(九四頁下)簡正卷一四:「謂重覆釋,前文犯中有輕重義,故成三位。如煞、盜等戒,有輕重,故成三位。」(八六二頁下)鈔批卷二二:「立謂:此下欲明無三位義,謂汝前明有三位者。如上戒中有輕重犯故。如殺人則重,對非、畜則輕,故有三位。盜四亦對非、畜物,故有輕重。所以者,有定五或四、五,如前所辨。若如掘地等戒,作生地想,犯提。雖是生地,非地想,則一向不犯。餘戒例然。犯中,既總無輕重者,則不同前有三位。但有轉想則五,本迷則四。無有或四、五也。」(九一八頁上)

〔一三七〕若掘地不處分非時勸足等,犯中無輕重義者,但有或「四」「五」　簡正卷一四:「『若掘地』等者,諸戒於所對境中無輕重義,若轉想或五,本迷或

四，無定五位。如生地作非生地想，轉想則有心吉。本迷一向，無罪成四。」
（八六二頁下）鈔批卷二二：「犯中無輕重義，但有或四五者，此謂更無輕
境可對故，但作轉想定五、本迷則定四也。謂律中生地即犯不犯，更無輕境
可對。此且釋據律文而判。若准論中，半砂半地，得吉，此亦是輕。應言地
作砂想，亦是第三句也。上言不處分者，謂處分一向犯殘，不同殺等，人、
畜夷提。」（九一八頁上）資持卷中四上：「『若』下，簡後不具。無輕重者，
且據本律。若準戒疏，例取餘部，更兼掘地、非時二戒。彼云如見論，掘沙
多土少，無罪；半沙半土，亦吉。又，伽論掘燒壞地，得吉。又，見論云：
日正中時，名時非時，若食亦吉。（僧祇亦爾。）今謂生地作半沙地想，非
時作時非時想，並有輕罪。加前共為五戒。餘應更有，尋前隨相。下云或四
五者，五即轉想，四即本迷。此則不妨古師犯不犯中，或四五義。但彼據一
概，無所簡辨，故未盡耳。準依今解，輕重門中，定有三位：犯不犯三，二
不定，如是細思。」（三四八頁上）

〔一三八〕**餘準可知** 簡正卷一四：「餘一切戒無輕重者，皆但成四五位。如學家受食，
高下着衣，例上無別，故曰可知。如上所明，約當部律，順古以明。若依今
師戒疏，例取諸部律論，即掘地、非時，亦具三位。如見論：掘砂，（八六
二頁下）多土少地，無罪；若半砂半土，亦得吉。今本迷，生地作半破地想，
亦得吉，還成定五也。又如伽論掘、燒壞地，得吉。今若本迷生地作燒壞地
想，亦得吉。又，論云：日正中時名『時』，非時食得吉羅。今迷午後為日，
正中亦得吉羅，即成定五。」（八六三頁上）鈔批卷二二：「謂餘戒若無輕境
可對者，並唯此明。賓云：指下篇為餘，須類准也。謂如學家受食，高不著
衣等並犯中，無輕重也。」（九一八頁上）

〔一三九〕**通約本異二境論之，故言定「五」，或「四」「五」句** 鈔科卷中四：「『又』
下，約本境本想定四五。」（九四頁中）資持卷中四上：「定四五中。初指前
釋，人是本境，非畜為異境。」（三四八頁上）簡正卷一四：「謂重牒上來古
今句位。若今師於輕重門，犯不犯門，各立三位。若古人於前二門，共立三
位，古今如此釋者。通約本異二境雙說，如第三句本迷，人作非、畜想，本
境無犯，但結非畜異境家吉。餘四句約本境本心吉，即本異二境，合為三位，
故云定五，或四或五也。不說異境後心吉，但有轉想定五，本迷但四，即無
或五。」（八六三頁上）鈔批卷二二：「上來雖有如此平章，且約一途而釋，
今以別勢而釋故。拂除前言，謂上來作三位釋者，通約本異二境上結罪故。

如上來所解，並據非文。若據律文，唯辨其本境罪，故下依文辨也。若但據本作而結，則無或四、五也。但有本迷，則四轉想則五也。」（九一八頁下）

〔一四〇〕**若唯據本境，犯之有無** 資持卷中四上：「『若』下，示後解。初，正示一切諸戒，通有二位。」（三四八頁上）簡正卷一四：「謂轉想本境有罪，本迷無罪，故云『若唯就本境，犯之有無』。」（八六三頁上）鈔批卷二二：「此謂若不論異境後心之吉，直論本境者，但有轉想定五，本迷但四。不得有迷或四、五句也。」（九一八頁下）

〔一四一〕**一切境想，「四」即齊四，謂本迷故** 簡正卷一四：「如前境是人本迷，謂杌本境無罪，除婬、酒戒，餘一切但成四句。」（八六三頁上）鈔批卷二二：「賓云：此據文非義也。然婬、酒戒，本迷本境，亦有五句。今言迷四，即談餘戒也。此明境實是人，迷作非、畜、杌木，始終不轉，望本人境無罪，但有四句。雖殺非、畜心得吉，此屬異境也。上文偏舉若迷非、畜還得吉，故成五者；望異境非人，有方便吉。（約異境結吉，非今義也。）」（九一八頁下）

〔一四二〕**「五」即俱五，謂轉想** 簡正卷一四：「謂一切戒轉想，皆有本境，上因罪以是俱。『律文中，殺五盜四者？』『鈔答云文中互說，所以殺戒准五。此律文且據一邊說，殺據轉想便五，盜據本迷故四。今約盜戒，轉想亦五，殺（八六三頁上）據本迷但四，豈非互邪！此相既深，古人不練。』」（八六三頁下）鈔批卷二二：「且如盜人主物，動身方便蘭。中間雖轉想，作非、畜及無主物，望本人物邊方便，得蘭，故定五也。」（九一八頁下）

〔一四三〕**文中互說** 鈔批卷二二：「通結上文殺據轉想故五、盜約本迷故四之所以也。」（九一八頁下）資持卷中四上：「即指諸戒四、五不同，不妨一一皆具迷轉。」（三四五頁上）

〔一四四〕**用斯犯等，皆據「本境」「本想」** 資持卷中四上：「『用』下，結顯。本境本想，謂本人想前心方便異境。」（三四八頁上）簡正卷一四：「謂以此轉想犯等故『五』，則一切戒轉想，俱成五句，皆據本境想上結罪。前一犯根本，後四是因罪。又，以此本迷，皆成四句，四句結罪，亦據本境本想，結前一犯根本、後三因罪也。今且約殺、盜二戒說者，以此轉想二戒俱五。五句之罪，並據本人境人想結也。前一犯夷，本境果罪，後四犯蘭，本境因罪。若以此本迷，對殺、盜者，二戒齊四。四句之罪，亦據本境本想結之，故云『用斯犯』者等。」（八六三頁下）鈔批卷二二：「立謂：結上文言，四即齊四，五即齊五。如是用明犯者，是依律文，（九一八頁下）皆據本境上明，結本殺

人方便蘭，不論異境上吉。但今義異上論，則有後心境差之吉也。今言本境本想者，謂望本欲殺人邊，名『本境』也。未作非人想疑之，前有殺人心，故名『本想』，則結殺人方便之罪。此言本境本想者，此約轉想之前，步步有殺人之心。望人是『本境』，望欲殺人是『本想』，故曰也。」（九一九頁上）

〔一四五〕若「異境」「後心」，律竝不結其罪　簡正卷一四：「若異境罪者，謂非人為『異境』，望後緣非人之時名曰『後心』。律中不結異境後心吉，還據本境本想明之。前人往非人心上吉者，是自古無德，約義結，意云：出家人，亦不合於非人境上起煞盜心，故結吉也。」（八六三頁下）鈔批卷二二：「此明本欲殺人，後轉想作非、畜想，殺。以心緣非、畜境故，名為『若異境』也。望緣非、畜之時，名為『後心』是吉。而律不對此明。今境想第三句中，直結未轉之前，人邊想疑方便罪，此名本境上蘭。然非無異境後心之吉，但律不對此明，義家須立也。」（九一九頁上）資持卷中四上：「『後心』謂後轉起非、畜之心。律中，夷殘疑想句法止結蘭罪，並無吉。故前三位中，後心吉羅，即是相傳，約義結之，如法所出。」（三四八頁上）

〔一四六〕如非人疑想，偷蘭者，是本想蘭　資持卷中四上：「注中，初，定律制之罪。」（三四八頁上）簡正卷一四：「蘭出本、異二境，蘭吉相狀，如非人疑想，偷蘭等者，標二三兩句，皆是本境上方便想心蘭。若論其蘭，四句皆是本境本想蘭。今但解此二句，下二易不知（【案】『不知』疑『知不』。）更述也。」（八六三頁下）鈔批卷二二：「有云：此通結境想前本境上疑想二句，謂非人疑想二句謂非人疑想（【案】後『謂』等五字疑剩。）得蘭者，此結元欲殺人方便蘭。此是釋轉想之義，但有方便想疑之蘭，是本境罪也。」（九一九頁上）

〔一四七〕後作非人疑想之時，但得吉羅　資持卷中四上：「『後』下，明後心義結。」（三四八頁上）簡正卷一四：「双釋第二、第三兩句。異境，後心吉也，是義結吉。」（八六三頁下）鈔批卷二二：「此是後心之吉，謂既轉想，作非人疑想時，則於非人異境上得境差吉。向若所殺是非人，則具五緣得蘭。今為所殺猶是人，轉作非人想，所以但結非人家，境差方便吉也。」（九一九頁上）

〔一四八〕具足五緣，殺非人，蘭；今作人想，亦吉羅也　資持卷中四上：「『具』下，反例非人。五緣者：一、是非人，二、非人想，三、有殺心，四、興方便，五、命斷。作人想者，即想差也。亦吉羅者，前作非人想，自結本想吉，此謂後心轉作人想而加害故，即後心罪與上義同，故云『亦』也。準作五句：一、非人非人想，（根本偷蘭；）二、非人非人疑，（吉；）三、非人人想，

（吉，注引此句；）四、人作非人想，（吉；）五、人作人疑，（吉。）」（三四八頁上）簡正卷一四：「釋第四句非人作人想吉。應先問云：『據律文，煞非人得偷蘭，云何言吉？』可引抄答。（云云。）五緣者：一、非人，二、非人想，三者煞心，四、興方便，五、命斷。具五緣即犯，一緣不具，亦不犯。今第四句，於五緣中闕第二作非人想，又闕第三煞非人心。既闕二緣，但結本境人想心邊吉，謂非人來替處，從授境。後於非人上，虛起煞人想之邊結吉。此由是本境，後心吉。若異境非人，雖然命斷，無心緣故，全無罪也。問：『第五後心非人作人疑，何故不解？』答：『此後心双緣二境，合結二吉。此不明之。』」（八六四頁上）鈔批卷二二：「謂證上人作非人想，以闕境故，是緣不具，但得吉也。五緣者：一、是非人，二、非人想，三、有殺心，四、興方便，五、命斷是也。今既闕初緣，故得境差之吉也。注云今作人想亦吉羅者，謂猶是釋上非人闕緣得吉義也。謂非直人作非人想，但吉，今非人作人想，亦吉，以緣不具故。如實是非人，正殺之時轉作人想，亦只得前殺非人方便，本境上想差之吉耳，為以闕緣故。後作人想，殺則得蘭。乃是異境上殺人境差，方便蘭也。」（九一九頁下）

〔一四九〕故約略銓敘境想之義，可對諸戒，類明持犯　　簡正卷一四：「謂且約煞、盜等戒，略以銓平，敘述三位，得知境想，二對理齊。又，約犯中無輕重，及唯據『本境』『本想』，但成二位之義，均平之理。既知是可對一切戒上，類此多少一門以說，理齊持犯。」（八六四頁上）資持卷中四上：「結顯中。上二句結略。銓，量也。下二句指通，一切諸戒，犯必心境。心差境異，通有句法。律雖不具，但是（三四八頁上）略無。或復四五，莫非綺互，故茲總指，自可通求。問：『罪有輕重，可存境想。婬酒俱重，用列何為？』思之可見。」（三四八頁中）【案】本句是第四『境想多少』門的結語之句。資持將本句斷作「故約略銓敘，境想之義，可對諸戒，類明持犯」，但是，若將之斷作「故約略銓敘境想之義，可對諸戒，類明持犯」或「故約略銓敘。境想之義，可對諸戒，類明持犯」可能更恰當。

〔一五〇〕釋其文　　簡正卷一四：「釋輕重。言『五』至『文』者，謂前雖知多少之義，約理銓平。然於五句之中，輕重全未曾說，故次辨之。五者，數也。次謂次第。釋者，解釋。次第解釋境想五句之文，辨於輕重，亦異古人也。」（八六四頁上）鈔批卷二二：「謂是解上境想五句輕重意。然五句中下四句，罪雖是蘭，而有輕重。故今分別解釋，不解後心之罪也。」（九一九頁下）【案】

「輕重」釋文分為三、初「五階」下；次，「以犯」下；三、「且解如此」。

〔一五一〕**五階之位，如前所列**　簡正卷一四：「五階之位，如前所列也，謂罪有輕重昇降，（八六四頁上）故名『階』也。如前門約煞戒，列五句是也。」（八六四頁下）鈔批卷二二：「五階三（原注：『三』鈔作『之』。）位如前所列者，此謂如上『多少門』，初列境想五句，名為五階也。」（九一九頁下）

〔一五二〕**以犯不孤起，託境關心，以成其業**　資持卷中四上：「初，明心境相須。」（三四八頁中）簡正卷一四：「謂犯不孤，然自起必須詫（【案】『詫』疑『託』。）境開心，方結身、口業也。」（八六四頁下）鈔批卷二二：「謂犯必對境，由心以成其犯業也。」（九一九頁下）【案】「以犯」下分二：初「以犯」下；次，「業位」下。

〔一五三〕**但以境有優劣、是非，心有濃淡、錯悮**　簡正卷一四：「境有優劣是非者，且約煞戒，人境即優，非、畜境即劣。本擬煞人，於人為是，望非、畜、杌非。心有濃澹錯悮者，如對怨境，生濁重心為濃，見他受句，生慈心令與早死，起此心即淡；亦可人作人想煞是濃，人非人想等為淡。境不稱心者名『錯』，緣彼為此是『悮』。戒疏云：錯就境差，悮約心謬。所以爾者，現緣兩境，相別歷然，及至造趣，事成有殊。二境交涉者，名錯悮等。」（八六四頁下）鈔批卷二二：「且須約殺作之。如怨家是境優，心則濃；其餘人境劣，心則淡也。如婬戒，於美女，境是優，心則濃；醜女、畜生女，漸劣，心則隨淡。（九一九頁下）盜則貴物是優，心則濃，賤物曰劣，心則淡。賔云：境有優劣是非者，總談上下五篇，故曰優劣；各有本異之別，名曰是非。又云：人境是優，非畜之境是劣；本境曰是，異境曰非。又云：心有濃淡、錯悮者，上下諸篇，境想五句，於中初句名為濃淡，下之四句為錯悮。又云：人人想殺曰濃，又疑等曰淡。人非人想，非人人想，皆曰錯悮。」（九二〇頁上）資持卷中四上：「『但』下，次明重輕。初，總示差別，上句明境。言優劣者，就一戒而論，境想五句，此收初句。如淫通三境，盜有三寶別，人漏失有內色、外色，摩觸有好、醜之類，是謂境定，收二、三兩句；非謂境差，即四、五兩句。下句明心。言濃淡者，如尤害泛爾之類，亦就一戒分之，即收初句。錯謂想差，即收二、三。誤謂境差心謬，即收四、五。（此明錯誤，通目疑想，不同後引。）」（三四八頁中）

〔一五四〕**或心境相應，犯齊一品**　資持卷中四上：「『或』下別分。初句，對上優劣濃淡。一品約制罪。」（三四八頁中）簡正卷一四：「謂人作人想煞，名心相境

當。盜、妄類之，皆結夷罪，故曰犯齊一品。（約違制說。）」（八六四頁下）鈔批卷二二：「謂約初句果罪，心境不差，以心無迷忘，又不轉想，前境又不差互，即是相當。得其究竟，罪無輕重，故言齊一品也。」（九二〇頁上）

〔一五五〕而業有輕重，八品未均　簡正卷一四：「猶上心有濃淡故，令業有重輕。如前『優劣』中辨。」（八六四頁下）鈔批卷二二：「謂雖齊果罪，同犯夷愆，且言一品。然心業有輕重，即如前善生中，約心三時、業有輕重，總有八句，此中遙前之八句，非後八句文也。」（九二〇頁上）資持卷中四上：「八品據業道，如前『優劣門』已說。」（三四八頁中）

〔一五六〕或心不當境　簡正卷一四：「言『或』至『不犯』者，明闕緣也。心不當境者，即境定心差。二、三兩句，闕心不闕境，故云或心不當境。」（八六四頁下）鈔批卷二二：「謂境是人，疑是非人、半緣人、半緣非人，故言心不當境。非時時想疑亦然，謂其實是時，疑是非時、半緣時、半心緣非時也。」（九二〇頁上）資持卷中四上：「二、五兩句，對上心錯誤也。」（三四八頁中）

〔一五七〕或境不稱心　簡正卷一四：「釋四、五兩句也。謂本是人，被非人來替處，於彼非人上，常作於人想。人想是心定，境換是境，差非人境，不稱人想心也。無主主想亦爾。」（八六四頁下）鈔批卷二二：「此謂本欲殺人，非人來替處，心緣非人，謂言是人，故云境不稱心。無主主想亦然。謂物實無主，作有主想而取，是名境不稱心也。」（九二〇頁上）資持卷中四上：「三、四兩句，對上境是非也。此之四句，望前初句，制業俱輕。四句自論制罪皆同，如諸境想。上二篇俱蘭，下三篇俱吉。若論業道，二、四心差則重，三、五境異為輕。又復，統約五句，迭論重輕，如後可見。」（三四八頁中）

〔一五八〕境犯心不犯　簡正卷一四：「重釋上『心不當境』句，境定故，（八六四頁下）是境犯心差，故名心不犯。注引掘地，境想亦同之。」（八六五頁上）

〔一五九〕心犯境不犯　簡正卷一四：「重釋上『境不稱心』句。心定故是心犯，境差故是境不犯。」（八六五頁上）

〔一六〇〕有斯差降，境想明須　資持卷中四上：「『有』下，結顯律文須立之意。」（三四八頁中）簡正卷一四：「謂有此五位差別，階降不同，須得境想分別，辨於輕重。」（九二〇頁上）

〔一六一〕業位既定，四句之中輕重，亦須分判「五位」　鈔科卷中四：「初，總分具、闕。」（九四頁中）簡正卷一四：「言業位既定者，結前也。謂上明差降，夷蘭業定，約位亦定。初句，得夷，業位已定；心不當境，疑想二蘭業定；境

不稱心想疑，二蘭業定；心犯境不犯，即四、五兩句，想疑業定；境犯心不
犯，即二、三兩句，疑想業定。已上鴻釋，通結五句。或有解：『業位既定』
唯初句結夷業定。然下四句中，有蘭罪。前二想差，後二境差，本異想疑，
各有輕重。今若解釋，不可唯明四句，兼前一句亦要通明。故云亦須分判五
位，生下文意。『五位』即『五句』也。（不得將『五位』字在下科，即失理
也。）」（八六五頁上）資持卷中四上：「初科。上句結前五位。『四』下，分
示五句、四句。輕重者，以初一句業雖不均，望犯究竟一向是重，計不須
論。然必依律，五階次第具釋，故云『亦須』等。」（三四八頁中）鈔批卷
二二：「四句之中，輕重亦須分判者，立云：為境想五句中，下四句同犯蘭，
於中含輕重故。今亦須作五位，分判其輕重也。亦有人將上注子（【案】『注
子』疑倒。）處四句之文為『四句』者，此解不當『五位』。」（九二〇頁下）
【案】「業位既」下分二：初，「業位」下；二、「初句，心境相當」下。

〔一六二〕於上五階，一具、四闕　簡正卷一四：「指前多少門中五句為階。初句，心
境相當是一具，下四是闕。二句闕心，二句闕境。」（八六五頁上）鈔批卷
二二：「於上五階，一具四闕者，謂解前『多少門』中五句也。初一句，人
作人想殺，則是具緣，心境相當，犯究竟也。其下四句，或是想疑，或是境
差，皆是闕緣，不成果故，故言四闕。初句，有境有心，故云『一具』。下
四句或闕境，或闕心，或雙闕，故言『四闕』。其闕中，上二對本境，疑先
想後；下兩對境，想先疑後。斯謂輕重，次第故爾。又復此五，初句境心俱
重，次二境重心輕，次一境輕心重，次一境心俱輕也。」（九二〇頁下）

〔一六三〕初句，心境相當，通犯究竟　鈔科卷中四：「『初』下，別配重輕（二）。初
約具、闕，通示五句（三）。初明『一具』。」（九四頁中～下）簡正卷一四：
「人作人想句，業有輕重，八品不同，並得夷定。可知。」（八六五頁上）
鈔批卷二二：「初句，心境相當，通犯究竟者，謂解前門中第一句，又作人
想殺，犯根本重也。」（九二〇頁下）【案】「初句，心境相當」下分二：本
句及下為初，「又更重明」下為次。

〔一六四〕人疑，及第五非人疑　鈔科卷中四：「示『二疑』。」（九四頁下）簡正卷一
四：「將第二句對第五句辨也。」（八六五頁下）鈔批卷二二：「私云：此解
上第二句『人非人』一句，及第五句『非人非人疑』一句。此兩句，同是疑
故，將兩疑對辨也。前疑則重，為實是人，後疑則輕，為境是非人也。下當
更明此義。」（九二〇頁下）資持卷中四上：「初雙標二句。（此標頗符律文

－2215－

句法。」(三四八頁中)【案】此處把第二和第五合而明之。

〔一六五〕前疑重，以本緣人心不捨，臨殺有半緣人心　資持卷中四上：「『前』下，辨釋重輕。釋前疑云半緣者，疑心猶豫，通涉兩境故。」(三四八頁中)鈔批卷二二：「此解五句中第二句。(九二〇頁下)人作非人疑，以半心在人、半在非人，故言有半緣人心也。以半心緣人境，又所殺是人，此句業重，以稱本境故也。」(九二一頁上)簡正卷一四：「本緣人心不捨者，謂五十步前，有煞人心，五十步後，(八六五頁上)迷作非人疑。由有半心緣本人境煞，又是本人故重。後疑輕者，前本是人，初作人想，五十步後，非人來替處，於此異境上，但作人疑，煞時又非本境，故輕也。」(八六五頁下)

〔一六六〕後疑輕，雖半心未捨，殺時境非本期　鈔批卷二二：「此釋上第五句。本殺欲人，非人替處，即於非人上生疑：為人為非人？雖有半心緣人，由所殺是非人，則不稱本境，業明輕故。言殺時境，非本期故也。」(九二一頁上)資持卷中四上：「後疑中。云『非本期』者，異境來替本無害故。此之二句，疑心不別，境分本異，故說重輕。後想亦爾。」(三四八頁中)

〔一六七〕三、人非人想，四、非人人想　鈔科卷中四：「示二想。」(九四頁下)簡正卷一四：「將第三句對前第四句辨。前想重者，謂本作人想，臨煞時，雖無心，且是本人境，故心境相當者。謂此煞境，與本方便，人想心想，心想當也。後想輕者，本緣人作人想，五十步後，非人來替處，於彼非人上，常作人想，煞時空有心，無本境，故輕也。」(八六五頁下)鈔批卷二二：「此解上第三句人作非人想，并第四句非人人想句。此約兩想辨輕重也。前想則重，境是人故；後想則輕，境非人故。」(九二一頁上)

〔一六八〕前想重，結本方便，心境相當　鈔批卷二二：「此猶釋上第三句人作非人想殺。此結元本殺人之方便，雖臨至境所起迷，然所殺時是人，則與本殺人之心方便相稱。雖後轉作非人想，猶是本境故重，故言心境相當。」(九二一頁上)資持卷中四上：「『前』下辨釋。前云本方便者，取前心也。望後正對，心不當境。」(三四八頁中)

〔一六九〕後想輕，以殺時單有本心，無本境　鈔批卷二二：「此猶釋上第四句也。謂既是非人來替，殺時雖作人想，但有殺人之心，以境全差，故言單有本心也。以是非人替處，故言無本境故也。此上約『兩想』對辨『兩疑』對辨，故擗破句家次第也。准疏中解五句云：斯謂重輕，次第故爾。解云：(九二一頁上)謂何故本境中疑先想後，異境中想先疑後？為其結罪輕重次第故

爾。謂第二句人非人疑,即是半心緣人故重;第三人非人想境,雖是人,由作非人想,無心緣人,故爾故輕。此二句,雖心有無,莫非俱對本境,作其殺事,故曰『前明』。後之二句,既無本境,殺時單心故輕,所以後列也。就輕位中,亦前重後輕。初非人人想,由有心緣人故重。第五句非人疑,以半心緣人故輕,此皆約罪輕重,故律文次第也。」(九二一頁下)資持卷中四上:「後云單有心者,作人想故。無本境者,非人替故。」(三四八頁中)

〔一七○〕又更重明　鈔科卷中四:「『又』下,約本異,別示四關。」(九四頁下)鈔批卷二二:「謂從此已下,更重料簡上第二、第三本境上疑想兩句,此約本境上二句相對辨也。」(九二一頁下)簡正卷一四:「第二分途中。言又更重明者,謂本境疑想,自辨輕重;及異想疑,自辨輕重。」(八六五頁下)

〔一七一〕本境中,疑重想輕　資持卷中四上:「『本』下,列釋。初示本境二句。初,雙示。」(三四八頁中)簡正卷一四:「疑重者,以作本人想,臨煞時有半心,所煞又是本境故重。想輕者,以煞時全無心故。」(八六五頁下)鈔批卷二二:「『疑重』,即第二句作人疑也。言『想輕』,即第三句作非人想也。」(九二一頁下)

〔一七二〕以心境相稱故重　資持卷中四上:「『以』下,配釋。」(三四八頁中)鈔批卷二二:「即是明第二句。境實是人,雖疑非人,以半心緣人故。又復殺時,與本心相當,故重也。」(九二一頁下)

〔一七三〕單境無心故輕　鈔批卷二二:「此是明第三句。人作非人想殺故,言單境無心故輕也。雖所殺是人,由決作非人想殺,無心殺人輕也。」(九二一頁下)

〔一七四〕後異境中,想重疑輕　資持卷中四上:「『後』下,釋異境。二句,分三:初,標示;『以』下,列釋;『故』下,總結。」(三四八頁下)簡正卷一四:「想重者,雖被非人來替處,以煞時起心,以本方便,要期心不別故重。疑輕者,境差心轉故。謂本擬煞人,後非人來替處,即關人境緣,被(原注:『被』一作『彼』。)非人上,卻生人疑之,心猶豫是心轉也。餘可知。」(八六五頁下)鈔批卷二二:「此更解上四、五兩句,謂是異境。想疑兩句,第四句是想,第五句是疑。想則重、疑則輕故也。」(九二一頁下)

〔一七五〕以生人想,與方便不異,故重　鈔批卷二二:「此釋第四想句。本心既欲殺人,雖非人來替,以殺時決作人想而殺,與本殺人心方便不殊,故得重也。」(九二二頁上)

〔一七六〕輕者,雙關二緣　鈔批卷二二:「此解上第五疑句。境差心轉,双關二緣,

謂既心差境又差，故是輕也。」（九二二頁上）

〔一七七〕**非人闕緣境** 鈔批卷二二：「私云：此下解上第五双闕二緣之句，謂本擬殺人，以非人替處，即是闕其所緣之境也。」（九二二頁上）

〔一七八〕**疑心闕本期** 鈔批卷二二：「此猶是釋第五句也。謂既欲殺人，以非人替處，臨至境所，生疑為人、為非人？既作此疑，是闕本殺人期心也。」（九二二頁上）

〔一七九〕**故分斯兩位，結罪屬本心** 簡正卷一四：「兩位者，本異『二疑』、『二想』為一位，『本境疑想』與『異境想疑』為一位。雖成二位，分其四處，輕重各別，所結蘭罪，皆屬本想之上人想心邊結也。」（八六五頁下）鈔批卷二二：「此結上文，謂双闕二緣，名為兩位：一以非人替處，分為闕境，一以更起疑心，名心闕，故言『兩位』。（此解全非義。）應是釋上第五双句，及第四單闕境句。有別異故，須為兩位。前謂作人想，後云非人疑，前想是單闕境，後疑兼闕心，故分兩位耳。有人解云：恐人生疑，前人作非人疑，得蘭，則是本境上結罪。今既非人上生疑得蘭，為是本境、為是異境上結蘭耶？為後心作想殺，有人家境差蘭故，故下束云『結罪屬本心』，謂還是本境上蘭罪，亦有此義。恐與文不會。結罪屬本心者，謂結其罪者，是結本人家方便之蘭。此蘭是本心之蘭，故言結罪屬本心。若望異境後心，並不結蘭，故但得吉羅耳。」（九二二頁上）資持卷中四上：「『兩位』即想疑。想唯闕境，疑兼兩闕故。罪屬本心者，不從異境故。」（三四八頁下）【案】本句及下為「解輕重」門之結句。

〔一八〇〕**且解如此** 簡正卷一四：「結釋指歸也。謂上一具，心境相應，通犯究竟，闕則兩想疑，對辨輕重。又，約本境想疑，異境疑想以辨。由未論異想疑後心之罪，故云『且』也。」（八六六頁上）資持卷中四上：「『結略中，示不盡義。廣在疏中，故云且也。」（三四八頁下）

五、雜料簡〔一〕中

但以持犯該通，非可一法包舉〔二〕。故引諸門博練，亦可粗知持歸〔三〕。此門所明既廣，不可具羅，試列眾名，任自陶鑄〔四〕。

或約剋漫〔五〕，或約錯、誤〔六〕，或隨自他〔七〕，或分身口〔八〕。教人自成，兩業各分〔九〕；多人通使，緣別業同〔一〇〕。

如斯諸例，未得陳之〔一一〕。鈔者意在易識即行，前論難知希用，故且刪約〔一二〕。

【校釋】

〔一〕**雜料簡** 簡正卷一四：「前之所明，但論方軌，今更約尅漫、錯悮等，故稱為『雜』。『若爾，與第七門雜何別？』答：『前對上六門立名，六門不雜，唯第七是雜。今此雜對前四段立名，於第七門，自分為五。上四不雜，此一是雜。』」（八六六頁上）

〔二〕**但以持犯該通，非可一法包舉** 簡正卷一四：「謂前所明持犯之義，諺（原注：『諺』疑『該』。）通法界，情及非情，皆為對境，是非非（【案】次『非』疑剩。）可舉，一事一法一義，便包羅得盡故。」（八六六頁上）資持卷中四上：「生起中，為三。初敘所詮廣遍，以持犯大體，即是制教所明善惡二業。業相隨緣無量，故曰該通。教義不可盡收故，非一法包舉。」（三四八頁下）

〔三〕**故引諸門博練，亦可粗知持歸** 資持卷中四上：「『故』下，示能詮廣略。初示前有歸。『諸門』，即指已前總別科義。」（三四八頁下）簡正卷一四：「引諸門者，即前六門及『歷位』等四門，於此博通明縛，亦可略知旨趣。」（八六六頁上）

〔四〕**此門所明既廣，不可具羅，試列眾名，任自陶鑄** 資持卷中四上：「『此』下，顯今從略。羅，亦列也。陶鑄，喻研究也，範土曰陶，鎔金曰鑄。列名有五，戒疏文廣，不可具錄。恐未見疏，且就四重，略撮名義，以示新學。」（三四八頁下）簡正卷一四：「即此第五門也。眾多持犯相，廣博難知，不可一一張羅解釋。但列七種名目，故云試列眾名。陶鑄者，範土曰陶，融金曰鑄。謂任後學，自於其中尋討也。」（八六六頁上）鈔批卷二二：「立謂：上列持犯境想等者，名體可將此橫括上下三十篇中而用，故曰也。（此解恐非。）自意云：指下所列錯悮尅漫等眾名，我今不能廣出，但試列名，任學者自於中變通取解，故曰也。陶者，變也。範土曰陶，融金曰鑄也。」（九二二頁下）

〔五〕**或約尅漫** 鈔科卷中四：「『或』下，列示眾名。」（九四頁中）資持卷中四上：「尅謂情專一境，漫謂心涉多緣。漫復有二：一者大漫，如本標心，遍通三趣，俱是所期，隨作成犯。二者小漫，但該人道，不兼非畜。次配四戒，唯婬一戒，不問乖差，但使境交，無非大重。盜、殺二戒，大漫則隨境成犯，小漫則異趣非犯。尅定一人，三趣非犯。妄語一戒，三境俱現，內知歷然，犯無尅心，通境隨犯，三趣不現，隨尅隨犯。」（三四八頁下）簡正卷一四：「尅漫者，戒疏云：本情專注一境名尅，通涉無准為漫。一、專尅對大漫，如煞張人，名『專尅』，通對四趣，為『大漫』。二者，就尅辨漫，煞人蘭，非畜是尅，

於人中不簡張王等，復是漫，且配四戒：婬犯無尅漫，盜、煞（八六六頁上）尅心相當，便成重罪。心境或違，但結方便妄語。若二境俱現，內知歷然即犯，無尅心通境。隨犯三趣不現，隨尅隨犯。」（八六六頁下）鈔批卷二二：「戒疏云：心有尅漫也。言其尅者，本情專住，唯在一境。若言漫者，通涉無准。審名既定，且配四戒。初約婬為言，犯無尅心，同皆極重。何以明之？但有染心，將欲成犯，初期在此，而後會彼。或男女境亂，張王者別，或人畜趣乖，境心双轉，但使境交，無非大重。由出家所為，斷愛為先，今既染欲，違出離意，所以隨境，制通犯重。盜、殺不爾。雖有犯者，猶自感聖，不同前戒，欲為障道。所以耶舍是凡，檀尼入聖，昇沉既異，（九二二頁下）尅漫明分。是故盜戒，剋心相當，便成重罪，心境或違，但結方便。有人解云：盜、殺兩戒，亦有作尅不成。尅者，如苦怨命，及壞怨財，與餘人財，同室難別。放火燒時，知財及人，彼此同損。以此義約，雖尅同漫，前言成言，尅對前境，可分者言之。如十誦：有官逐賊，道逢比丘，問見賊不？有嫌示處，死者犯重。若唯嗔，餘賊因死，嗔者犯重，非嗔者蘭。據此文證，作尅成矣。然犯蘭者，殺緣不具故也。妄語戒者，有人解云：本誑前人，望招名利，元人誑餘，雖聞言聖，本非我境，何得犯重？如船濟處，為人說法，尼聽過暮，則同不犯。今解不同，說法遠嫌，開為遮俗，此是性戒，不可通例。若三趣俱現，內知歷然，犯無尅心，通境隨犯。三趣不現，隨尅隨犯。（云云。）礪云：就四重明，若望初戒，尅漫俱重。下云三戒，如其大漫，隨三趣境，重輕結犯。然言漫者，謂心不簡於三趣，皆擬盜、殺、誑故名漫。若言尅者，謂心但擬誑殺盜人境，而非畜境差，及想疑等異耳。若也專尅此之三戒，各稱境犯夷，差則但結方便罪也。若其尅辨漫者，謂尅殺人趣，然於人趣，不簡張王，後還是漫。若望同趣，尅漫俱夷罪也。」（九二三頁上）

〔六〕或約錯、誤　簡正卷一四：「戒疏云：凡言錯、悞，皆是舛謬不當之位。若逐事思尋，相則難分；若隨名尅定，位容有別。錯就境差，悞換心謬。所以然者？現緣二境，相別歷然，及至造趣事成，有舛二境反涉者為錯。若緣此謂彼，稱之為悞。若對婬戒，錯悞俱犯。由患起內心，但是正境，適悅不殊。若以悞對三戒，三戒俱重，悞無兩緣，心通前後，故並不得云無心故。若以錯對三戒，三戒並不犯，以望餘境無心故。若以錯悞對妄語，所稱法俱不犯。」（八六六頁下）鈔批卷二二：「戒疏云：夫立錯誤義者，並是不當本心之謂也。遂事曲尋，相則難分，隨名尅定，位容有別。錯據現緣，境差為義；誤就不現

緣，境差心謬為義。所以然者？現緣二境，相別顯然，及至造趣，事容舛錯，即名眾境交涉為錯。若論悞者，心通前後，不可双緣。如前心謂此，後心謂彼，心想謬妄，故謂之『誤』。既分兩相，次配四戒。初婬戒（原注：『初婬戒』，本文作『初之一或』。）者，無論錯悞，患起內心，通皆障道。但是正道，暢適不殊，不問迷悞。或此彼男女，非畜諸境，緣此謂彼，悞亦犯重。境雖交涉，錯亦犯重。語盜而言，漫心無寄，三趣有物，皆欲盜奪，為我所有。及至往趣，縱境差舛，心有迷忘，皆稱欲心，錯悞齊重。若先尅定，要取人物，不盜餘趣。及往盜時，境交想轉。雖舉離處，不成罪攝，不稱本期，猶屬本主。以於此物，無無盜心。心境既非，何過之有？故錯與悞，俱不名犯。後知錯悞，即應還主，不還犯盜，後方成重。二、對人趣辨錯悞者，俱亦非犯。如欲盜張，忽得主物。既非所期，即是境差。物非本物，又是想差。據此為異，境不稱心，後物無心，心不當境，故錯與悞，並同不犯。（九二三頁下）此與直律師解同，不成犯。餘家立成犯者，情別故不列來，且順鈔家。三、對同主辨錯悞者，俱非犯也。故善生云：盜金得銀，還置本處，不得盜罪。如律：男想盜女物者，犯據漫心也。論殺戒者，漫無所寄，三趣同害，及至行事，不稱初期。雖有少乖，不妨本有害心，故使錯悞隨趣成犯。若論尅局，但是一緣，造趣行害，相應成重。若非本期，則非殺境，及往加害，境則交涉，心或迷忘，非畜雖死，不稱本期。又是殺心，錯悞不犯。二、就人趣，以論錯悞。如尅心害張，不欲害王，現境歷然，心亦緣別。及以殺具，害張之時，而彼王人忽然與我刀輪相應。王命雖斷，由非心故，錯則不犯。若論其悞，張去王來，緣王張解，加害者犯。若望後王，雖非本期，以心不了，緣此謂彼。既人想不差，殺緣具故，雖誤犯重。論妄戒者。異趣通辨：錯，犯；誤，非犯。漫心無簡，錯誤隨犯。二對人趣，錯誤俱犯。由詐顯道德，謀誑在人，表聖招利，境損義一，但使言竟，錯誤同犯（原注：『犯』本文作重。）。三、就所稱。凡聖二法，心欲說聖，口錯稱凡。既非聖法，前無所損，故錯非重。又如增上慢者，迷凡謂聖，既非情過，誤亦非重。若就聖法，（九二四頁上）明於錯誤。如善見云：錯說三四禪，同皆一重。有云：二境交涉，名之為『錯』。若緣此謂彼，心想謬妄，稱之為『誤』。若對婬戒，錯悞俱犯，由患起內惰，但是正道，暢適不殊，故俱重也。若以悞對三戒（原注：插入『戒』字。），三戒俱重，以誤無兩，竝不得云無心故誤俱犯。交（【案】『交』疑『女』。）言男想，盜殺誑女，佛言夷。若以錯對三戒，三戒俱不犯，以望餘境無心故。若以錯悞對妄語，所

稱法錯誤俱不犯。如欲稱聖錯言凡，錯稱非境；如增上慢人迷凡謂聖，誤心非巧。故並不犯。」（九二四頁下）資持卷中四上：「先示名。『錯』就現緣境差為義，『誤』就不現緣境差心謬忘為義。二對戒者，婬戒隨犯，不論錯誤。盜戒分三：大漫三趣齊犯，小漫非畜物不犯。剋心又二：若對異人以論，盜張得王不犯；若就一主，盜金得銀，即還不犯。殺戒漫心同上。剋心以論，錯開不犯，現境歷然，心緣別故，誤則成重，緣王張解人想不差故。妄語一戒，大漫同上，小漫錯犯。對現境故誤不犯，不並現故。剋心有二：對人誑他義，一錯誤俱重，對法為言，說聖稱凡，迷凡謂聖，錯誤皆開；若就聖法，（三四八頁下）如錯說三四禪皆重。」（三四九頁上）

〔七〕**或隨自他** 簡正卷一四：「對婬戒，三句並犯。餘三戒，但初句犯耳。」（八六六頁下）鈔批卷二二：「戒疏云，有三例，一、自造他境，二、他造自境，三、自造自境。三例既別，須配四戒。婬約三例，犯同一夷。自造自境，如弱脊比丘是，餘亦可知也。盜三例者，自盜他物，同重不疑。餘二無記，故不論也。殺三例者，自殺他、他殺自，此二可解。自殺自身，如善見論，無有罪失，不起他想，無嗔心故。有人解云：不立進趣，自殺無罪，以命斷時，無戒可犯。若依五分，結前方便，命斷偷蘭。據此為言，進趣義立（原注：『立』本文作『顯』。），又以三例通下諸篇自打、自謗、自覆等戒，至時引用也。妄語三例者，可以意解（原注：『解』本文作『辨』。）。有人立四句：一、自犯他不犯，如販賣戒；二、他犯（九二四頁下）自不犯，如使尼浣故衣；三、自他俱犯，如掘地、捉寶、不作淨語；四、自他俱不犯，作餘食法等是也。」（九二五頁上）資持卷中四上：「初，通示三例：一、自造他境，二、他造自境，三、自造自境。二、別配四戒：婬戒三句皆重；盜戒初例重，餘二無罪；殺戒初二例，有無可解，自殺，自犯偷蘭；造語上二易會，自誑義準犯吉，非言說軌儀故。」（三四九頁上）

〔八〕**或分身口** 簡正卷一四：「婬唯心（【案】『心』疑『身』。）犯，身決形交，非身不辨，口不犯也。盜、煞二戒，身業正犯，口有助犯，如呪物過關，教他行煞。妄語一戒，口業正犯，顯己得聖，非言不宣，身有助成，如作色現相等。此約成論，身口互造。」（八六六頁下）鈔批卷二二：「且如四重，婬戒身犯非口，事決戒交，非身不辨，故此一戒，局是身犯。盜、殺二戒，身業正犯。盜舉離處，殺斷相續，故身業犯。自地（【案】『地』疑『他』。）遣使，彼此俱犯，故口有犯。如呪物過關，教人盜、殺等，是妄語口業正犯；顯己得聖，悕

招名利，非言不宣，故口業正犯。作書現相，亦在犯限，故身亦成。此據成論，身口互造。又依多論，此四位二：前三身犯，四唯口；盜、殺二戒，身業定犯，口有造義，如教人呪物等，亦成二罪。然是身業，以教人言了未犯，要藉他身。故心論云：自在者，口語仙人意所嫌，謂是口意業。自性者不然，業性異故。事不究竟故，妄語口業，自稱己聖，非言不宣故爾。然身互造，如作書現相等，但屬口犯。故心論云：口業或身動，或默然，如布薩事。若言身業性者，不然，業性異故也。」（九二五頁上）資持卷中四上：「四分身口通約四戒。前三身犯，後一口犯。別約互造，婬局身造，後三並通互造。」（三四九頁上）

〔九〕**教人自成，兩業各分**　資持卷中四上：「教人自成，即是兩業隨戒不同，故云『各分』。初明教人。婬戒，自作成重，教他樂在前人，不得同犯。（教人作者犯蘭，不作犯吉。）盜、殺，自作教人，損境暢思，彼我俱重。妄戒，教人名利壅彼，故不同犯。」（三四九頁上）簡正卷一四：「教人業不與自業相合，故曰『各分』。如婬自作成重，教為之樂屬前人，適非我已，能教得蘭。（八六六頁下）煞、盜二戒，患通損益，自作教人，損境無別，故俱得重。妄語自作得重，教人不同。若規求利，令他稱聖，得財壅己犯夷。若無閏已，但犯蘭也。亦有能教重，所教輕，如調達破僧，教言莫捨得殘。」（八六七頁上）鈔批卷二二：「勝云：謂教人業，不與自作業相合也。如見論，師弟共盜六錢是也。又如婬戒，自重教輕，教人為作，樂在前人，適非我已，故能教不重。出家之人，（九二五頁上）應勸人以善，反更助惡，故能教犯蘭。若盜、殺二戒，患通損益，自作教人，損境無殊，暢思亦齊，故俱犯重。妄語自他正犯，教人同。若遣人稱己得聖，名利擁己，與自作無殊，故同所教人犯輕。若真教人自稱，招利擁彼，於我無潤，故但犯蘭。」（九二五頁下）

〔一○〕**多人通使，緣別業同**　簡正卷一四：「謂百千人展轉相使，共行煞事，名為『通使』。或刀或棒，即是緣別，但使命斷，同得夷罪。如律中『展轉使』，初一為能教，後一為所教。中間百千，並通能所。刀棒緣雖有別，但令命斷皆夷。不言『重使』者，不同業也。初能後所夷，中間但蘭，是不同也。」（八六七頁上）資持卷中四上：「次明遣人。……多人通使，亦即教人，婬無此義。言多人者，謂『重使』及『展轉使』。『重使』者，謂隨續使人乃至百千。『展轉使』者，謂所遣人不得自去，復轉使人乃至眾多也。文出殺戒，義必通三。成遣彼作，故云緣別，彼我齊犯，是業同。（有將『口讚』『坑陷』等釋之，非也。）

上且略舉數名，非謂已盡。若彼疏文，義章極廣。」（三四九頁上）鈔批卷二二：「立謂：如前殺人戒，展轉使等是也。以展轉相教，殺盜乃至百千人作者是身業，教是口業，能所各殊，名為緣別，以斷彼命，人人皆夷，故言同業。又一解：如上『自教人門』中，及前方便作四事俱犯，名為同業也。已後隨入一種行中，則是緣別。前業若成一時，前論（平聲）難知者，有云：至如尅漫錯誤等。古來諸師，論量作義門解釋，今為希用，故不廣出，但略料簡道耳。若作去聲，喚作『論』字，亦應得。」（九二五頁下）

〔一一〕**如斯諸例，未得陳之** 簡正卷一四：「釋刪略意也。上六不同，名為諸例。」（八六七頁上）資持卷中四上：「如上引釋，略通名相，必欲窮盡，積學猶迷，故不繁引，順鈔意也。結顯中。初二句，示上眾名。」（三四九頁中）

〔一二〕**鈔者意在易識即行，前論難知希用，故且刪約** 簡正卷一四：「義意既廣，雖為具陳，抄為逗機，前六門難知，故且刪略。必要通明，廣在戒疏所述。」（八六七頁上）資持卷中四上：「鈔下顯今略意，易識為令解教，即行為令成行。難知希用，對翻可知。」（三四九頁中）